国家林业和草原局普通高等教育“十三五”规划教材

学校社会工作

魏剑波　黄文勇　鲍金勇　主编

中国林业出版社

图书在版编目(CIP)数据

学校社会工作 / 魏剑波，黄文勇，鲍金勇主编. —北京：中国林业出版社，2018.8
国家林业和草原局普通高等教育“十三五”规划教材
ISBN 978-7-5038-9705-4

Ⅰ.①学… Ⅱ.①魏… ②黄… ③鲍… Ⅲ.①学校－社会工作－高等学校－教材
Ⅳ.①G40－052

中国版本图书馆 CIP 数据核字(2018)第 183599 号

国家林业和草原局生态文明教材及林业高校教材建设项目

中国林业出版社·教育出版分社

策划编辑：吴 卉 肖基浒
责任编辑：吴 卉 高兴荣
电话/传真：(010)83143611/83143516

出版发行 中国林业出版社(100009 北京市西城区德内大街刘海胡同 7 号)
E-mail：jiaocaipublic@163.com
电话：(010)83143500
http：//lycb.forestry.gov.cn
经　销 新华书店
印　刷 固安县京平诚乾印刷有限公司
版　次 2018 年 8 月第 1 版
印　次 2018 年 8 月第 1 次印刷
开　本 787mm × 1092mm 1/16
印　张 15.5
字　数 380 千字
定　价 40.00 元

《学校社会工作》
编写人员

主　编　魏剑波　黄文勇　鲍金勇

副主编　张雨婷　陈　巍

编写人员（按姓氏笔画排序）

苏志豪　李颖奕　肖小霞　吴洁珍　张兴杰
张运红　张雨婷　陈　巍　林诚彦　易五舟
易　钢　罗天莹　周志荣　钟　莹　唐　依
唐晓容　黄文勇　黄怀宇　曾永辉　鲍金勇
樊有镇　魏剑波

前　言

学校社会工作是社会工作的重要实务领域之一，我国学校社会工作从 2000 年以来，社会工作教育快速发展得到长足的进步。在社会工作进入快速发展的新时代，每年有近万名学生进入社会工作专业学习，具有不同专业背景的社会工作者，以及相关的社会工作职业人员均在逐年增加，亟需专业化、科学化的社会工作教材。

学校社会工作是融合理念、知识、制度和技巧等要素为一体的专业工作，在实际工作中，需要综合运用各要素，对统筹协调能力要求比较高。社会工作又特别强调实践，因此其理论和方法均由实践效果作出检验。

华南农业大学作为广东省第一批设置社会工作专业的高校，一直在学校社会工作领域勇于探索、与时俱进、不断创新，坚持理论和实务相结合，学校老师和社会青少年服务工作者均从不同角度、不同方面入手，探索和研究学校社会工作方法与现存教育体制的融合和提升，让学校社会工作者大有启发，积累了丰富的理论和实践经验。而且从专业学习来讲，编写一套融合理论学习、案例分析和技能分享的教材是非常有必要的。

本教材正是期望能将学校社会工作的理论和实践经验结合起来，力图能为广大社会工作者提供启发，提高学校社会工作者的服务能力，有效地扩大社会工作的影响力，提高学校社会工作的认可度。党的十九大报告中指出，青年兴则国家兴，青年强则国家强。学校社会工作应响应党和国家号召，将社会工作与党和国家对青年工作的要求结合起来，不断强化学校社会工作专业化和本土化的融合，将学校社会工作应用于更广泛的领域，实现它更大的价值和魅力。我们呼唤，学校社会工作的明天将更加美好灿烂！

本教材共分为十五章，每章均有理论链接、介入要点和案例分享，这些内容鲜活、具体、实用，本教材的编者均是具有丰富理论和实务经验的专家、学者、优秀社工和高校工作者。本教材本着专业性与国情相结合的原则，特别是结合了我国教育制度和思想政治教育体系，集中系统地阐述了当前学校社会工作的知识理论和实践经验，涵盖了学生的生活需要、安全需要、学习需要、心理需要、人际关系需要、就业择业需要、社会实践需要、社区文化需求、挫折教育需求、网络生活需求十大方面，较为全面地展示了学校社会工作的方方面面，具有系统性、代表性和实用性。

本教材编排严谨、案例典型，既可为高等院校社会工作专业师生提供参考，为一线专业社会工作者提供指导，也可作为相关的社会服务人员的培训用书，以及青年学生提高自我认识训练身心健康的学习用书。

由于编者水平有限，加之时间仓促，书中难免存在疏漏和不足之处，敬请各位读者给予批评斧正，将不胜感激。

编　者

2018 年 5 月

目　录

第一章

学校社会工作概论

【案例1.1】

学校社工：构建和谐校园的生力军

2008年“5·12”汶川地震发生后，在香港凯瑟克基金会、宝洁公司等资助下，中国青基会和中国社会工作教育协会合作开展了香港凯瑟克基金会、宝洁公司等资助的“抗震希望学校社工服务项目”，为广元和德阳灾区9所学校提供直接服务。

社工们用专业化的行动，帮助师生减压、援助贫困学生并跟进其成长，开办家长培训，进行有效的社区服务，社工在教育中显示出巨大力量，有很大发展空间。当地人们这样评价：“社工是学校教育的有效补充，是创建和谐校园的新生力军！”

今年7月，薄文见到了在旺苍县石洞沟监狱服刑的父亲。当着老师、社工、狱警、教育局干部的面，父亲表下决心：一定好好改造，争取早日出狱，出狱后一定做个遵纪守法的公民、尽职尽责的父亲，给博文一个温暖的家，报答社会。父子相见的感人场面，深深地打动了在场的的每个人。

宝轮二小社工孙骄为这一天的到来付出了很多。

“薄文，男，身高1.5米左右，现年12周岁，就读于广元市利州区宝轮镇第二小学4年级，母亲在其3岁时病故，父亲于2008年因盗窃罪被判入狱3年零6个月，其直系亲属无一人承担监护管理责任，现基本处于流浪状态。”在孙骄长达7000多字的《社会工作视角下灾后小学留守困难学生救助模式初探》中，薄文的案例、帮扶跟进过程详细记载了下来。

作为一名学校社工，孙骄说：“在面临留守困难学生个案之时，不该被盲目的爱心冲昏头脑，而是应该用专业的头脑去审视整个救助。”孙骄等人分别走访了宝轮镇政府、利州区教育局、利州区民政局、利州区妇联、利州区团委、利州区工会、利州区关心下一代委员会等部门，为薄文募集善款6000余元，并解决薄文每月300元低保，200元教育基金资助。博文年龄小，孙骄思考了救助款的管理、生活环境的保障、媒体过度关注等问题，并提出对策。

“薄文唯一的监护人二叔身在广元，薄文又不愿意转到广元去读书，他自己也不具备管理救助款的能力。为了给提供救助的单位和个人一个放心的理由，在申请救助前期，我们与薄文班主任苟老师达成协议，由其代管救助款。”孙骄说。有了一定的捐助资金后，社工开始为薄文找一个安定温暖的家，在仔细考察了一些托管场所后，决定将薄文托管在宝轮镇留守学生托管中心。2009年12月13日，薄文在托管中心开始了全新的生活。薄文的班主任苟老师，也在这个个案中，被培养成为相对成熟的“准社工”。

薄文只是众多受助学生的一个个案。目前，在利州区东城实验学校、南鹰小学、宝轮二小、嘉陵一中、宝轮中学5所学校共有12名驻校专职社工，他们对于所有服务案例都会写下近万字的笔记、反思，一步步实践帮扶过程。

这批社工全部毕业于高校社会工作专业，他们的背后是香港理工大学、中国青年政治学院、天津理工大学、青岛理工大学、重庆工商大学、山东大学等高校的社会工作专业的教授、老师。“从2008年项目开始到现在，有130余名高校教授、教师和社工参与了这个项目的教师培训与服务，数万名学生、千余位教师受到直接服务。”利州区教育局社会工作站站长谭荣说。

“刚开始，我们以为社工就是志愿者，地震后教师缺乏，许多学校还给他们安排课时。”嘉陵一中何校长觉得当时太“大材小用”了。过了一段时间，何校长认识到，“灾后，学校没有极端事情发生，师生们心理都很健康，跟社工关系很大。”

走进嘉陵一中社工办公室，“社会工作服务站”“聆听坊”“小志愿者活动站”“家长服务中心”几块卡通字KT板贴在门口。一面墙贴着学校老师、学生笑脸组成的中国地图；另一面墙上贴的是社工服务站的工作理念：助人自助，有效沟通，用心去做，共同成长。

这一切是卢莎和薛缘布置的，他俩毕业于重庆工商大学社会工作专业。两年以来，卢莎和薛缘在亲子活动和家长培训上做了很多工作。每周五下午定期举办家长培训，至今已经举办了14期，办了15期《家有初中生》小报，免费发给家长阅读。“致力开发和整合家长自身的资源，改善家庭教养模式，提升家庭教育的品质，旨在改善家长与学校、家长与子女的关系，促进家校有效合作，全面改善学生所处的成长环境。”

嘉陵一中的《学校社工与教师跨专业合作处理个案的流程图》上，记者看到社工、教师和政教部门分工明确：除了学生主动求助，学校社工还负责处理教师和校方转介过来的个案。

东城实验学校一位初三学生在与社工座谈时候说：“学校老师有时太严厉了。我们和社工说话的时候就无顾虑，自由、随时交流。”相对于教师“严父”的角色，社工扮演的则是“慈母”的角色。

“社工的优势在于——没有学科教学的任务，工作的侧重点更加注重关注弱势群体和行为极端的学生。”社工项目负责人姚杰说：“只是不同的分工，不同的角色定位。”

“其实，我们的主要优势在于——独立于学校。我们的工资、所有的活动都有项目经费支持，学校不会给我们发钱。”社工们直言不讳地说，“我们的服务对象不仅仅是学生，还包括教师、家长。社会工作者的视野更开阔，而不受校方的约束。”但是，今年是该项目的最后一年，项目一旦结束，社工将不再驻援利州区。

利州区教育局开始思考如何更好地协调、利用和培养自己的本土社工，以应对项目结束后的社工需求。2009年5月，利州区教育局正式挂牌成立了全国教育系统内第一个社会工作站。2009年12月建立了中共广元市利州区教育局社工支部。然而，他们发现把部分教师身份转化成社工身份困难重重——“把教师转化成社工不现实，现有教师编制短缺，教学任务繁重，而且没有经过长期的专业训练，短期培训只能学到一些皮毛，没有理论支撑和长期实务训练，工作没有深度。”

“社工是对教育的重要补充。”利州区教育局白局长对此认识深刻：“助人自助的原则和素质教育不谋而合。社工的职业要求是人的内心和谐，教育就是要培养内心和谐的人。”

今年6月6日，国务院发布了《国家中长期人才发展规划纲要》，专门提出“适应构建社会主义和谐社会的需要……培养造就一支职业化、专业化的社会工作人才队伍。到2015年，社会工作人才总量达到200万人。到2020年，社会工作人才总量达到300万人。”《纲要》的出台给利州区教育局壮了胆。白局长说：“目前，区委、区政府已经同意，我们全区教育系统一年用40万元购买10个社工服务岗位，社工待遇按新参加工作的大学生同等标准执行。同时，通过外来社工的带动，教育系统可以加快本土社工的培养，利用心理教师的岗位设置，开发社会工作岗位，推进大学生就业，力争在3～5年内，我区较大规模学校实现派驻‘一校一社工’的目标。”

（根据2010-10-18《教育导报》改写）

从上述案例，我们可以初步看到学校社会工作在我国的实际运行状况：一方面，学校社会工作已经出现并得到应用和推广，在一些地方特别是出现“问题”的地方和领域，学校社会工作大量介入，发挥着不可替代的重要作用；另一方面，学校社会工作并不为人们所知，甚至在一些专业领域和专业人士中，人们对学校社会工作也是陌生的。本书希望系统地介绍学校社会工作。首先，告诉读者什么是学校社会工作？学校社会工作产生和发展的历史过程怎样？其中有哪些值得借鉴的东西？学校社会工作的目标及功能是什么？学校社会工作与学校其他管理与服务工作有什么区别？应当如何开展学校社会工作等。

第一节　学校社会工作的产生与发展

学校社会工作自产生至今，已有100多年的历史。100多年的历史进程中，值得总结和借鉴的东西很多，这些是学校社会工作本土化的重要基础。

一、学校社会工作发展历史

学校社会工作是社会工作的一门分支学科，美国的学校社会工作发展最早，最充分，最具代表性。因此，学界以美国为例做了比较多的讨论和概括。美国学者Lynn Bye和Michelle Alvarez编写的《学校社会工作》第一章“学校社会工作的历史”中，将1906年至1907年在纽约、芝加哥、波士顿和康涅狄格州哈特福特出现的家庭访问教师，作为学校社会工作的开始。进一步的划分是：1920年代开始有愿景的实行计划；从经济大萧条到冷战——1930年至1960年；寻找较有效率的实践角色及范例——1960年至今。[1] 学者林胜义在叙述“美国学校社会工作的根源与发展”时，将其发展过程分为五个时期：①访问教师时期；②采用社会个案工作时期；③成为学校制度时期；④采用社会团体工作与社区工作时期；⑤新的工作模式时期。[2] 学者文军在《学校社会工作案例评析》一书中，总结概述了国内外学校社会工作的研究成果，以学校社会工作的历史回溯形式，将学校社会工作的历史发展分为四个阶段：①20世纪初至20世纪20年代学校社会工作的建立与扩张阶段；②20

---

〔1〕 Lynn Bye、Michelle Alvarez编．2008．学校社会工作[M]．谢振裕，蔡青芬，译．台北：新加坡商圣智学习亚洲私人有限公司台湾分公司，9－23．

〔2〕 林胜义．1998．学校社会工作[M]．台北：巨流图书公司，4－9．

世纪30年代至20纪50年代个案社会工作的兴起与发展阶段；③20世纪60年代至20世纪80年代社区变迁模式、社区学校模式的转向与运用阶段；④20世纪90年代至今的新发展阶段。[1] 李晓凤主编的《学校社会工作》用了专门一节介绍美国学校社会工作起源与发展，将美国学校社会工作的发展过程分为5个阶段，①"访问教师"时期；②个案工作时期；③制度化时期；④团体工作与社区工作时期；⑤新工作模式时期。[2] 综合以上学者的研究，将美国学校社会工作的发展轮廓梳理如下：

（1）开端 "访问教师"。学校社会工作在美国的发展大约可以追溯到1906—1907年，起初分别单独地出现在美国的纽约、波士顿和哈特福德三座城市。19世纪末20世纪初，美国社会经历着剧烈的社会变迁，伴随工业化、城市化进程加快，大量移民向都市迁移及集聚，贫困社区不断出现。同时，移民者的子女跟随父母转学到城市学校就读，因经济和文化背景的差距，不少学生发生了适应上的困扰。在当时的社会改良思潮影响下，1906年首先在纽约市雇用两名访问教师(visiting teacher)，负责访问三所学校社区内的安置所。访问教师的工作是通过访问移民区的学生家庭，借以了解有关学生在学习上与生活适应上的问题，并提供必要的帮助。然后在波士顿和哈特福德也开展了类似的活动。当时这种帮助活动是独立于学校系统的，由私人机构和市民组织提供此类服务，访问教师负责考查学生课余的生活情形，并且帮助他们解决困难，促使家庭和学校双方相互配合，以使学校能够尽到照顾学生整体福利的责任，使学生适应学校的生活。他们的工作是学校社会工作的先导。

（2）迈向专业化 个案社会工作的兴起。社会工作是一种社会制度，也是一种社会服务，需要经济发展的支撑和经济制度的保障。20世纪30年代，经济大萧条严重阻碍了学校社会工作服务的发展。这一时期，家访教师提供的服务被大幅度取消，原有的工作大都变成提供食品、避难所和衣物等。随着经济状况的进一步恶化，联邦政府开始对那些极度困难家庭实施援助，家访教师也开始对其作用产生了不同的认识。另外，由于20世纪20年代以来心理卫生运动的蓬勃发展，访问教师工作开始被要求扮演治疗者的角色。这样一来，一些学校社工在联系家庭、学校和社区的基础上，寻求能够发挥更为专业的作用——为问题学生提供精神支持。在他们看来，之前的角色并不能显示其"专业性"，因而希望能够扮演一个具有良好形象的角色——拥有更为专业化的技巧和更少的负面效果。此外，在这个时期，学校要解决的主要问题大多是学生学习适应方面的问题，学校社会工作者开始在实务方面做了一些调整，即围绕个别学生学习适应性问题，以个案介入为其工作策略。进入20世纪40年代以后，学校社工的作用转变为一种更为专业的角色，个体儿童的人性需要成为主要的关注点。他们在实践中认识到，个案工作实际上是一种特殊方法，通过它可以围绕学生的特殊问题开展工作，帮助学生更充分地利用学校所能提供的资源。个案社会工作针对的是学生个体及其家庭，利用个案工作技巧，社工与学生个体发展出良好的互动关系。个案方法的广泛认可和运用，使学校社会工作有了专业的方法和技巧，也开始形成了自己的学科特色。

---

〔1〕 文军. 2010. 学校社会工作案例评析[M]. 上海：华东理工大学出版社，8－12.
〔2〕 李晓凤. 2010. 学校社会工作[M]. 北京：中国社会出版社，28.

(3)学校社会工作实务的进展　新型专业模式的转向与运用。进入20世纪60年代以后，美国的公共教育和学校工作中的矛盾和问题发生了新变化。公共教育因种族隔离问题备受社会各方攻击，公立学校被认为存在着不公平的教育机会，拉大了少数民族、低社会经济地位儿童与中间阶级儿童间的差距，造成教育机会不平等。这时社会工作人员开始关注小组工作，大力支持学校社工对学生及其家长开展小组工作，尤为强调理解小组中个人及其行为的重要性。认为在处理诸如退学、学习成绩不良、学业失败等学校问题中，小组工作的方法十分有效。学校社工应该更多地关注学校的环境，而不应局限于单纯地联系学生；学校社工的地位具有长远的意义，他们应该鉴别学校的政策和安排是否会对学生产生不良影响；学校社工应该有双重作用——他们应该帮助具体的个人，同时在学校范围内认识和处理好学生困难的来源。在小组工作逐渐被广泛应用的同时，社区工作也开始受到关注，社工被赋予担任学校——社区——儿童之间的桥梁。在专业名称上，学校社工在此时已取代访问教师的称呼，开始建立其专业角色定位。20世纪70年代是学校社会工作急剧扩张的时期。学校社工数量不断增长，更多地关注家庭、社区以及与其他学校相关部门的工作人员的合作。直到1972年，艾德森(J. Alderson)总结出四种实务模式，包括传统临床模式、社会变迁模式、社区学校模式以及社会互动模式，体现了学校社会工作实务的新进展。此外，在20世纪70年代，随着学校社会工作者的队伍壮大及作用日益重要，美国制定了学校社会工作者职业证书制度。1978年4月第一届美国学校社会工作者会议召开，拟定了一套学校社会工作实施的标准，学校社会工作制度逐步成型。

二、学校社会工作在中国的发展

学校社会工作在中国的发展比较曲折和特殊，大致可以分三个阶段：即中华人民共和国成立之前，改革开放之前及改革开放新时期。从历史上看，早在1922年，当时的北平燕京大学社会工作系便派出学生在当地学校实习，并且协助学校教师从事于学生的课业辅导以及行为指导等多项工作，这可以说是学校社会工作的雏形。1934年，北平成立家庭福利会，支援当地各个学校开展社会个案工作，为其提供理论支持和实务帮助，协助学校进行儿童行为的指导。1944年，金陵女子文理学院与华西大学医院合作成立儿童行为指导所，提供成都地区五所基督教大学(金陵大学、华西大学、燕京大学、齐鲁大学及金陵女子文理学院)的社会学系学生实习，并且协助学校用个案工作的方法从事儿童行为指导。1946年，成都地区五所基督教大学联合设立儿童福利人员训练委员会，训练专业人员协助学校从事个案工作。除了行为辅导之外，当时的学校社会工作还包括对学生的职业辅导。

中华人民共和国成立后，随着社会学被取消，专业社会工作教育与实践也就消失了。在很长一段时期里，学校社会工作领域的问题被“思想政治教育”和“学生管理”这样的名词所代替，也就是用思想政治教育和行政管理的理念和方法解决学生问题。改革开放以后，随着高等学校社会学和社会工作专业的恢复和发展，社会对社会工作的认可和接受，一批专业学校社会工作人才出现，如上海、北京、深圳、广州、长沙等地学校中逐步出现专业学校社会工作服务。社会工作专业化包括学校社会工作在中国职业化与专业化的大发展是在进入新世纪以后。2006年10月，中共中央十六届六中全会作出《关于构建社会主义和谐社会若干重大问题的决定》，提出“造就一支结构合理素质优良的社会工作人才队伍，是构建社会主义和谐社会的迫切需要”，并对我国社会工作制度建设作出了全面规划。如明确提出要在5年内培养千名高级社会工作者、万名中级社会工作者和10万名初级社会工作者这一宏伟计划。2006年国家人事部、民政部又联合发布了《社会工作者职业水平评价暂时规定》和《助理社会工作师、社会工作师职业水平考试实施办法》。这些相关政策与法规的出台，标志着我国社会工作者职业水平评价制度的正式建立，也标志着学校社会工作发展到新阶段。[1]

另一方面，我国台湾、香港的学校社会工作则发展较快并日益向专门化的方向迈进。以我国台湾为例，其学校社会工作受美国影响较大，台湾大学社会学系1960年开设“学校社会工作”课程，教育部门修订大专课程标准时，也将“学校社会工作”列为教育学与社会学的选修课程之中，并且从1966年起制定“中等学校加强指导工作实施办法”，成为在中学实施辅导工作的先导。到70年代，在特殊教育学校(盲聋哑和低智能儿童学校)设立学校社会工作者。1977年，基督教儿童基金会在岛上的家庭扶助中心将学校社会工作作为重要的工作项目加以实施，协助学校及早辨认和发现生理、情绪和环境遭遇困难的学生，给予适当的帮助，使他们不至于因为本身的问题而停止学业。其次，还协助学生适应学校生活，并辅助教师和学校有关的人员了解适应不良的学生，借着个案工作的技巧辅助偏差行为，同时促使学校、家长及学生，认识和运用各种有形的社会资源。帮助学校举办升学、就业、亲子教育、音乐和各项基本的心理测验活动，透过学生、家长、教师、学校和社区等多种途径达到服务的目的。1979年公布的《相关教育法规》明确规定国民小学必须设置辅导室，人员安排上有主任一人及辅导教师若干名，担任学生辅导工作，制度逐步完善。[2]

香港的学校社会工作服务首先由社会服务机构开始推行。1971年，世界信义宗社会服务处、香港明爱、圣雅各福群会、基督教儿童基金会等机构，开始在中小学推行学校社会工作。1974年，香港在部分学校开展另一项实验计划，由社会福利署辖下的家庭服务中心将个案工作服务延伸至学校。政府在1977年进行评估，肯定学校社会工作有利于青少年的成长。同年制定了“青少年个人辅导社会工作程序计划”，对学校社会工作给予政策和经费上的支持，确立了学校社会工作制度。1982年，全港中学都获得了学校社会工作的服务。香港于1979年发表的《香港社会福利白皮书——进人80年代的社会福利》和1991年发表的《跨越90年代香港社会福利白皮书》都充分肯定了学校社会工作服务的持续需要，并制定了提供学校社会工作服务的政策，表明应由政府和非政府机构的专业社会工作者为所有的学校提供服务。香港在1991年的白皮书中承诺，在1995至1996年要达到为每2000个学生提供1名学校社工服务的目标，且已提前一年达到。到2000年，全香港已完全实现了“一校一社工”的目标。[3] 我国台湾、香港发展学校社会工作的许多经验值得我们借鉴。

---

〔1〕 李晓凤.2010. 学校社会工作[M]. 北京：中国社会出版社，45.

〔2〕 范明林.2005. 学校社会工作[M]. 上海：上海大学出版社，14－16. 另外，学者林胜义在《学校社会工作》中也归纳了学校社会工作在我国台湾的发展，他划分为：研讨会提议时期；大学课程教学与实习时期；民间团体试办时期；纳入特殊学校体制时期以及继续开发时期五个阶段。(参见林胜义著. 学校社会工作[M]. 台北：巨流图书公司，1998，9－18.)

〔3〕 管向梅. 2004. 香港学校社会工作及其启示[J]. 社会(4).

第二节 学校社会工作的基本概念及主要特征

一、学校社会工作的界定

“学校社会工作”是一个外来语，是由英文 school social work 翻译而来，有时也称为“教育社会工作”(education social work)，泛指教育体系之内的社会工作实务(social work practice in education and school setting)。在我国，一般都称为学校社会工作。

(一)学校社会工作的基本含义

关于学校社会工作的定义，有许多不同的表述。美国社会工作协会(NASW)出版的《社会工作百科全书》(encyclopedia of social work)，对于“学校社会工作”一词的解释是：“学校社会工作是运用社会工作的理论与方法以实现学校的主要目的。学校的主要目的是为学生提供教与学的场所，使学生能为现在所居住的世界与未来可能面对的世界准备他们自己。”[1]学者徐震和林万亿在 1990 年出版的《当代社会工作》一书中认为，学校社会工是将社会工作的原则与方法用于学校，目的在于协助学校，使之形成“教”与“学”良好环境，并使学生得以获得其适应今日与未来的生活能力的一种专业服务活动。[2]《中国社会工作大百科全书》的解释是：“学校社会工作为政府、社会各方面力量或私人经由专业社会工作者运用社会工作的理论、方法与技术，对正规或非正规教育体系中全体学生，特别是处境困难学生提供的专业服务。其目的在于帮助学生或学校解决所遇到的某些问题，调整学校、家庭及社区之间的关系，发挥学生的潜能和学校、家庭及社区的教育功能，以实现教育目的乃至若干社会目标。”[3]学者范明林在其编著的《社会工作方法与实践》一书中则认为，学校社工作是社工依据专业的理论和方法，在学校教师和管理人员的密切配合下，主要以学校为工作范围，以帮助学生解决问题和促进学生发展为工作重点，为学生、家长、教师及相应的学校环节提供服务的一种专业活动。[4]文军在其主编的《学校社会工作案例评析》中认为，“所谓学校社会作就是将社会工作专业的原则、方法及技巧应用于教育机构及其设施中，通过与家长、学校、社区的互动，解决学生问题，促进学生发展，构筑‘教’‘学’‘成长’的和谐环境，使学生更好地适应社会。”[5]上面所引述的不同定义，虽然表述不同，但基本精神是一致的。本书比较认同《中国社会工作大百科全书》的解释。

应该特别指出的是，学校社会工作的目的不仅仅是为了解决学生此时此刻的问题，更强调学生在问题解决的过程中获得能力的锻炼、解决问题技巧的提高和自身发展的成熟。学校社会工作需要学校社工和学生一起，需要他们在共同的工作中学习如何应对问题，如何运用自己的知识和能力解决些问题，而这种“自助”的态度和“自主”的精神会对学生今

---

[1] 林胜义. 1998. 学校社会工作[M]. 台北：巨流图书公司，27.
[2] 徐震，林万亿. 1990. 当代社会工作[M]. 台北：五南图书出版公司，2.
[3] 史柏年. 2007. 社会工作实务(中级)[M]. 北京：中国社会出版社，352.
[4] 范明林. 2005. 社会工作方法与实践[M]. 上海：上海大学出版社，229.
[5] 文军. 2010. 学校社会工作案例评析[M]. 上海：华东理工大学出版社，2.

后的学习、生活和工作产生深远的影响。因此，着眼未来发展，培养学生的自主能力才是学校社会工作的真谛。

（二）学校社会工作的主要对象

学校社会工作的主要服务对象是学生，但是学生的发展离不开社会环境，因此并不局限于学生，也包括了家庭、学校、教师及其他管理人员。具体来说，学校社会工作的基本对象和工作范围应该包括以下 5 个方面：[1]

（1）有各种困难的学生　学校社会工作服务对象的主体是在校的学生，范围包括与学生成长有关的各类问题。从我国实际情况来看，学生在校期间面临的问题主要包括：①学习能力与阻碍问题；②身心成长的适应性问题；③学校生活的适应问题；④行为或情绪上的困扰问题；⑤人际关系的协调问题。在不能认识和解决这些问题时，就认为是面临困难的学生。社工的主要工作就是运用社会工作的理论与方法，分析这些困难学生的问题所在，找出原因，并帮助他们制订解决问题的方案，共同面对和解决问题。

（2）学校的教师与管理者　学生的健康成长应该是教育者和社工共同的目的和心愿。为实现这一目标，教师、管理者是学校社工的重要资源、依靠者和支持者。同时，学校社工的工作又能提供学生的信息和需求，协助校内教师、管理者的教育工作，学校社工和校内老师、管理者一起，形成合力，共同为学生的健康成长服务。

（3）教育行政部门的管理者　学校社会工作以教育者、被教育者之外的第三方身份对教育行政部门具有监督、协助、咨询的作用。它能够从受教育者的角度，同时又超越利害关系，公正地反映学生对教育行政部门的看法，促进教育行政管理部门在制定、执行教育方针、政策上做到科学、有效和公正。

（4）学生的家长　学生在成长过程中遇到的许多问题都与家长及家庭有关，尤其在我国，家长及家庭在学生成长中具有十分重要的作用。因此，学生家长应是学校社会工作的重要对象。

（5）学生生活的社区环境　学生生活的社区环境是学生学习生活的重要条件和基础，学校社会工作的开展不仅要主动认识和利用这一重要资源，还要积极推动社区建设和环境改造，为学生的成长提供优良的环境。在我国，由于学生生活的社区环境差异很大，在社会转型、人口流动频繁的条件下，加强学生生活的社区环境与学生的沟通、互动十分重要。

（三）学校社会工作的基本内容

学校社会工作的重点对象主要包括学生、家庭和学校三方，由于对象不同，其具体的需求和工作内容也不一样，学生、家庭和学校各自要解决的问题也不同。[2]

（1）学生方面　通常需要帮助解决的主要问题：①刚入学时的适应问题；②学业上的具体障碍；③情绪与心理问题；④行为偏差问题；⑤家庭关系问题；⑥人际交往问题等。

（2）家庭方面　通常需要解决的主要问题：①协助家长管教子女，促进其健康成长问

---

〔1〕 文军. 2010. 学校社会工作案例评析[M]. 上海：华东理工大学出版社，3.

〔2〕 文军. 2010. 学校社会工作案例评析[M]. 上海：华东理工大学出版社，4 –5.

题；②加强家庭与校方的沟通和联系问题；③及时介入问题家庭，为学生及时调整家庭环境问题。

(3)学校方面　通常需要帮助解决的主要问题：①学生的越轨问题；②校园危机和突发性事件问题；③校园文化建设问题；④教师的教书育人问题；⑤学校与学生家长、教师、社区之间的沟通和联系问题。

总的来说，学校社会工作的开展可以以上述内容为重点(表 1-1)，综合运用学校社会工作的理论与方法，为学生的健康成长服务。需要说明的是上述学生、家庭以及学校方面的问题解决，并不是依赖学校社会工作单方面能完成的，而是以学校社会工作的特殊方式融合到为学生成长的多种教育服务之中，是与其他教育、管理和服务方式共同开展而发挥作用的。

表 1-1　学校社会工作要解决的学生、家庭和学校三方中常见的问题

内容 对象	问题一	问题二	问题三	问题四	问题五
学生方面	刚入学时的适应性	学业上的具体障碍	情绪与心理不适	行为偏差与人际交往困难	家庭关系不和谐
家长方面	协助家长管教子女，促进其健康成长	协调与校方的关系，加强与校方的沟通和联系	介入问题家庭，为学生及时调整家庭环境		
学校方面	学生的越轨行为	校园危机和突发性事件	良好校园文化的构建	提高教师教书育人水平	加强沟通和联系，优化教育环境

二、学校社会工作的主要特征

通过上述对学校社会工作的界定以及主要对象和内容的阐述，对学校社会工作的主要特征做如下归纳：[1]

(1)就其功能而言　学校社会工作是一种专业性的服务。为学校和学生服务的领域和专业很多，然而学校社会工作是在一定的机构中的专业社工运用社会工作的理论与方法在学校领域所实施的一种专业服务。学校社会工作运用自己特殊的方法，即个体工作方法、小组工作方法、社区工作方法，帮助学生解决问题和实现自我成长。学校社会工作不是一般的帮助学生解决学习和生活中的问题，满足他们解决当前的迫切需要，而是通过提高学生应对变化的能力以及生活中各种实用的技能，充分发掘潜能满足他们长远发展的需要。这种专业服务的本质，就是帮助有困难的学生走出困境，并且使他们从问题的解决中获得能力增长，从而能够在今后的生活和学习中更好地应对挑战。

(2)就其对象而言　学校社会工作是以全体学生为基本对象以及围绕学生成长的相关个人和组织。学校社会工作帮助全体学生解决在学业、心理、情绪和行为等方面的各种问题，使他们顺利实现学校教育目标。为了有效地满足学生的需求，学校社工需要与学校的教师和管理者、教育行政部门的管理者、学生的家庭、学生生活的社区居民及相应机构的工作人员进行沟通、协调。

---

〔1〕 文军. 2010. 学校社会工作案例评析[M]. 上海：华东理工大学出版社，6.

三、学校社会工作与学校相关管理和服务工作的关系

学校是教育的场所，教育是一种社会化的过程。社会化是一个多重化的过程，也是一个多因素综合作用的过程。学校教育所担负的不仅是传授知识与技能的功能，而且还要重视学生的德、智、体、美等素质的培养，以适应社会的需要。因此，在学校除各科专业教师的课堂教育这个主渠道外，还必须为学生提供其他管理和专业服务。在中国，学校教育和管理形成了一个完整的体系，长期以来学校有德育教师、心理教师、班主任、团委少先队工作者和后勤保障人员等。这些不同的管理和服务，与专业助人活动的区别见表 1-2〔1〕。

表 1-2　学校社会工作与学校相关管理工作之间的关系

分工 项目	社会工作	德育工作	心理工作	班主任工作	团队工作	后勤管理
知识基础	社会工作理论	伦理学、思想政治工作	心理学	教育学、管理学	共青团理论、少先队理论	医学、营养学、生理学
工作取向	发展发觉自主功能	培养思想品德	排除心理困扰	形成集体意识与行动	提高思想觉悟	保障身体健康
涉及层面	人与环境	思想、道德	心理、情绪	规范、纪律	组织约束	人身安全
工作方法	个案、小组、社区等	说教和示范	诊断、测验、治疗	谈话、会议	活动	物质保障
对象范畴	学生、家庭、学校、社区	个人、团体	有需要的个人	班级	团员、少先队员	个人和班级
专业资格	社工资格、社会工作专业	教师资格、思政专业	教育心理、心理咨询与治疗	教师资格、教育学	政治素质	医师、营养师、保安、医学、营养学

第三节　学校社会工作的价值观、目标和功能

社会工作是一个具有鲜明价值观念的专业和工作，它对人、对事有自己的真、善、美追求，它对社会的公平、正义有自己的理想，它是以饱含价值追求对自己的服务对象提供服务的。可以说，没有价值追求的人，是不可能开展社会工作服务的。学校社会工作作为社会工作的分支，要在社会工作价值观指导下，具体对学生成长进行服务，在这种服务中，又实现自己的特殊价值要求。

一、学校社会工作的价值观

关于什么是学校社会工作价值观？由于我国开展学校社会工作服务时间不长，要概括为普遍认可的价值观并不容易。学者廖荣利提出，学校社会工作信奉的价值观念和具有的哲理信仰应该包括：①确认每一个学生都有自我表达和自我实现的权利；②学生在学习和

〔1〕 许莉娅. 2009. 学校社会工作[M]. 北京：高等教育出版社，15.

适应上有困难是个人行为发展过程中的自然现象；③希望每一个学生都能在其天赋能力范围内充分发挥潜能；④相信学生在心理和行为方面适应不良是与人的家庭、学校和社区等外部环境密切相关；⑤认清学生除了在学校得到应有的服务外，还有赖于家庭和社会资源的充分服务；⑥深信学校的各种设施与活动，应该以逐步形成学生社会化人格为目标；⑦重视学生的个别差异及其对团体的职责的表现；⑧坚守学校社会工作从业人员必须具备科学知识和专业技能的原则。[1]

如果从种属关系来说明，学校社会工作价值观就是社会工作者的职业道德在学校社会工作中的具体实现。也就是将尊重原则、服务原则、平等原则、个别化原则、发展原则运用到学校社会工作中去。

二、学校社会工作的基本目标

2002 年，美国全国社会工作者协会(national association of social workers，简称 NASW)公布一个对全国学校社会工作都有指导意义的服务标准——《学校社会工作者服务标准》。该标准指出，学校社会工作是“由经过认证和许可的社会工作者在教育组织中提供的社会工作服务。社会工作中的这一专业(指学校社会工作)是以帮助学生成功地适应和调整，影响学校、家庭和社区的努力来达到学生发展的目标”。可见，美国学校社会工作的目标是通过学校社会工作者的努力来协调、调动学校、家庭和社区的力量，发挥它们的积极作用，促进学生的发展。学者林胜义认为，学校社会工作的目的至少有下列五项：①协助处于不利地位的学生，以实现教育机会均等；②协助学生建立与学校—家庭—社区的良好关系，以增进教育的功能；③协助学生获得一种实用的知识和能力，以适应现代生活之需要；④协助学生获得一种适应变化的能力，以便继续学习；⑤促进学生社会化人格的正常发展。[2] 学者李晓凤认为，学校社会工作的目的至少有以下五项：①促进教育机会均等；②现成优质教育的合力；③协助学生获得实用的知识与能力；④协助学生获得适应变化的能力；⑤促进学生社会化人格的正常发展。[3] 结合我国的实际，可以将学校社会工作的目标概括为以下 4 个方面：[4]

(1)推动实现社会福利　社会福利在狭义上是抚助社会生活功能失调的人，帮助他们脱离困境。为了使全体学生都能发挥潜能，学校社会工作为学校中学习和生活适应失调的学生提供服务，协助他们处理困难和解决问题，同时也在帮助他们学会如何预防问题的出现，发展自己的潜能。这是学校社会工作多重目标中的首要目标。

(2)推动实现教育机会均等　主要体现在为少数因经济、社会、家庭、心理、生理等因素不能参与教育或不能充分获得教育机会的学生提供生活与学习的帮助，使他们平等享有受教育的机会，获得学业成就的机会，充分发挥自己的潜能。

(3)推动实现学校、家庭和社区的协调互动　家庭、学校和社区是影响学生心理、行为和学习成绩的三大因素，也是促进学生形成社会化人格的三大力量。协调这三者之间的

---

[1] 转引自范明林. 2005. 学校社会工作[M]. 上海：上海大学出版社，29.
[2] 林胜义. 1998. 学校社会工作[M]. 台北：巨流图书公司，29－34.
[3] 李晓凤. 2010. 学校社会工作[M]. 北京：中国社会出版社，7－11.
[4] 白芸. 2005. 学校社会工作：青少年健康成长的重要保障[J]. 思想理论教育(10).

关系是学校社会工作者的专业服务和职责所在。

(4)推动实现学生的全面发展　学校社会工作通过自身特殊的服务，协助学校培养符合社会规范，遵纪守法的学生；培养掌握文化科学知识，具有生存和发展能力，成为一个对社会和国家有积极作用的社会成员。

可见，在本质上学校社会工作围绕学校教育的目的和学生的全面成长，以自己的工作理念和方法，提供专业的服务。

三、学校社会工作的主要功能

所谓功能是指事物在运动的过程中所发挥的效能或作用。学校社会工作的功能，是指在学校实施的社会工作服务对学生、学校、家庭以及社区所产生的作用和影响。其中，主要是对学生的影响作用。美国学者 Lynn Bye 和 Michelle Alvarez 从学校社会工作者的多面性角色的角度，讨论了学校社会工作的主要功能。他们认为，学校社会工作者所扮演的角色包括临床医生、合作对象、支持者、个案推理、教师、过渡计划者和决策者。学校社会工作者角度的开放性、多样性将有更多的机会对服务对象产生影响，以减少学习障碍，帮助学生成为合格公民。[1] 学者徐莉娅对学校社会工作的主要功能作了如下系统分析。[2]

(一)对学生的功能

(1)促进学生学业的建设功能　学生的主要职责是完成学业，社会工作服务虽然不直接提供对学生课业的指导，但在学校社会工作者的帮助下，学生的各种心理及行为问题的解决，困境的改善，无疑可以消除其精神压力，排除各种干扰，更好地投入到学业中，促进学习成绩的提升及知识的积累。

(2)维护学生基本权益的保护功能　学生在学校中处于弱势地位，权利受损事件经常发生。学校社会工作的一项重要任务就是要消除学校中一切不公平对待学生甚至侵犯学生权利的因素，帮助校方及教职员工树立保护未成年人合法权益的意识，真正意识到学生的人身安全、学习权利、自主权利等不容侵犯。对发生的侵害学生权益的现象进行及时的干预，从而确保学生身心健康的发展。

(3)消除学生问题行为的预防功能　学生心理障碍的形成、偏差行为的出现不是突发的事情，而是有其原因及形成过程的。社会工作服务可以通过环境介入帮助消除或减少其诱发因素，通过直接提供教育性、辅导性的服务，增强学生的抗御能力，从而消除或减少问题的发生。

(4)克服学生身心障碍的治疗功能　及时发现学生的心理问题，依据科学的方法进行有效的治疗是社会工作者及心理工作者共同的责任，也是学校社会工作的主要任务。在这项工作中，需要学校社会工作者、心理工作者协调行动，从不同的角度和方法，对学生的心理问题及时发现，科学评估，有计划地介入。

(5)纠正学生偏差行为的矫正功能　社会工作在界定学生偏差行为的时候，要十分谨

---

〔1〕 Lynn Bye、Michelle Alvarez 编 . 2008. 学校社会工作[M]. 谢振裕、蔡青芬译 . 台北：新加坡商圣智学习亚洲私人有限公司台湾分公司，59 – 71.

〔2〕 许莉娅 . 2009. 学校社会工作[M]. 北京：高等教育出版社，21 – 23.

慎，不能轻易标签化，要通过专业的方法对明显违反道德及社会规范的行为、犯罪行为等对学生自己、对他人、对社会造成破坏性影响的行为及时评估、实施矫正，从而使其返回正途。

(6)学生支持资源的连接功能　社会工作不同于其他助人专业的特点之一是调动资源，社会工作相信人与社会的连接，承认人际支持的功能。因此，在对有需要的学生提供服务的过程中，更多的是扮演媒介的作用，尽最大的努力为其找寻社会支持资源，并建立连接，使受助学生在未来的生活中得到社会网络的支持。

(7)推动学生成长的发展功能　学校社会工作通过小组工作及各种有规模的综合活动，激发学生的生命潜质和成长动机，鼓励他们积极向上、向善、向美，充分调动其学习知识、帮助他人、贡献社会、完善自我的积极性和创造性，向德、智、体、美的完善境界发展、成长。

(二)对学校、家庭及社区的功能

(1)学校社会工作对学校的功能　通过社会工作者对学生不良行为的介入和良好行为的培养，以及师生关系的协调，为学校营造良好的教与学环境；通过对学生基本权益的维护以及对学校管理活动的介入，促进学校管理的改善；通过搭建学校与社区、学校与家庭的互动平台，推动学校管理的民主化和科学化。

(2)学校社会工作对家庭的功能　通过学校社会工作者的家庭探访以及与家庭成员的沟通与互动，增强家庭对子女的教养功能，促进学生家庭关系的和谐；通过社会工作的帮助，使子女健康成长，满足家庭对孩子的期望，增进家庭功能。

(3)学校社会工作对社区的功能　通过社会工作者的服务，减少青少年在社区中不良行为的发生，消除社区的安全隐患；在学校社会工作者的帮助下，青少年可以成为社区建设与发展的参与者和贡献者；通过学校社会工作者的协调与沟通，增进社区与学校的联系与合作，利用学校教育资源，服务于社区居民，发展社区精神文明建设。

本章小结

本章作为学校社会工作一书的引论，在整理总结前人研究成果的基础上，系统描述了学校社会工作产生与发展的基本过程，简要概括了学校社会工作发展过程中的经验教训，以此为基础讨论了学校社会工作的主要概念及主要对象、基本内容。根据学校社会工作在我国发展的特点以及我国学校教育和管理中的具体情况，本着本土化的要求，通过比较和归纳，分析了在我国特殊教育体制和社会工作体制下，学校社会工作的主要特征以及学校社会工作与其他相关学校管理和服务工作的关系，阐述了学校社会工作的价值观、基本目标及主要功能。回答了什么是学校社会工作，以及为什么要开展学校社会工作的一些基本问题。

思考题

1. 什么是学校社会工作？

2. 从学校社会工作的历史发展中得到什么启示?
3. 分析学校社会工作与学校德育工作的关系。
4. 谈谈学校社会工作发展的推动力量。

第二章

学校社会工作的理论基础

【案例2.1】

网瘾问题

小仪今年十四岁，现为初二学生，来自单亲家庭，有一对10岁的孪生妹妹。自从父亲在小仪八岁时因心脏病突发去世后，三姐妹一直由母亲独自抚养，一家四口只能依靠社会救济金维持生活。

小仪性格较为内向，身体瘦弱，没有太多朋友。小仪在小学五年级时有一次在校被数名同学欺负。自此，她抗拒与人交往，每天早上都要其母催促起床上学，在初一下学期开始有多次逃学的记录。另外，小仪沉迷网络，每晚都会上网到凌晨两、三点，早上更不愿起床和上学。在公众假期及学校长假期间，小仪会日夜颠倒。小仪常跟妹妹因争用电脑而发生争执，她甚至曾用利器伤害妹妹。

（根据2010-12-12“香港华员会社会工作主任职系分会”在华南农业大学社工系所进行的“实战个案工作培训”讲义改写）

在上面这个案例中，直接呈现的明显问题是小仪的网络成瘾，沉溺于网络的她能在虚拟世界获得许多在现实世界所无法得到的东西。但是问题背后的真正原因是什么呢？从不同视角的学科出发，可能会有诸多不同的理论解释：例如，心理学可能会解释为小仪幼年丧父的经历给她留下了心理阴影，选择沉溺网络是她逃避现实的一种自我防御机制；社会学的解释可能是小仪与周围人群的非良性互动导致了其自我评价偏低。又如，在学校被同学欺负，在家里虽有品学兼优的妹妹，但未有示范作用，反而姐妹之间常有争端出现；而教育学可能会解释为学校内部结构的关系出现了失调，不仅是学生之间，而且包括师生间的关系，导致学校未能及时、有效地介入到小仪所遭受到的校园暴力事件。

综上所述，不同视角的学科理论各自强调了问题的不同侧面，但正是这些不同侧面的问题解释能帮助我们更全面、更深入地了解问题的根源所在，从而采取行之有效的对策方案。

学校社会工作的理论主要是从心理学、社会学、教育学等学科中关于个人成长、家庭关系、学校教育等理论论述中借鉴而来，形成了学校社会工作的基础理论。那么究竟有哪些理论与学校社会工作关系密切？这些理论在学校社会工作的实践过程，又具有怎样的指导作用和价值？这是本章要回答的主要问题。

第一节　心理学的相关理论

心理学是研究人和动物心理现象发生、发展和活动规律的一门科学。而学校社会工作中很重要的一部分就是帮助学生预防和处理心理适应方面的障碍问题，因此心理学理论对于学校社会工作而言是不可缺少的理论指导。

一、精神分析理论

精神分析理论的创始人是弗洛伊德，他的理论涉猎范围极广。通过其著作《梦的解析》

《日常生活的心理分析》以及《性学三论》等，他对精神分析理论进行了详细的阐述，对早期学校社会工作的发展产生了重要影响。关于精神分析理论的基本观点可概括如下：

（一）人格结构

精神分析理论认为，人格是由本我（Id）、自我（ego）和超我（superego）3 个部分构成。本我即生理我，是与生俱来的原始系统。它包含人的原始本能欲望和冲动，是一种生理需要的本能表现，例如，初生婴儿因饥饿或冷热不适而产生的啼哭，它遵循“快感原则”。自我即心理我，是由本我发展而来，代表理性和判断，它既要满足本我的要求，又要使其符合现实，为社会风俗习惯、伦理道德所容许，调节两者的冲突。因此自我遵循“现实原则”。超我是社会我或理想我，将社会理想的规范、准则、价值观念进行了内化，代表了一种至高的社会道德标准。超我遵循“至善原则”，它与本我处于一种对立状态，引导自我去限制本我的冲动。

精神分析理论虽然将人格结构分成了本我、自我、超我 3 个具有不同功能的部分，但是这三者是密切关联的，当三者的相互关系处在一种和谐的平稳状态时，个人能形成健全的社会化人格；但当三者的关系出现失调时，如其中的某一部分发展得过快过缓，均会造成个人行为的失常。

（二）人格发展阶段

根据弗洛伊德的精神分析理论，一个人的人格发展需要经过五个阶段，依次为：①口腔期（oral stage）；②肛门期（anal stage）；③性器期（phallic stage）；④潜伏期（latency stage）；⑤性爱期（genital stage）。

在这五个阶段中，每个阶段都有自己的发展任务。当某一阶段的发展任务未能完成而进入到下一发展阶段时，在这一阶段被阻断的欲望不仅会在以后发展的某一阶段以另外的形式爆发出来，而且会干扰本阶段的发展。同时，弗洛伊德指出在人格发展阶段的转换期，个人往往也会产生某些焦虑感。此外，精神分析理论者认为个人的人格结构早在 6 岁以前便已大致发展完成。因此，对于学校社会工作而言，学生所出现的人格适应问题很有可能是归于其早期的儿童生活经验。

（三）自我防御机制

在精神分析理论中，焦虑问题不仅会在出现在人格发展的某一阶段，同时也会发生在人格发展不同阶段的转换时期。为了解决这样的问题，弗洛伊德又进一步提出了人格中的自我防御机制。

所谓自我防御机制，主要是借用军事用语表示一种自我消解人格内在矛盾冲突的机制，其为正常人格的一部分，主要有如下方式：①压抑是最基本的防御机制，即将不符社会要求或不愉快的冲动、思想、情感、记忆等抑制到无意识中；②投射是把自己的愿望与动机归于他人，断言他人有此动机、愿望，这些东西往往是超我所不能相容的；③转移是将社会、超我所不能接受的满足形式转换成某种替代的满足形式，如果转移的结果是社会所接受的有益活动，就称为升华；④否认是对于那些自我未能恰当处理而产生焦虑痛苦的事件，否认其存在的真实；⑤合理化是指对那些不合理或不能接受的行为给予合理解释，让非理智的东西对自己或他人而言显得是理智的；⑥固着是指心理未完全成熟，停滞在某一心理发展水平；⑦退行是指当面对不适情境时，个体的心理和行为退回到较早发展阶段水平；⑧反向形成是指在意识中将可能引起焦虑的欲望、冲动或情感等转变为相反的东西。

自我防御机制是在潜意识中进行的，虽然它在某种程度上有助于缓解个人在人格发展过程中的内在矛盾，但是它毕竟是自我对付焦虑的一种非理性形式。若自我防御的次数太频繁或防卫的强度太激烈，反而会阻碍正常人格的发展。因此，自我防御机制的存在也可成为学校社会工作进行个案诊断的参考。

二、认知理论

认知理论是以认知心理学为基础形成和发展起来的一种理论。认为个人的行为不是对外界环境刺激的一种孤立和简单的反应，而是受制于理性思考，它强调认识过程中主体的能动作用。认知理论的代表人物是20世纪杰出的心理学家、哲学家皮亚杰。他的研究把众多的心理学家的目光引向认知过程，促使研究者重新思考人的认知发展是如何发生的这一问题。皮亚杰认为“认知发展”是指个体自出生后在适应环境的活动中，对事物的认知及面对问题情境时的思维方式与能力表现，随年龄增长而改变的历程，他把儿童看作是积极、理性的学习者。

(一)认知发展的结构与机制

皮亚杰认为每一个智慧活动都含有一定的认知结构，即图式。图式是人类认识事物的基本模式；同化是指主体把客体纳入自己的图式中，引起图式的量的变化，丰富了有机体的认知结构；顺应是指主体改变已有的图式以适应新的情境，引起图式的质的变化，改造了有机体的认知结构；平衡是指由同化和顺应过程均衡所导致的主体结构同客体结构之间的某种相对稳定的适应状态。同化与顺应是适应环境的两种机制。

当儿童在认知过程中遇到新事物，总是会先试图运用已有的图式去同化。如果成功，就得到一个暂时的认识平衡。反之，儿童就做出顺应，调整原有图式或创立新图式去接受新事物，直至认识上达到新平衡。儿童心理的发展，实际上就是从低一级水平的图式不断完善达到高一级水平的图式，从而使心理结构不断变化、创新，形成不同水平的发展阶段。

(二)认知发展阶段

皮亚杰认为，儿童思维的发展既是连续、紧密衔接的，又是分阶段的，每个阶段即是前一阶段的自然延伸，也是后一阶段的必然前提，发展阶段不能逾越，也不能逆转，认知总是朝着必经的途径向前发展。

皮亚杰按照各阶段图式功能特征的不同，将儿童的认知发展过程分为了四个阶段。虽然各阶段因个体的智力程度及成长环境的差异而在发生时间上有所不同，但阶段的先后顺序是不变的，而且个体的思维发展都会经历这四个阶段。因此根据所对应的大致年龄，且以行为的质变为特征，这四个阶段依次为：①感知运动阶段(0～2岁)；②前运算阶段(2～6、7岁)；③具体运算阶段(6、7～11、12岁)；④形式运算阶段(11、12～14、15岁)。

（三）认知发展的影响因素

在皮亚杰看来，影响认知发展的因素主要有四类：

①机体系统的成熟度　有机体的成长，特别是神经系统和内分泌系统的成熟，为儿童形成新的行为模式和思维方式提供了生理基础。

②物理环境　个体从与物理环境的相互作用，尤其是从对物体发出的动作中获得经验（物体特征和逻辑——数理经验）。

③社会环境　人与人之间的相互作用和社会文化的传递，也会对个体认知的发展起到加速或障碍作用。鉴于社会环境对于认知发展的重要影响，皮亚杰特别强调了教育必须适应儿童的认知结构，所教内容才能有效地被儿童同化。

④平衡化　具有自我调节作用的平衡化过程在认知发展中起着关键作用，它是智力发展的内在动力。所谓平衡化，就是一种动态的认知过程，即个体通过产生自我调节的内驱力，顺利同化环境中的新信息，使得个体心理处于较前一水平更高的平衡状态。

三、社会学习理论

社会学习理论是20世纪60年代兴起的一种理论，它运用心理学的概念解释人格的形成和改变，认为个人可以在社会环境中通过增强、模仿、认同等学习方式形成或改变其社会行为。其中，美国心理学家班杜拉重视社会情境因素和个人认知能力对行为的交互影响，这一社会认知学习理论最常被引用。

（一）观察学习

班杜拉认为人类行为的习得有两种不同的路径：①对直接经验的学习，即通过反应的结果所进行的学习；②对间接经验的学习，即通过示范所进行的学习。班杜拉的社会学习理论认为后者是人类学习的主要方式，他强调通过观察或模仿进行学习，并将其界定为："一个人通过观察他人的行为及其强化结果而习得某些新的反应，或使他已经具有的某种行为反应得到矫正。同时，在这一过程中，观察者并没有对示范反应做出实际的外显操作"。[1]

观察学习的全过程包括四个阶段：

①第一阶段——注意过程　作为学习的起始环节，指观察者将其心理资源如感觉通道、知觉活动、认知加工等关注于示范事件的过程。在这一过程中，示范行动的特征（显著性、复杂性等）、观察者的认知特征（经验背景、认知能力、期待等）以及观察者和示范者之间的关系（观察主体与示范榜样在性别、年龄、职业、社会地位等方面的相似程度）等诸多因素都会影响学习的效果。

②第二阶段——保持过程　是指观察者将在观察活动中获得的有关示范行为的信息以符号表征的方式储存于记忆之中以备后用的过程。在这一阶段，示范者虽然不再出现，但他的行为可通过符号这一媒介，保持在观察者的记忆中，仍对观察者产生影响。同时，班杜拉认为人类行为大多是以语义这一概念的形式加以表征的，因为它这存储容量大，而且

---

〔1〕姜兆萍，张海滨．2003．试论班杜拉的社会学习理论与人的发展［J］．烟台教育学院学报（6）．

便于观察者的复述和回忆。

③第三阶段——付诸行动的过程　观察者对示范行为的表现过程，即观察者将记忆中的关于示范行为的符号表征转换成物理形式的外显行为过程。这一过程涉及到行为要素的认知筛选、实际操作以及根据信息反馈调整行为以符合认知表征等。

④第四阶段——诱导与增强过程　是指观察者在特定的情境条件下由于某种诱因的作用而再现示范行为的过程。在观察学习情境中，决定观察者是否再现示范行为的诱因条件有以下三种：直接诱因(示范行为本身所导致的直接结果)、替代诱因(示范原型表现示范行为所导致的结果)和自我生成诱因(观察者对示范行为的情感赋予或价值赋予)。班杜拉把这三种诱因看成是观察学习者再现示范行为的动机力量。

(二)交互决定论

针对心理学家在解释说明人类行为时提出的环境决定论和个人决定论，班杜拉给予了批判，并提出了自己的交互决定论，指出在社会学习的过程中，行为、个人主体因素和环境因素三者是相对独立，同时相互作用从而相互决定，三者互为因果。三元交互决定的理论模型如图 2-1 所示。

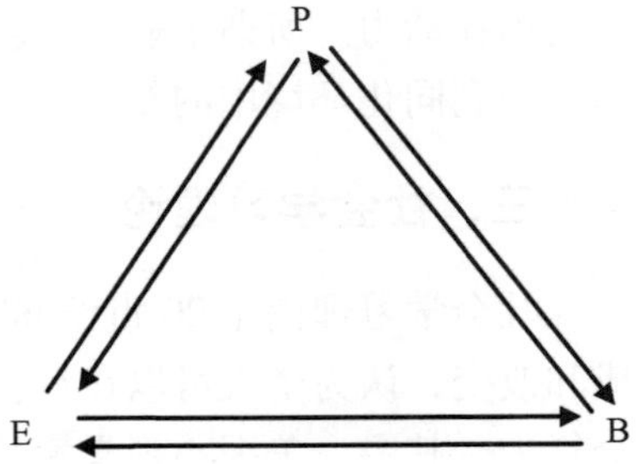

图 2-1　三元交互决定理论模型

图中 B 代表行为；P 代表人的主体因素；E 代表环境；箭头代表因果关系的作用方向

交互决定论是在环境、人及其行为的互动关系中考察人的心理活动与行为表现，但这并不意味着这三个作用因素具有同等的交互影响力，且交互作用的模式恒定不变。在不同的场景(不同个体或不同活动等)中，行为、主体和环境三者之间的交互影响力及其交互用模式均有不同的表现形式。

(三)自我调节

传统行为理论把行为完全看成是外部强化刺激的结果，班杜拉对此进行了理论突破。他认为人的行为不仅受到外在因素的影响，同时也会受到通过自我生成的内在因素的调节。这种人的主体因素，班杜拉称之为个体的自我，他把其定义为行为主体的认知结构。具体而言，个体通过自我观察、自我判断和自我反应调节和控制自我行为的方向。在这一过程中，个人会为自己确立内部行为标准，以自我奖励或自我惩罚的方式，去衡量或监督自己的行为，其中起控制作用的并非是外部的奖惩，而是个人的内在强化。

第二节　社会学的相关理论

一、偏差行为理论

偏差行为理论是社会学研究社会问题及社会控制的一种重要观点。所谓偏差行为，又称越轨行为，是指社会成员偏离或违反群体、组织规范的行为。例如，在校学生的逃学、打架或参加不良帮派的行为都属于偏差行为。

对于偏差行为产生的原因，社会学理论强调是社会体系性质与功能的失调问题而非社会成员的个人问题，主张从社会关系与社会结构的角度进行研究，并形成了以下理论解释：

(一)社会失范论

法国社会学家涂尔干用“失范”表示社会规范的缺乏、弱化、冲突等无力状态。他指出在社会变迁过于激烈的时期，社会的动态平衡遭到破坏，出现社会失范。由于社会缺乏统一而明确的共同规则，导致社会成员在遵守行为规范上发生困难，无法控制自己的行为及欲望，处于一种混乱无序、无所适从的状态，导致个人行为的偏差。

(二)标签理论

标签理论的代表人物是美国社会学家莱默特和贝克尔，他们认为偏差行为具有相对性，认为每个人都有“初级越轨”即偶尔发生的越轨行为，但只有被他人贴上“不良”标签后，初级越轨者才有可能走上“越轨生涯”。标签理论强调社会对越轨者的反应，认为许多人之所以成为“有偏差行为的人”，是与周围环境中的社会成员对他及其行为的标定过程密切相关。例如，学校老师或家长随意对学生加上“差生”的不良标签，会促使这些学生产生更严重的偏差行为。

(三)亚文化理论

又称文化传递理论。美国社会学家肖克利夫认为偏差行为会形成一种与主文化不同的价值体系和行为规范，即次级文化规范，它会传递、转移给社会团体的新进成员。所以偏差行为是通过与他人的互动而习得的，而且研究发现社会成员接触具有偏差行为的个人或群体的年龄越小、时间越长、次数越频繁，越容易认同并习得这种偏差的亚文化。因此，对于学生的偏差行为，可以推知可能与其家庭、同辈群体、邻里等亲密群体有关，也即古人云“近朱者赤，近墨者黑”。

二、角色理论

“角色”本是戏剧中使用的一个概念，指演员所扮演的剧中人物。20 世纪二三十年代，这一概念被引入社会学：把社会看成大舞台，把社会成员当成剧中角色。社会学研究中的“角色”是指个人在特定的社会或团体中占有的适当位置和被社会或团体所规定的行为模式。而社会角色理论是根据人们所处的社会角色解释人的行为并揭示其中规律的一种学说，它在角色研究的发展过程中，逐渐形成了以下角色理论：

(一)角色期待

在社会学中，角色与地位是相互关联的两个概念：地位是各种权利与义务的结合，角色则是地位的动态反映。每个人在社会关系系统中都居于一定的社会地位和位置，与此地位相联系的便是一整套相应的行为规范与准则。这种社会所赋予的每个相应社会地位所应有的行为模式便是“角色期待”，即“在其位，谋其责”。例如，教师要为人师表，学生要学有所成等观念都是一种社会所给予的角色期待。如果一个人的行为表现偏离了其所处的社会团体的角色期待，就可能引起周围人的异议或反对，导致其社会适应欠佳。

（二）角色扮演

角色期待的具体形式是一种理想角色，因为并不是所有的社会成员都能够完全按照社会期待去实践角色。角色扮演是角色承担者的实际行为过程，这个过程是否顺利和正确，会受到各种因素的影响与制约，其中最主要的影响因素便是人们对于角色的认知程度和行为能力。认知的偏差与实际能力的不足都会影响个人对于角色期待的理解与内化，从而导致角色扮演与理想角色之间的差距。

此外，美国学者米德在《心灵、自我与社会》一书中，特别强调了扮演他人角色是儿童领会角色、学习角色的基本途径。米德认为个体能在角色扮演中感觉到整体的存在，并认识规则对于整体生活的必要性。因此，社会工作者可以在小组工作中利用角色扮演技巧，促使小组成员学习相应的社会规范，习得合适的社会行为。

（三）角色冲突

美国社会学家默顿认为，任何社会地位都会牵涉到一个以上的社会关系，这也就是说每个人在社会里不仅仅只是扮演一种角色，而是会根据情境及互动对象的不同，扮演多种角色。因此，在角色行为的过程中，会出现由于不同角色的行为规范不同而引起人们某一具体行为的矛盾和冲突，主要包括两种冲突：

①角色间冲突　是指几个角色规范的各种要求，引起角色承担者某一角色行为的矛盾，例如忠孝不能两全，又如学生同时扮演子女角色、朋友角色、同学角色、学生角色等，而在同一时间内顾此失彼、难以兼顾。

②角色内冲突　是指角色承担者在扮演某一角色的过程中，由这一角色自身的各种期待要求而引起的无所适从。例如，父母之间对子女成长目标的不同理解及要求，这都会造成子女扮演者适应上的困扰。

三、符号互动理论

符号互动理论又称象征互动理论，它是带有社会学特色的社会心理学理论，其目的是要解释通过符号而完成的人与人之间的互动如何使人融入到社会团体内。理论的代表人物是美国社会学家米德，他认为象征符号是社会生活的基础，人们通过语言、文字、手势、表情等象征符号进行交往，从而达到共同理解，并对心灵、自我与社会及其关系进行了阐明。

（一）心灵

米德认为人类的心智具有独特性，突出表现在于它具有理解和运用象征符号的能力，这是人类社会与动物界不同的关键。人类的心灵能力包括三个方面：①理解和运用有意义的姿势（尤其是语言）的能力；②承担他人角色的能力；③想象性预演各种行动方案的能力。

这种心智能力产生于婴儿期，婴儿从最初所拥有的无意识、毫无选择的姿势到能从关系到自己生存的个体那里学到能带来赞扬的姿势。在对姿势进行选择的过程中，心智能力也随之诞生。这种对有利于适应环境姿势的选择，使得婴儿和周围其他成员对姿势的理解趋于一致，并成为与其他成员产生互动的中介。可见，心灵是个体在社会互动过程中，通过掌握与运用符号而产生和发展起来。因此，米德认为心灵能通过对外在环境的反应来理解他人，同时也让他人理解自己，并通过这种了解选择行动，产生与他人的互动。

（二）自我论

米德借鉴了詹姆斯和库利的思想，认为人类能用符号像定义环境中的客体一样定义自己，即把自己视为客体，通过与他人的交往领会和把握自己。

同时，米德指出自我的发展通过了三个阶段：①个人扮演其他社会角色的嬉戏阶段；②同时担任多种角色并融合成一个整体的游戏阶段；③由一般期待和标准计划和执行行动路线的泛化他人阶段。在米德看来，自我产生的过程就是社会关系不断扩大和社会交往能力不断增强的过程。

此外，为了更深入地说明自我的发展，米德还对自我进行了区分。他认为自我由主我(I)和客我(Me)两个部分组成。主我是主动行动者，是对情境刺激的直接回答，具有非反思性、冲动性及创造性，它在行动中改变社会结构；而客我则处于意识状态中，将自身视为客体，对自身行为作出反思，是自我的社会方面。任何行为都是由主我的冲动引起，而后受到客我的控制，自我是主我和客我的相互作用过程。

（三）社会论

米德在分析了心灵与自我的概念之后，提出了社会的概念。他认为，社会是在人与人之间的互动中产生的，它代表着个体之间有组织的、模式化的互动。米德的社会论可概括为三个方面：

①人类社会的个体基础　与自然界中的动物“社会”相比，米德认为动物社会的个体基础是一种本能的冲动，而人类社会的个体基础则体现出更为精致的发展，人类可以进行反思与交流，由此产生的语言特征等使得人类与动物之间形成了本质的区别。

②人类社会的组织基础　米德认为人类的群居生活不同于动物出于本能的群居，人类通过自我与心智的能力，在交往互动的过程中，将自己作为客体、从一般他人的角度观察与评价自身和扮演他人的角色，从而调节、控制自身行为，使交往具有价值，成为人类社会组织的前提。

③人类社会的制度基础　米德从有机体与环境的关系考察社会制度的产生。他指出泛化社会态度的存在是有组织的自我可能出现的基础，制度体现的是共同体全体成员对一个特定情景的一种共同反应。同时，米德也强调了制度环境对个体行为的影响。

第三节　教育学的相关理论

教育学是广泛存在于人类社会生活中的一门社会科学，它以教育现象、教育问题为研究对象，归纳总结人类教育活动与实践，从而揭示一般的教育规律。学校是实施教育工作的主要场所，学校社会工作的开展自然离不开教育学相关理论的指导。

在教育学的诸多理论中，与学校社会工作密切相关的是教育目的论、教育过程论和教育结构论。

一、教育目的论

教育目的是教育学理论中的一个基本问题。对于教育有无目的，教育的目的是什么等问题的探讨，不同流派的教育学家给予了理论回应：人本主义教育论认为教育的本质和根本目的是培育人性，使美好的人性得以展现和发挥，此教育目的论偏重文化熏陶；社会本位教育论重视教育目的的社会适应性，即教育应尽可能适应社会的变化，为社会的改造和发展作出贡献，认为只有把教育同社会变化联系起来才能消除教育与社会隔离的弊端；个人本位的教育论强调个人价值，从个人发展需要来认定教育的目的；科学人文主义教育论是以科学精神为基础，以人文精神为价值方向，促进社会在物质和精神两个方面的和谐发展，并在此基础上实现人的解放等。在其中，民主主义教育论者、现代美国著名教育学家杜威，将实用主义哲学与美国教育相结合，所创立的教育理论独具特色。

杜威对于教育目的的论述可以用一句鲜明的话来概括，即“教育无目的”。“教育无目的”完整的表述是“教育过程在它自身以外无目的，它是它自己的目的”。[1] 换而言之，教育目的是寓于教育过程、教育活动之中，它是不断发展变化的活动、生活中产生的疑难问题所形成的副产品，是教育活动设计的结果或预期的后果，而不是由教育过程以外的社会、政治等的需要所决定的。

杜威的教育目的论是建立在对传统教育目的的批判继承基础上。他认为传统的教育目的是归于教育过程以外、从外面强加于教育过程的。这种教育目的决然不是从儿童的角度出发，不是把儿童想要达到的目的作为教育的目的，不能顾及儿童的特点、兴趣和需要。所以这种教育目的是固定、呆板的，不能适应变化的具体情境。它使得教师和学生在教育实践中变得机械、死板，教育活动变成了无意义的的单调循环，不利于儿童身心健康的正常发展。

在杜威看来，教育目的有其独特的意义。他认为“所谓的目的，就是我们在特定情景下有所行动，能预见不同行动所产生的不同结果，并利用预料的事情指导观察与实验”。[2] 在杜威提出良好目的标准的基础上，指出了良好的教育目应有的三个标准：①必须注意特定儿童的固有活动和需要，成人的成就可以作为尺度来观察儿童的活动，但不能把成人的成就定为固定的目的，而不顾受教育者的具体活动；②必须能转化为与受教育者的活动进行合作的方法；③教育者必须警惕所谓一般的和终极的目的。

由此看来，杜威在批判和继承传统教育目的的基础上所创造教育目的论，并不是认为教育真正的无目的，而是具有阶段性的目的。他反对外部的违背儿童自然规律而强加于他们的目的，认为教育目的不是固定、一成不变的，而是会随着教育活动的改变而改变，从而才能促进儿童更好地发展。杜威的教育目的论中所体现的人性化、科学性和以儿童为中心的原则，值得我们今天的学校社会工作借鉴。

二、教育结构理论

教育结构论在教育学的发展中，还属于一个较为崭新的理论领域，一般可从宏观和微

---

〔1〕 约翰·杜威. 1990. 民主主义与教育[M]. 北京：人民教育出版社，54.

〔2〕 约翰·杜威. 1990. 民主主义与教育[M]. 北京：人民教育出版社，117.

观两种视角加以讨论：

（一）宏观的教育结构论

宏观的教育结构论认为，个人的教育经历就纵向而言，贯穿一生，从年少到年老，而不止于某个年龄期；就横向而言，个人接受教育的场所也不仅局限于学校，家庭、社区、社会等均是个人受教育的场所。因此，学校教育系统并非是单独地存在并发生作用，它是嵌入在社会、文化、政治、经济等结构背景中，并与其他的社会组织、团体发生互动关联。因此教育活动在进行的过程中，必须协调好这些不同的系统，才能健全教育环境，达致理想的教育目的。

（二）微观的教育结构论

与宏观的教育结构论偏重于剖析教育系统与其他外部社会系统的关联不同，微观的教育结构论侧重于研究教学系统自身内部的构成关系。微观的教育结构论从不同的角度对系统内部关系进行了分析：①从教育对象而言，教育活动中有老师、学生，施教者和受教者等不同的教育角色；②从教育形式而言，教师活动有一对多、一对一、多对一及多对多等不同教育方式；③从教育等级而言，教育活动有初级教育、中级教育、高级教育，还有基础教育、专门教育等不同的教育类型；④从教育途径而言，教育活动既有正式教育，也有非正式的社会实践、企业培训等。而这些不同的教育关系在教育过程中所发挥的作用也不尽相同。

以上这些关于教育结构论的宏观与微观分析，无疑提示了学校社会工作者，在开展服务时，尽管场所是在学校内，但是视野不能局限于学校，工作还应涉及到其他相关的社会组织、社会群体等不同的社会系统，尤其要兼顾非正式的教育机构对学生社会化所产生的重要影响。其次，还应重视学校内部结构关系的协调，如和谐师生关系的建立等。

三、教育过程论

教育作为一种培养人的活动，是以过程的形式存在，并以过程的方式展开，离开了过程就无法理解教育活动，更无法实现教育目标。此过程是教育活动的主体——师生围绕一定的活动主题，在特定的情景中，通过互动式交往而进行的建构性实践，即教育要素之间交互作用的变化和发展过程。简要而言，教育思想中以追求教育过程本身为目的的理论称为教育过程论。

当代美国著名心理学家和教育家布鲁纳是20世纪60年代世界上最有影响的教育家之一，他将认知心理学纳入到教育问题的探索中，以其独具一格的教育过程论对世界的教育改革产生了重要影响。

（一）强调早期教育

布鲁纳曾提出一个著名的假说：“任何学科都能够以智育上最诚实的方式，有效地教给任何发展阶段的儿童。”[1]他认为，自然科学、数学的基本观念和文学的基本课题，要

〔1〕 陈尚生．1998．布鲁纳课程改革对我们的启迪［J］．韶关学院学报（6）．

掌握它们并有效地加以运用，都不能只靠一次学习就能达到目的，而必须通过反复学习，通过在越来越复杂的形式中加以运用，才能不断地加深理解，最终逐渐掌握。换而言之，对于比较深奥的科学知识，应该让学生从低年级起就开始学习，随着年级的升高，经过多次的反复学习，才能真正掌握。这样螺旋式的教育过程能够让让儿童早学习、早成才。

（二）强调思维的重要性

布鲁纳认为，智慧生长的主要目的是为学生提供一个现实世界的模式，学生可以借此解决生活中的一切问题，而科学家正是运用这种智慧从事科学研究。从认知心理学的角度，人的智慧可以通过教学活动开发出来。因此，布鲁纳认为教学任务的重点应放在发展学生的认知能力，即智力上。他认为智力发展是掌握知识结构的保证。布鲁纳的教学论思想既注重知识的理解，又注重对学生思维能力的培养，这符合学习和教学的一般规律和本质特征。

（三）强调学习的内部动机

布鲁纳认为学习是一个主动的过程，学习的最初刺激应是个体对于所学内容的兴趣。这种来自于自身的学习动机，又称为"内部动机"。它能够激发学生对于学习的兴趣及好奇心，使学习本身对学生产生强大的"诱惑力"，而不是通过诸如荣誉、分数、名次、奖赏之类的外在刺激，促使学生完成学习任务。内部动机的促动能力是无穷的，它不仅能将消极的被动学习转为主动的积极学习，而且能使学生深刻感受、体会到学习的乐趣，从而专心致志地投入学习，并把这种状态延续到今后的工作中。因此，任何教学都应该想方设法地帮助学生建立内部动机。

（四）强调教师的辅助地位

布鲁纳十分重视教师在教学过程中的作用，他认为，"在我们的学校实践中，教师在教学过程中，仍然是主要的辅助者"。同时，他还指出"教师不仅是知识的传播者，而且是模范"。[1]教师一方面充当着学生通向理解的向导，帮助学生用自己的方式发现知识；另一方面通过本身的示范，担负着塑造人、改造人的重任，直接影响到学生是否能感受到学习、发展的内在刺激力，并且这种影响是潜移默化、长期的。

布鲁纳的教育过程论关注了个人认知在学习、教育中的发展过程以及如何采用合适的教学方式促进这种过程，符合人的终身学习和可持续发展的规律，提示学校社会工作应倡导能深刻体现学生主体性、充分尊重学生兴趣的教育过程论，从而促使学生得到全面而长期的发展。

本章小结

本章主要从心理学、社会学、教育学三门学科出发，阐述了它们与学校社会工作紧密相关的代表理论，并指出了其作为学校社会工作实践指导的理论意义。其中在心理学的理

---

〔1〕 陈晓霞. 2009. 浅析布鲁纳教育思想对我国基础课程改革的启示[J]. 科教前沿(1).

论中，精神分析理论提示学校社会工作者在分析问题时，应注意学生在本我、自我、超我三者之间的平衡关系，关注服务对象的早期生活经验和自我防御机制在个人成长过程中的影响作用；认知理论提示社会工作者应重视学生认知能力的培养和理性思维的发展，帮助学生获取对社会、世界的正确认识，使其行为得到正确指引；社会学习理论提示学校社会工作者应注意榜样的重要作用，通过示范教育引导学生认同并采纳正确的标准，对个人行为进行自我调控。在社会学的理论中，偏差行为理论有助于学校社会工作者深入分析学生产生偏差行为的各种因素：社会失范、标签的自我暗示及亚文化影响等，从而采取有效的介入方案；角色理论提示学校社会工作者应让学生正确习得担当学生这一角色应有权利和义务，并且帮助其协调自身及与他人之间的角色冲突；符号互动理论提示学校社会工作者应该关注学生与重要他人(家长、老师、同辈群体等)之间的互动，帮助学生形成良好的自我概念。在教育学的理论中，教育目的论所体现的人性化、科学性和以儿童为中心的原则，也是学校社会工作者应秉承的工作原则；教育结构论提示学校社会工作者在开展服务时，既要从宏观的视角关注学校系统与其他社会系统之间的互动关系，又要从微观视角出发考虑学校内部的结构关系；教育过程论提示学校社会工作者在介入过程中应关注学生的主体地位，注重学生内在心灵的长期教育，使学生能得到全面而持续的发展。

思考题

1. 怎样理解学校社会工作理论在实践中的作用?
2. 分析人文社会科学相关理论对学校社会工作发展的影响。
3. 怎样分析学生产生偏差行为的各种影响因素?
4. 如何从教育结构论的视角认识学校社会工作的实践场所?

第三章

学校社会工作者

【案例3.1】

两位“准”学校社会工作者的遭遇

××高校社工系大四学生汤璇即将面临毕业，为青少年提供服务是她的梦想。学校作为青少年生活学习的最重要平台，无疑为她提供了一个大有作为的施展空间，为此，她把就业方向定位为“从事学校社会工作”。同班同学陈坚亦是如此。

最后，两人终于如愿以偿，分别以不同的形式进入了学校，担任学校社会工作者一职。陈坚回到了家乡东莞，得到当地知名的DZ社工服务机构聘请，以正式学校社会工作者的身份被派驻到莞城××中学。汤璇的情况则不一样，她留在广州，进入广州LG区重点高中YY中学，可是，因为学校没有学校社会工作者这一明确的职位，以校团委副书记的名义，开展学校社会工作。

虽然也曾在中学学习生活了6年，中学校园的往事依旧历历在目，但汤璇第一次以学校社会工作者的身份踏入校园，依然觉得有些不知所措，工作不知从何做起。汤璇刚到团委报到，团委老师就交给了她一堆文件和档案，告诉她：现在学校正在迎评，全校上下都在忙着整理资料，她也需要做。汤璇有些诧异，这是学校社会工作者该做的吗？但她还是很干脆的接下了任务，经过一个多月的加班加点，终于把如山的档案资料整理完成。整理过程中，汤璇发现，YY中学历来都有开展学生活动、兴趣小组的传统。她觉得这是个很好的契机，于是她向团委书记提出，能不能让她开展小组活动呢？团委书记告诉她，这一块的工作学校心理老师陈老师已经在做了，可以去咨询陈老师。但是目前团委面临一个非常重要紧迫的任务，需要她接手，就是培训学校飞机航模兴趣小组，参加区一级的比赛。汤璇没有反对，默默的接下了任务，一做又是半个月。

在回母校活动的时候，汤璇见到了陈坚，她非常羡慕陈坚的角色，机构聘请，独立于学校，可以不受校方约束，做自己想做的事情。陈坚听了只有苦笑，他告诉汤璇：他发现整个学校都沉浸在紧张的应对考试氛围中，学生压力很大，所以希望开一次小组活动。但一个半月过去了，还没有成功开展一次小组活动，他向班主任申请开小组活动，班主任说要问级长；于是他向级长申请，级长说要上报教导主任；教导主任说这一块不属教导组管，应该找德育组，他找了德育组，德育组主任肯定了他的想法，鼓励他去找班主任敲定时间……大家都在踢皮球。他只能每天坐在办公室里，看着外面的学生追逐嬉戏。

汤璇听了陈坚的回应，若有所思，但心头疑团依然未解：难道我的处境就比陈坚的要好吗？这是学校社会工作者应扮演的角色吗？不做个案、不做小组，还能称得上是社工吗？怎样做才是一名真正意义上的学校社会工作者呢？

一年过去了，两人再次聚首时，问起各自的近况，才发现各自早已脱离学校。陈坚在学校工作半年后，深感自己不能适应学校文化，主动向机构申请调动岗位。而汤璇则是在正式应聘的过程中，因为区教育局没有“学校社会工作者”一职，而招聘心理教师又明确要求是心理学专业毕业，且具备心理咨询师三级或以上证书，她两项资格都不具备，只能错过。

（根据两位华南农业大学社工系学生的实习和求职经历改写）

学校社会工作者究竟是做什么的？和心理教师、辅导老师、德育教师等角色存在什么不同？本章结合我国的实际发展情况，具体分析学校社会工作者在学校体系中扮演的角色。

第一节 学校社会工作者的产生发展

为更好的理解学校社会工作者的角色、职责和素质要求，首先从了解不同文化背景中学校社会工作者的起源及其共性要求开始，以明晰学校社会工作者所扮演的角色是如何适应文化背景、社会环境、时代变迁的变化。同时，运用生态系统观的理论视角重新审视学校教育体系，理解学校社会工作者的存在意义。

一、学校社会工作者是学校社会工作专业化和职业化的结果

学界公认的学校社会工作起源于1906年的美国，当时波士顿、芝加哥、纽约等市雇佣工作员对移民区的学生家庭、家长进行会谈，了解学生在学习生活上的适应问题，最终目的是提高移民家庭学龄儿童的就学率，维护其受教育权利[1]。而当时的工作员被称为“访问教师”(visiting teacher)，并未被称为“学校社会工作者”。随着学校社会工作的逐步发展，学校体系逐步认识到学校社会工作的重要性，直至1944年，全美已在266个城市推行学校社会工作服务，1945年“学校社会工作者协会”的成立，“访问教师”正式更名为“学校社会工作者”[2]，1978年NASW正式制定学校社会工作者的职业资格标准，可是职业资格认证制度和社会工作者分级制度直到1992年才在全美实现。如今，社会工作作为一个职业已被广泛认同，专业教育蓬勃发展，从业人员的社会地位和薪酬待遇也相应得到承认。

目前，世界许多国家和地区都已经发展出了学校社会工作，但是对学校社会工作者的称呼却五花八门。美国、加拿大、澳洲等国家，以及我国香港使用“学校社会工作者”的称呼，阿根廷的学校社会工作者被称为“社会助教”(social assistant)，德国称为“社会教育工作者”(social pedagogue)；北欧国家称为“学监”(school curator)，取其关注个人和团体的成长发展之意，英国则称为“教育福利官员”(cational welfare officer)，隐含了英国社会福利国家的色彩。

对学校社会工作者不同的称呼也意味着不同国家、地区对其角色定位、工作职责有不同的侧重，很难做出明确界定。国内有人把“学校社会工作者”和“心理辅导教师”“学校咨询人员”“德育辅导老师”等混淆，认为既然学校社会工作的产生及发展轨迹因环境而异，那么国内在特定的时代背景和社会背景下，需要发展学校社会工作但不需要专职学校社会工作者，因为学校社会工作的职能已被学校体系内的其他岗位(心理老师、德育老师等)所承担。从实际情况上看，这种说法有一定的现实根据。学校社会工作者的工作职能，和国内学校德育组、校团委等的工作职责非常接近；个案辅导、小组辅导工作有心理教师承

〔1〕 李增禄.2002. 社会工作概论[M]. 台北：巨流图书公司，465.
〔2〕 Kutz, R. H. ed. 1960. Social Work Year book[M]. Washington D. C.：NASW. 521.

担；家校联系，亦可以通过家长学校、家长会等形式得以实施……学校社会工作者究竟承担了什么不可替代的角色和职责呢？是否有职业化的必要呢？

二、中国学校社会工作亟须专业化、职业化

所谓职业化就是从其他社会分工领域中分离出来，独立成为一门有别于其他劳动、具有自身特色的职业领域。包括形成专门的资格准入制度、工作职责范围、考核标准等，从而将职场行为进行规范化、标准化。然而，职业化的前提是专业化，即获得鲜明的专业标准和相应专业地位的过程。从目前学校体系（特别是学生辅导体系）存在的问题来看，引入具备专业知识、专业技能、专业方法、专业伦理的学校社会工作者，是问题解决的必然出路。

首先，由于人力不足，从事学生辅导工作的教师主要由心理教师承担、或由其他学科老师兼任。目前困扰学校学生的问题层出不穷、问题性质日益复杂多变，大部分问题已从单纯的个体心理障碍发展为社会——家庭——个人多方面的综合问题，然而心理教师或其他学科教师所拥有的心理学或教育学专业背景往往专于教学、心理辅导，缺乏对学业、安全、儿童虐待和侵害、暴力、网瘾等儿童发展广泛课题的理解，必然导致辅导成效不足。

其次，学生问题不仅是个人问题，往往是家庭、学校、社会互动问题的一部分。因此，对学生问题的干预，也需要学校、家庭、社区的协同努力，需要学校系统和其他系统的契合。然而目前学校、家庭、社区体系之间存在脱节，学校辅导多停留在校园，较少连结社区资源和家庭资源，三方各自为政，以邻为壑，责任不清，最终导致学生出现问题后，学校辅导无能为力，最后只能“暗示”家长解决、“鼓励”问题学生转学，学生问题依然存在甚至潜伏更大危害。

第三，学校教育目标存在错位，无法实现教育改革“以人为本、全面发展”的素质教育理念。在社会教育资源有限的大背景下，学校体系为求生存，实施应试教育、对分数过度追求已成为不争的事实，教育体系的科层制管理特征更加强化了这种错位。在开发能力这个领域，学校社会工作者就如同学校的良心，当学校的主要目光聚集在测验分数以及学业成就时，他们能给予那些被忽略方面的重视和支持。

系统功能主义理论认为，随着系统的发展，系统各要素会出现功能分化。学校社会工作者对学校体系而言，则是功能分化的最佳补充。社会工作者所秉持的“人性关怀”专业伦理，所掌握的有关社会政策、社会福利的专业知识，所拥有的宏观、微观各系统链接的技能，能帮助或者协助学校系统更好的实现其教育目标。

三、现阶段学校社会工作者的实务型态

学校社会工作在世界各国各地区的发展轨迹不尽相同，从学校社会工作者各自迥异的名称和实务型态中可见一斑。其中，所谓实务型态（pattern），是指学校社会工作服务的资金来源、提供者、实施场所等。在新加坡，是由机构为学校提供服务；在我国香港，学校社会工作由政府资助，由非政府机构聘请社工提供服务；在韩国，学校社会工作者直接受聘于学校，属于学校教职工正式编制中的一员；在阿联酋，学校社会工作者受雇于教育部，被分派入各学校提供服务；在加纳，学校社会工作者也是受雇于教育部，但并非派驻

学校，而是设置在独立分出的福利机构提供服务。

以我国台湾为例，学校社会工作者的型态多种多样，学者黄韵茹将其归纳为外部支援型态、内部派驻型态、校外安置服务型态三种，对我国学校社会工作有较高的借鉴意义（表3-1）。

表3-1 学校社会工作者的实务型态一览[1]

实务型态 / 特质比较	内部派驻型态		外部支援型态		校外安置服务型态	
	驻校	驻区	入校支援	专案委托	安置机构	社区学园
经费来源	政府部门	政府部门	NGO	政府、NGO	政府部门	政府、NGO
服务提供者	政府部门	政府部门	NGO	NGO	政府部门	NGO
聘用形式	学校或教育局聘请	学校或教育局聘请	NGO 聘请	NGO 聘请	学校或教育局聘请	NGO 聘请

（1）内部派驻型态　是指政府部门或学校以约聘或正式编制的方式聘请社工，并将社工派驻进学校（驻校型态），对社工的督导亦有政府部门负责。因受人力资源及经费预算的限制，学校社会工作者无法普及进每所学校，由此发展出驻区（巡回）型态，即根据学区或行政区规划分区，社工需以巡回进驻的方式，对区内所有学校进行支持。

（2）外部支援型态　是指由政府出资，民间机构负责聘请社工为学生服务。该型态可分为两类，一类为入校支援型态，社工进入学校，接手特定类型的个案；另一类为不进驻学校，直接接受学校转介，再机构进行个案辅导。

（3）校外安置型态　是指政府或民间机构出资创办的特色教育机构或社区学园，服务对象往往是已经脱离原有学校系统的高危人群，例如，犯罪青少年、辍学青少年、智力障碍青少年等，通过学校转介过来，接受多元化教育课程及社工个案辅导，以期案主重新适应社会。

三种模式各有千秋，在工作重心和服务对象上各有侧重。校外安置型态主要针对难以适应原有学校体系的青少年，和另两类型态较少重叠之处。

外部支援型态侧重以个案工作的形式为学校提供支持，民间机构外包个案的形式降低了政府部门、学校的人事管理成本，还为学校链接了社会力量及社会资源，且不会对学校文化带来冲击，因此颇受校方欢迎。同时，学校社会工作者在学校体制之外工作，更不容易经历角色冲突，不会因为自己受雇于学校的身份，而不恰当地被学校左右，从而能更有效地为学生代言。

和外部支援型态相比，内部派驻型态亦有其独到优势：首先，学校社会工作者可以与学校教职工建立更深入的关系，有利于多方合作开展工作，具有更充裕的发挥空间；其次，驻校社工可以开展更多预防层面的工作，而不是将所有精力都放在应对学生个案上，工作职能上更接近社会工作专业所强调的全面发展理念；第三，驻校社工因为更熟悉学校环境及文化，更了解学校制度及政策对学生发展带来的影响，因此可以通过参与宏观政策制定进行干预。

---

[1] 林万亿. 2005. 学校辅导团队工作[M]. 台北：五南图书出版公司，117.

第二节 学校社会工作者角色定位

上节已经谈及学校社会工作者的职能及角色因地而异，尽管如此，学校社会工作者依然具备跨文化、跨时代的共性价值观和目标。这正如美国学者罗斯(Rose. G.)和马绍尔(Marshall, Tony F.)指出的那样："学校社会工作一词的出现，其所涵盖的工作类似个人的谘商，但此类工作有赖训练有素的社会工作者完成，有时此类工作人员并无充分的社会工作训练；他们不一定是合格的教师。学校社会工作者已被视为专家之一，随同过去已经组合而且现在仍然组合在一起的查勤人员、护士、心理学家和职业谘商人士，共同提供咨询和协助服务，此种服务乃众所皆知的学生人事服务(pupil personnel service)。"[1]

对所有学校社会工作者而言，指导原则都是儿童的权益(特别是适切的教育和均等的机会)以及帮助所有儿童发挥天赋潜力。目标都是消减、消除那些在儿童成长过程中阻碍其潜能实现的因素。要富有成效的实现服务目标，都离不开与学校体系中其他角色的通力合作。

一、不同运作模式下角色定位

要更好的理解学校社会工作者所承担的角色，需要结合学校社会工作的运作模式进行分析，不同的运作模式下，对学校社会工作者所承担的角色亦有侧重。

(一)传统临床模式下的角色

传统临床模式下学校社会工作者扮演的主要角色是使能者(enabler)、支持者(supporter)、协同合作者(collaborator)、咨询提供者(consultant)。传统临床模式着重"工作者——案主"的关系，直接提供社会个案服务。工作人员的主要职责包括：对学校里有困扰的学生提供直接的个案社会服务；与教师和其他学校人员建立一种专业之间的关系；对学生家长提供个案社会服务；与社区中的社会机构一起工作，共同为学生提供必要的协助；向社区解释学校社会工作服务方案。目的是通过个案社会工作的协助，促使有问题困扰的学生在学校体系中能充分发挥其学习的效能，并造就最佳的学校生活体验。

(二)学校变迁模式下的角色

学校变迁模式下社会工作者的角色是学校变革的推动者(catalyst)，主要职责是协助学生厘清并判断哪些困扰和学校体制有着密切联系；和学生打成一片，如同"巡抚""监察使"那样倾听学生的诉苦和呼声；建立由学生、教师、行政人员组成的非正式组织，提供相互沟通、磋商的平台；充分了解学校的各种情况，推动学校变革。学校变迁模式关注学校体系和教育体系对社会变迁需求的因应，认为学生困扰问题的增加是因为学校的规范和体系不能跟上社会变迁的脚步，无法实现原本应有的功能，目的是通过推动学校体制、机构的变革，以维护学生的权益。

---

〔1〕 林胜义. 2003. 学校社会工作[M]. 台北：巨流图书公司，95.

（三）社区学校模式下的角色

社区学校模式下社会工作者的角色包括媒介者（mediator）、使能者（enabler）、拥护者（advocator）、组织者（organizer）、发展者（developer）等。工作职责包括：了解学生家庭、所处社区的独特特点和问题；在社区中宣传学校教育方案和计划，增加社区对学校教育的理解和支持；在社区中创造资源，为学生继续提供外延的活动实施新方案。社区学校模式主要关注社区组织对学校育人成效的影响，该模式把学生困扰问题的根源视为学生所处社区文化与学校文化的冲突，或学校教育者未能清晰把握社区特点，或社区居民不了解学校的政策、不支持学校方案，或学校不能充分了解学生所处背景——社区和学校间未能密切配合。主要目的是增进学校及社区之间的相互理解和融合，将社区转化为学校发展的环境。

（四）社会互动模式下的角色

社会互动模式下社会工作者的角色主要为协调者（coordinator）。主要工作职责就是协调，包括：找出互动关系的范围；探寻并设法应对互动的障碍；提供案主未曾利用的资源；对互动关系引发的未来图景进行动力学预测；发觉工作情境中的需要及限制。社会互动模式对前述三种模式进行了整合，关注学生与周遭环境各因素的互动形式，认为学生困扰问题是因为和周遭环境的互动关系不良（缺失、运作不当）而引发。

二、不同系统层面下角色定位

生态系统观认为儿童发展的历程中会与各种外在环境如物质、文化、社会等建立互惠关系，并达成平衡，因为环境改变、个体发展或特定生命事件的发生，平衡遭到破坏，而学生的困扰问题则是对这种外在环境的不适应。为此，学校社会工作者的目标不只是学生的心理建设，也必须与学生以及老师、家庭、学校、职员等此系统之间的转变一起工作，必须主动适应外在环境的转变。换言之，社会工作者的目标是在干预个人与环境间的交流层面，以连接案主需求，帮助案主减少或排除成长和发展的障碍。

（一）个人和学生团体层面

学校社会工作者最主要的角色是作为专业人士，为遭遇学习障碍或生活困难的学生提供直接服务。学校社会工作者作为研究者、评估者、方案拟定者、个案咨询师、个案经理、团体带领者的角色，对学生困扰问题的程度和成因进行早期筛查、测查评估，或拟定干预辅导策略，以个案工作和小组工作的形式实施干预，或为其协调资源，并确保学生、家庭、机构之间的沟通渠道畅通。

本书在其后章节对个人层面的直接服务提供详细论述，这里简要介绍易被忽视的研究者角色，Lynn Bye 和 Michelle Alvarez 提出学校社会工作者的实践研究是最佳实务的必要组成部分。虽然大多数实践者不会成为学术研究者，实践研究目的不是为了发展理论模型，而是对理论模型的实务应用进行整合。学校社会工作者不能只顾埋头进行个案工作、小组工作，还应发展出批判性反思的能力，通过行动研究（action research）对社工实践进行反思，尝试采用新的干预辅导策略或手段，搜集实施过程中的有关信息，并重新检视干预辅导的成效，并据此重新调整干预辅导策略。

（二）家庭层面

家庭参与对儿童获取学业成功、社会发展具有不可替代的作用。促进家校联系、鼓励家庭参与是学校社会工作者的传统职责。因此，在发展和维持家庭对儿童的教育参与中，学校社会工作者扮演了重要角色。学校社会工作者充当媒介者、发展者、咨询提供者、协调者，帮助学校进行家庭访问、建立家庭和学校之间的联系，向家庭传递学校政策，评估阻碍家庭参与的因素，为家庭消除这些阻碍。

（三）学校组织层面

学校社会工作者在学校组织层面，借由推动学校环境（自然环境、物理环境、学习环境）的变革，或是调整学校教职工的态度认知，从而改变学生的认知、行为和表现。期间充当了评估者、校际服务协调者、提倡者、咨询者、训练者、干预协调者的角色。

学校组织层面拟定有成效的干预辅导策略，前提是对体系中各主要利益干系人的需求、对实施干预辅导策略的学校环境、学校文化有清晰的辨识，并对宏观（学校环境和文化）、微观（干预辅导技术）的潜在障碍进行风险管理。学校社会工作者在该过程中担任评估者的角色，对情境风险因素做出综合评估，并预估干预辅导措施的有效性，列举备选的干预辅导方案供决策层选择。

对学生的综合性干预辅导策略和方案实施需要学校各层面的通力合作。由于学校行政人员和教职人员承担较为繁重的教学及管理任务，心理教师主要专于心理健康教育工作和学生教育工作，这就需要学校社会工作者担任校际服务协调者的角色，以专业的合作、调解、计划技能，统筹各方面力量达成共识，以开展协商、调解和团队引导。

当学校社会工作者发现服务传达和学校整体规划存在不足，而该不足可以通过提高学校行政人员或教师的服务技能、服务认知而得到改善时，则承担了提倡者、咨询者、训练者的角色，通过对行政人员和教师施加影响力，激发他们寻求改善的动机，或者为行政人员、教职员及员工提供咨询及教育训练，赋予他们行之有效的行为技能。

另外，虽然学校体系的组成人员都为学校的共同目标、共同愿景而服务，但各自又具备不同的立场和诉求，当成员间出现利益冲突或立场冲突时，如学校领导层推行变革方案受到学校学生的阻力时，学校社会工作者往往承担了干预协调者的角色，凭借着良好的人际关系和优秀的调解技能，促进主要利益关系人（学生、家长、教师、员工和行政人员）进行定期会谈来检讨变革方案。

（四）政策和社区层面

学校和系统都由政策所控制，政策指示教育服务如何被传送以及由谁传送。学校社会工作者需对学校政策有足够的理解，理解新政策如何影响学生，政策在学生需求面前是否会产生冲突，是否会给学生发展带来负面冲击。社会工作历来重视微观层面的服务实施，这种传统在学校社会工作上亦有体现，大部分学校社会工作者在制定和改变政策上的知识有限，忽略了学生困扰问题也是社会问题包括社会政策制定在学校、家庭、个人层面的映射，这就容易把自己置于“成为看门人的风险中，藉着抚慰受压迫的人帮助守卫优势阶层的社会地位”，Dupper & Evans 呼吁“反应性的、个人主义的实务方法必须让步给更多以社会体制为目标的预防方法，而不是要改变的学生”[1]。因此，在政策参与和社区层面的学校社会工作者，着重扮演政策的检讨监督者、参与制定者的角色，例如，探讨社区、学校的制度和政策是否对某些学生不公平，令他们失去了同等的发展机会。

除了在政策层面实施宏观实务外，社区也是学校社会工作者开展宏观实务的主要场所。学校作为当地社区的一部分，倘若学校教育得不到社区居民的支持，会出现“5 + 2 = 0”的消极结果(5 天学校教育 +2 天社区教育 =0 成效)。学校社会工作者通常是学校体系唯一拥有“把学校向社区扩展延伸”技能的专家，他们了解社区所拥有的资源和诉求，与相关机构进行合作，向社区居民解释说明学校政策，建立邻里居民、企业和专业人士的联系，协助社区和学校的融合，以期获得更多的资源和拥护。

三、学校体系中各岗位的团队合作

(一)学校组织体系中的相关岗位及角色

以系统理论的观点审视学校体系，将其视为一个“输入——转化——输出”的开放系统，如生产制造业的流水线一般，以环境提供的原材料、能量为输入，输出符合需求的产品。学校体系是更宏观的教育体系中的一个子系统，同时与教育体系内其他子系统：社区系统、家庭系统、传媒文化系统等进行互动，以适应环境需求。学校系统通过自身的组织体系、运作模式，将“未经教化的学生”培养成为“受教化和社会化的学生”，学校体系中各岗位都是转化过程中的必要一环(图 3-1)。

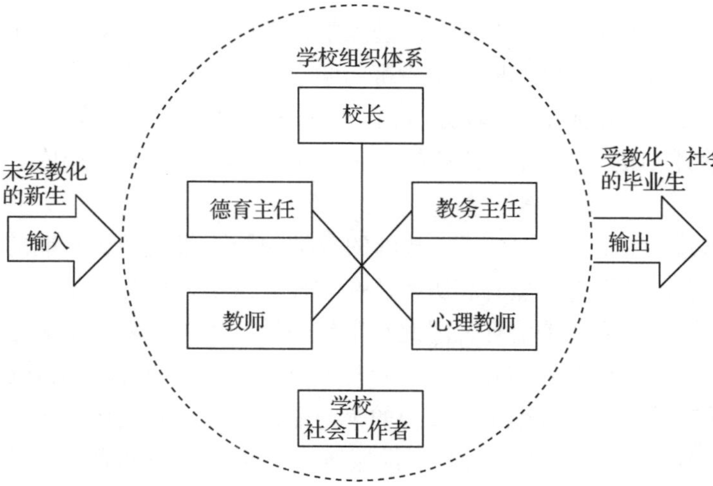

图 3-1　系统观视角下的学校组织体系

如上文所述，学校社会工作与学校教育具有共同的核心目标，学校社会工作者要在学校中获取成功，前提是理解和适应学校教育目标，铭记团队合作是学校社会工作的特性，

---

[1] Lynn Bye，Michelle Alvarez 编．1998．学校社会工作[M]．谢振裕，蔡青芬，译．台北：新加坡商圣智学习亚洲私人有限公司台湾分公司，77.

需要与学校组织体系中各岗位人员通力合作。因此，如 Lynn Bye & Michelle Alvarez 所言，“学校社会工作必记住学校最初的目标是教育，而非成为一个社会服务机构。”学校社会工作者不但需要明晰自身的角色定位，还需要明晰学校体系中各岗位的角色职责及利益诉求。

学校组织体系中，与学校社会工作密切相关的角色通常包括：校长、德育主任、教务主任、教师、心理教师、学校社会工作者。

(1)校长　是一校之长，在学校体系中至少扮演以下三种重要角色：首先，是学校辅导工作的决策者，依据学校的教育目标，结合学校现状和学生情况，决定学校辅导发展计划；其次，是学校辅导工作的领导者和推动者，确立明确的工作目标和成效愿景，召开教职工大会通报信息，激励全体成员实现目标；另外，校长还是学校辅导工作的评估者(考核者)，校长依据既定的工作目标和工作计划，评定辅导工作的成效，并考核相关人员的绩效。校长往往还在学校体系外担任举足轻重的角色，如作为学校的名义首脑，建立学校与社区的联系，在社区中兼职与教育相关的职务，为学校向上级教育主管部门争取利益和资源等。

(2)德育主任(德育组)　作为学生生活管理的主要负责人(部门)，是学生生活管理工作的主要推动者，能够调动相应人力、物力、财力资源以实施、落实辅导计划；同时还是学生重大奖惩的实施者，通过设计和实施奖惩制度，对学生行为进行引导；另外，学校德育部门还可对学生困扰问题或偏差行为进行预警，例如，通过学生出勤记录、违纪事件记录等，对高风险学生进行早期筛查。值得一提的是，从组织隶属上看，大部分学校的心理教师、学校社会工作者往往隶属于德育部门管理。

(3)教务主任(教务组)　虽然没有直接进入学校辅导工作，但对辅导工作的影响力是不言而喻的。由于大部分学生困扰问题多少都与学业失败直接挂钩，而学生学业成就是学校追求的重要绩效目标，教务主任(教务组)作为实现该目标的直接负责人(部门)，是教育辅导工作及教学计划的主要制定者和推动者，同样具备强烈的学生辅导工作诉求及动机。

(4)教师　“德高为师，身正为范”，教师的教学功能不仅指知识技能的传递，更是通过自身榜样作用对学生进行人格熏陶和历练。在学校体系中，教师与学生关系最密切，接触机会最多，掌握学生的第一手信息，因此在学校辅导工作中，常常是案主的引介者及学生信息的提供者；另外也是干预辅导计划中必不可少的参与实施者，国外已有研究表示，在拟定及实施干预辅导计划的过程中，教师的参与能提高计划的成功率。

(5)学校心理教师　主要负责进行心理健康测查、举办心理健康教育活动、对有需要的学生及群体进行个案或团体谘商，为其他教师提供心理学知识和技能的支持等，虽然角色职能和学校社会工作者较类似，但二者依然存在重心差异。Labath & Siroky 举例，在斯洛伐克，“问题学生会被送到心理学家那里，心理学家也视社会工作者为同业人士。”[1]。这句话道出了两者角色的异同，社会工作的传统是强调优势，而不是问题诊断。另外，心

---

〔1〕 Lynn Bye、Michelle Alvarez 编 . 1998. 学校社会工作[M]. 谢振裕，蔡青芬，译 . 台北：新加坡商圣智学习亚洲私人有限公司台湾分公司，340.

理教师更善于对学生内部心理进行疏导调节，而社工更强调链接资源，通过改善外部环境以给予学生发展机会及成长空间，与心理教师的辅导切入点有所不同。

本章取学校社会工作常见范畴之危机干预、心理卫生干预为例，以时间轴为序展现处理流程中不同岗位间的合作。为使流程图更简洁流畅，这里仅论述在学校组织层面上各岗位的互动，并将校长、教务组、德育组三者归为“学校管理层”一类进行论述。

(二)学校社会工作的团队合作案例：校园危机干预

校园危机事件包括学生身心意外、校园暴力冲突、管教冲突等紧急性事件。近年来学

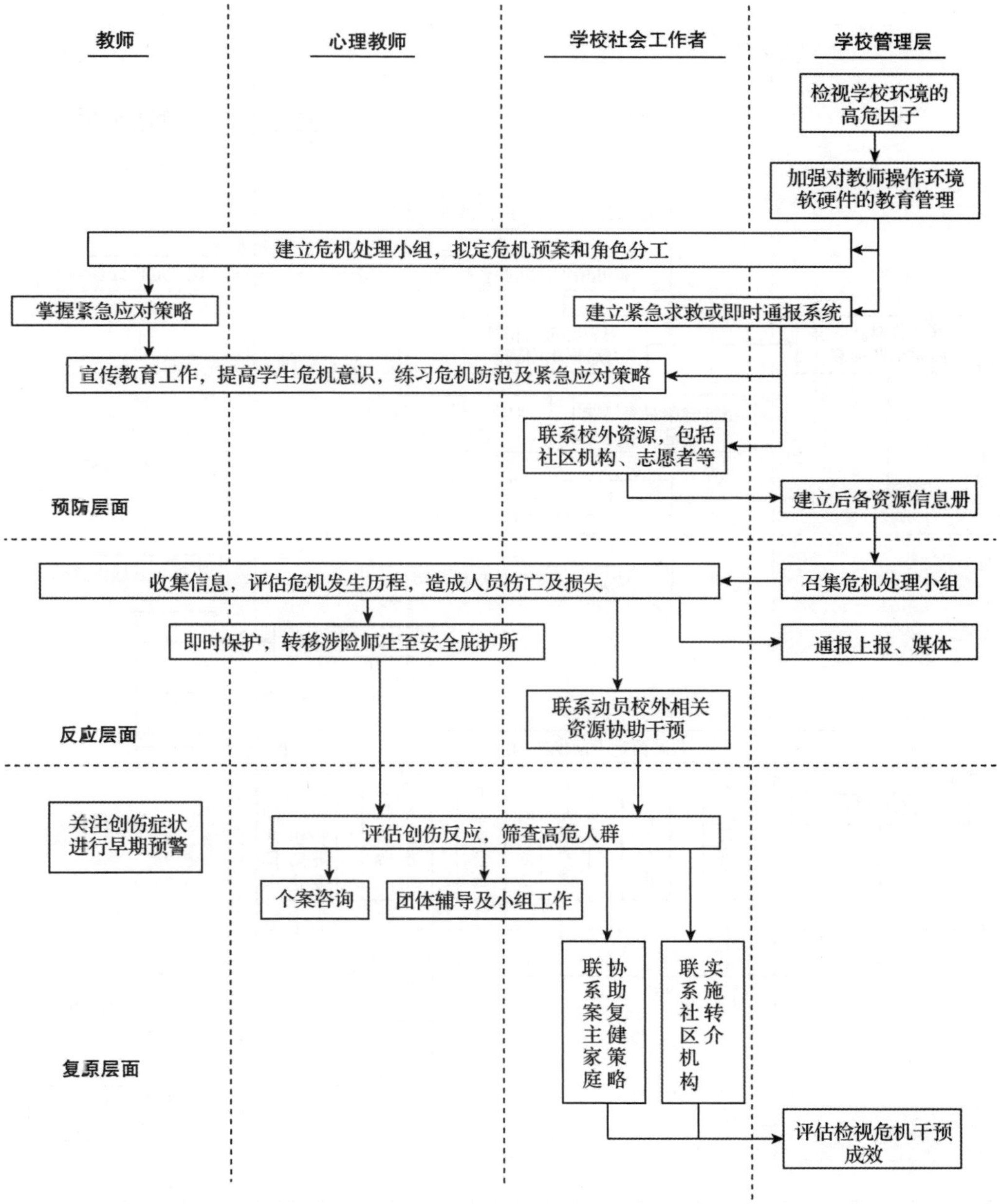

图 3-2　校园危机干预的工作流程及团队合作

校危机事件层出不穷，云南马加爵事件、河北李刚门、福建南平校园惨案、汶川地震中学校受灾应急等，常令学生的心理状态受到严重影响，而且倘若不能及时介入，往往引发社会性、群体性恐慌，对学校体系带来极大的冲击。如图 3-2 所示，根据学校危机干预中预防(prevention)、反应(response)、复原(recovery)三部分流程，列举各岗位的工作职能及相互的逻辑顺序。

(三)学校社会工作的团队合作案例：校园心理卫生

校园心理卫生工作的主要目标包括对学生精神疾病的预防及干预，根据工作层面可分

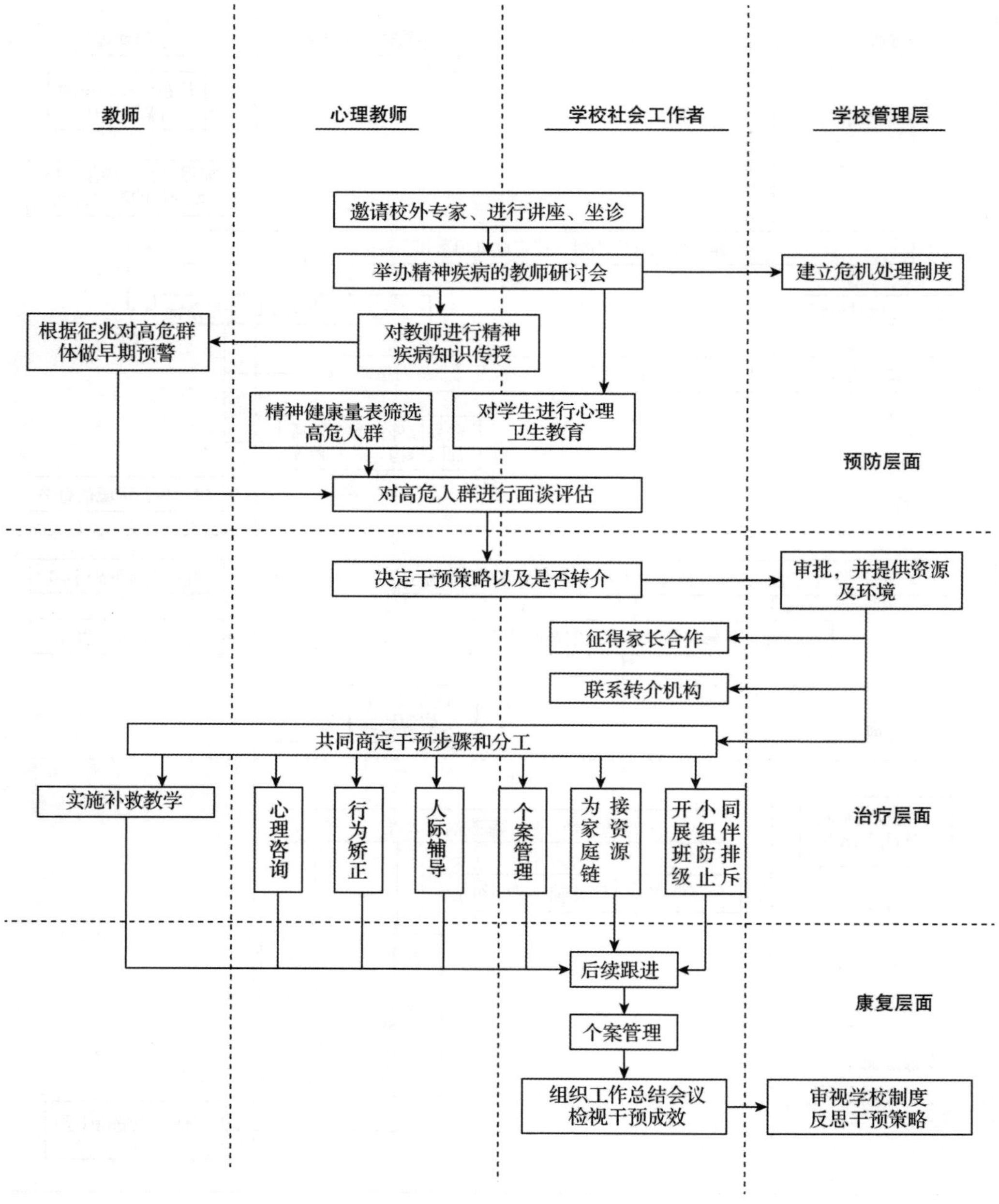

图 3-3　校园心理卫生的工作流程及团队合作

为预防、干预(治疗)、复健三部分，如图3-3所示，列举了各岗位在不同层面的主要工作及职责，以及工作之间的逻辑顺序。

分析学校社会工作者在以上两类学校社会工作领域中的角色、职责以及与其他角色的互动，可以发现以下两大特点：

①任何实务领域中，心理教师都和学校社会工作者有密切联系和职责重合，但家校联系、链接社区资源、小组工作始终是学校社会工作者的传统角色，也是其他岗位难以替代、胜任的工作职责。

②不同实务领域中学校社会工作者的角色有所不同，校园危机干预对学校外部资源需求极大，学校社会工作者则更加侧重外部资源链接；校园心理卫生的复健层面着重多方合作，学校社会工作者则更侧重干预方案制定及个案管理，协调各方力量。

第三节　学校社会工作者基本职责及素质要求

学校社会工作者要为自身职业发展拟定一个明晰的发展方向及目标图景，则离不开对自身基本工作职责的认知和理解，以及为完成基本工作职责，需要怎样的任职资格和知识结构。本节摘选了美国、中国学者对学校社会工作者基本工作职责、任职标准、知识结构的权威描述，为有志于从事学校社会工作的人士提供明确的发展参考。

一、学校社会工作者基本工作职责

(1)职责的七个方面　我国学者丁碧云认为学校社会工作者应克尽以下七项职责[1]：①促进学校为学生提供教育项目和社会服务，并为某些特定的学生提供直接的社会工作服务；②扮演学生辩护者的角色，把工作重点放在特定学生团体的迫切需要上；③与学校行政人员磋商，共同鉴定学生困扰问题的症结以便设计有计划的服务方案，争取社区机构的合作，并协助学校订立直接影响儿童和青少年福利的政策；④与教师共同磋商有关建立一种能使学生自由自在和自动自发的学习气氛的技巧；⑤组织学生家长和社区团体，使其有效地为学生和学校之间开辟一条沟通的渠道，并且成为学校和社区间一种建设性的助力；⑥发展并维护学校、社会工作机构和司法机构三者的密切联系，以便对学生及其家庭提供更有效的社区服务，并协助社区组织方案中的社会福利计划和有关资源做适当的变迁，以加强社区对青少年的服务；⑦领导学生辅导工作体系的各类人员，协调各种专业技术为学生共同提供最佳服务。

(2)学校社会工作者工作职责　我国学者林胜义将学校社会工作者的工作职责分为五个方面：对学生本身的服务、对教师和学校人员的服务、对学生家长的服务、对社区人士及有关机构的服务、对有关问题的研究[2]。

①对学生本身的服务　对教师转介的个案加以评估和诊断，以决定其需要的协助或服务项目；以个案工作方法，对需要服务的案主提供信息、建议或指导，并通过承诺、信

---

〔1〕 林胜义.2003. 学校社会工作[M]. 台北：巨流图书公司，104.

〔2〕 林胜义.2003. 学校社会工作[M]. 台北：巨流图书公司，107.

任、优异，给予情感接纳及支持；运用小组工作方法，在小组过程中协助学生了解自身的能力、兴趣、有关问题和需要，协助其学习如何适当的表达或控制自己的感觉，发展个人的目标和价值观念；安排学生、教师及学生家长参观社区、学校和教育等机构，并适时向他们说明学校的政策和权力；运用其他工作技巧，如行为改变技术、系统脱敏技术，协助学生矫正其不被社会接纳的行为方式；搜集与研讨学生的相关资料并予分类，以备不时之需，从而增进服务的效果；协助必要的转介工作。

(2)对教师和学校人员的服务　设法使学校行政人员及教师对社区文化可能影响学生生活的情况有所了解；对教师提供有关某个特殊学生或问题的情况，协助其改善师生关系；对教师提供咨询，提供运用技巧培养鼓励学生学习的气氛；与学校教师及有关人员定期评估每一转介来的学生个案；对学校行政人员提供咨询，以便检讨引起学生困扰问题的症结，以及学校政策是否直接增加学生的福利；协助行政人员及教师了解社区资源，并与社区其他机构建立良好工作关系；对其他人员提供咨询，以便拟定综合性干预计划，有效地协助学生；参加学校各种委员会、导师会议及校务会议，以便改进各种特殊的服务；征得教师的同意，在班上示范辅导的过程与技术；编订有关学生辅导应用的表格；安排辅导方面的专题演讲或影片欣赏；为了学生的福利，协助学校或社区办理各类与教学或辅导有关的在职训练。

(3)对学生家长的服务　定期访问学生的家长，促使他们关心子女的学校生活，并了解其子女的能力兴趣、行为及问题之所在；协助学生家长规划各种具有教育意义的回忆，例如，家长研讨会，使其了解有关青少年发展的知识，以及家长对于在学子女应负的责任；进行亲师会谈，共同对于学生及其问题表示关切，并透过各种组织与意见沟通，共同解决问题；参加学生家长会、母姊会，说明学校的政策，争取家长的支持与合作；为学生家长提供咨询服务。

(4)对社区人士及有关机构的服务　利用社区开会时，向学生家长提供社区内有关福利、医疗及心理卫生等机构资讯，并协助学生家长充分利用社区中的各种现有资源与服务；将需要协助的家长转介给社区内适当的服务机构，并担任家庭与社区之间的联络员，以保证此等服务能有效利用；以学校代表的身份在社区福利基金会、社区规划协调机构或社区行动机构之内，担任一部分职责，促进社区的规划与发展；向社区民众、社会机构及热心团体报道学校社会工作服务的项目；代表学校参加各种社区活动，随时说明学校为了学生的福利正在做些什么。

(5)对有关问题的研究　家庭教育与学校教育相关性的研究；学前教育对学校教育影响的研究；学生在学校设施中的需要与问题的研究；在校教师对教育设施和学生态度的研究；家长在特殊教育实施过程中所持态度的研究；学校实施亲职教育工作的研究；社区与学校之间有关问题及其解决途径的研究；其他有关学校社会工作和学校辅导工作问题的研究。

二、学校社会工作者任职标准

1978 年 4 月，美国学校社会工作者全国性会议(National Conference of School Social Workers)在科罗拉多举行第一届年会，决议由美国社会工作者协会(NASW)拟订一套学校社会工作的实施标准。标准计有 32 项，分属资格(competency)、组织及行政(organization and administration)和专业实务(professional practice)三个领域。其中，有关学校社会工作者应具备的资格或要件，有三项标准：

①标准一　学校社会工作者必须逐步认知和了解社会工作专业的基本概念，尤其对于公立学校体系和教育的过程应有深刻的了解。为达到此标准，学校社会工作者应具备的知识包括：了解个人和团体行为的心理动力、了解社会学习理论、形象互动理论、生物因素对个体成长和行为表现的影响、角色理论、标签理论和认知失调理论。同时，也包括研究设计基本特质的认知，搜集资料方法的知识，社会工作介入方法和运用专业关系的知识，公立学校、家庭组织和社区结构的知识。

②标准二　学校社会工作者必须设法达到一种高层次的自我觉察(self-awareness)、专业训练(professional discipline)、自我管理(self-management)。该标准的特征是要求学校社会工作者在未来某段时间，能投注于社会工作专业价值和专业伦理的内涵，以便为人群提供服务，并且注意社会工作特质的变迁。

③标准三　学校社会工作者必须设法获取并扩展适合于学生、家长、学校人员和社区所需要的技能。很显然，此标准包括一系列的工作技术或技巧，例如，发展会谈技术，建立并维持有目的关系的技术，系统观察并评估家长需要及其特性的技术，收集案主有关生理、心理、文化、社会和情绪的书面资料的技术，观察、评估并解说"学生—学校—家长—社区"之间相互影响的技术，采择应用社会工作介入的适当方法和技术，辩护的技术，处理有关个别学生、家长或团体需要的技术，与学生辅导工作团队成员共同努力工作的技术，与案主体系有关人群共同磋商的技术，维持学生家庭和学校之间有效联系的技术，有效提供适合于学校体系或社区资源的技术，与社区机构共同工作的技术，认明并发展学校体系内外资源的技术，协调各种不同专业之间共同努力的技术，认清有待进一步研究之领域的技术，评估任何介入者效能的技术，分析影响国家政策和地方政策的技术等。

三、学校社会工作者知识结构

林胜义归纳认为，作为一个合乎标准的学校社会工作者，在遵循社会工作伦理的前提下，至少必须通晓下列十个领域的知识和技能[1]。

(1)有关社会工作的专业基础和哲理取向　学校社会工作者应具备的哲理取向包括：确认每一学生都有自我表达和自我实现的权利；学生在学习和适应上的困难是个人行为发展过程中的自然现象；希望每一学生均能在其天赋能力范围内发挥其潜力；相信学生在心理和行为方面适应不良是与其他的家庭、学校和社区密切相关；认清学生除在学校得到应有的服务外，尚赖家庭和社区资源的充分服务；深信学校的各种设施与活动，应以逐步形成学生社会化人格为目标；重视学生的个别差异及其对团体之职责的表现；坚守学校社会工作从业人员必须具备科学知识和专业技能的原则。

(2)有关学校教育的知识　对所服务的学校体系有深刻了解；了解教育哲学和教育价值论；了解通过教学过程传递知识、社会规范和社会价值的目的；致力于创造有关问题解

〔1〕 林胜义.2003. 学校社会工作[M]. 台北：巨流图书公司，117.

决和增进生活素质的方法；具备审美的、文化的和职业训练的经验；致力于整合并发展每位学生有关学业的、情绪的和社会方面的能力；有关咨询理论的专门知识。以便协助家长和教师处理学生困扰的问题。

(3)有关与个人一起工作的理论与技术　包括标签理论、人际沟通分析、行为改变技术、个案工作建立基本关系和技术、会谈技术。

(4)有关学习原理和认知原理　这是学校社会工作者经常运用到的知识，可据此进行教育诊断，并提供矫正不良学习习惯、学习障碍的方法。

(5)有关社会增强、社会化、教学团体和技能学习团体的知识　包括对个人和团体行为的心理动力的研究，以及角色理论的认知。

(6)有关社区工作的知识和技术　学校社会工作者经常有机会参与社区活动，必须了解社区结构、社区行动过程、协调和触媒的技术，以及其他适合于学校社会工作者所应采用的社区知识和社区工作技巧。

(7)有关沟通理论和教学技能　沟通是指学校社会工作者介入学校体系而与学校人员、学生家长和社区人士的沟通，形象互动理论就是一种经常使用的沟通理论。教学技能是指对教学过程的认知和实际从事教学的技术。虽然学校社会工作者也许不必担任实际的教学工作，但了解教学的过程和技术，有助于协助教师处理学习问题。

(8)有关系统理论及其在学校运用的技术　学校社会工作者在工作过程中所涉及的组织体系包括：学校体系、社区体系、家庭体系，故应了解分析组织体系的方法，以及次级体系互动的状况，以便找出教育体系和其他社会体系或社区体系的交互影响，并运用体系促进变迁，使其满足学生的需要。

(9)有关咨询理论的相关知识与技术　学校社会工作者应该成为心理咨询专家，为家长、学生和校方人员提供专业意见和资料，给出更为科学合理的建议。此外，还可以在必要时采取行动，熟练运用行为改变、人际沟通分析等咨询技巧提供动态的服务，以便能更有效地帮助当事人。

(10)关于不同专业方面的认知　学校社会工作者需要与相关的专业人员一起为学生提供服务，对于其他相关机构及专业人员的工作应略具概念。如学校体系的谘商人员、心理专家；心理卫生中心的儿童精神病专家、游戏治疗师；少年观护所的辅导人员；儿童福利机构的保育人员等，学校社会工作者应对他们的角色与功能，均应有某种程度的认知，始能相互支持，通力合作。

本章小结

本章主要论述了学校社会工作者在学校、社区工作环境中所扮演的角色，以及为达成角色要求，所需要承担的工作职责、任职标准和知识技能。首先，概括了学校社会工作者的职业起源，以及在国内发展的必要性及生存型态。学校社会工作者的出现是学校社会工作走向专业化和职业化的必然结果。我国虽然尚未完全形成专业化和职业化，但亦为大势所趋，须根据自身国情特点选择、确定实务型态；其次，论述在国内学校环境中，学校社会工作者对自身角色的认知，基于自身角色认知，应如何与学校其他人士进行合作，达成最终目的。学校社会工作者在工作过程中扮演支持者、协同合作者、资讯提供者、推动者、媒介者、拥护者、发展者、协调者等多种角色，并在不同的系统层面上承担相异的角色智能。无论学校社会工作者承担哪种职能，都须与学校体系中的其他人士密切合作，特别是校长、德育主任、教务主任、心理教师等。各角色在工作职责上虽有冲突和重叠，但亦各有侧重；最后，对学校社会工作者所需承担的基本工作职责，以及为此所需的资格标准、知识技能提出参考建议。

思考题

1. 在学校教育体系中，学校社会工作者扮演了什么角色?
2. 列举学校社会工作者的基本工作职能。
3. 结合具体个案，谈谈学校社会工作者应如何与其他相关人士合作?
4. 学校社会工作者与学校心理老师的区别在哪里?

第四章

学校社会工作的运作模式

【案例4.1】

小刚的故事

小刚13岁，某市城乡结合部外来工子弟学校的四年级的插班学生，家在云南省一个非常偏僻的贫困乡村。读了2年小学，后因成绩不好，也就不上了。后随父母打工到城市，父母把他送到该校插班就读。据班主任反映，小刚的学习明显跟不上其他同学，也不懂拼音，不善表达；虽然能与其他同学和平相处，但比较防备别人；善于计算，很有经济头脑。他每天都会在课余时间外出捡拾废旧瓶子卖。由于年龄偏大以及自卑心理，小刚在班朋友很少，越来越少说话，成绩也跟不上其他同学，成为班主任心中的难题。

（根据华南农业大学社工专业学生实习案例改写）

上述案例中，学校社工要帮助小刚，使他成为合格的社会成员，需要做的工作包括：

①个人层面　帮他联系老师个别辅导，尽量缩短和其他同学的学习差距；通过个案心理辅导，培养他健康的心智，积极向上的品质。

②学校层面　尽量避免由于小刚的角色功能在现有的教学体制下可能遭遇的困扰，如担心小刚的成绩影响班级的平均成绩而将其"标签化"或另眼看待，加重其自卑心理。

③家庭层面　关注和帮助他们解决经济困难问题，加强父母和孩子之间的沟通和交流。

④社会层面　呼吁社会关注外来工的子女教育问题，并与所在社区的有关组织、所在学校的老师、同学及当地政府的有关部门一起，从不同角度给予小刚及其家庭以帮助，创造一个有利于小刚成长的家庭和社会环境。

上述这些工作不仅需要理论的指导，也需要一套全方位的工作方法和技巧，所谓"模式"，可以看作是人们对解决某类问题的方法所进行的总结和归纳，以及将这种总结和归纳所作的理论概括。从本质上说，"模式"是对现象所作的概括和总结，是将现象所具有的共同元素进行提炼和概括后的一种抽象，它能够为行动提供指引。每个模式都描述了一个不断出现的问题，描述了该问题解决方案的核心要素。

20世纪70年代，随着社会的急剧变迁、社会文化的复杂多样以及学生的成长面临更多的问题，学校社会工作者意识到学校和家庭的密切联系和学校与社区的相互沟通，对于增进学生的学习效能具有重要的作用。因此，学校社会工作的领域由"学校—家庭"之间延伸至社区与其他社会机构，工作方法即从传统的个案工作方法为主发展为运用社会工作的所有方法，而学校社会工作的角色也随之关联到案主的所有目标体系，如家长、教师、行政人员与社区人士等。在这种情况下，研究者尤其是美国的学校社会工作学者如伍达德（Woodard）、凯雷（Kelley）、韩考克（Hancock）及安德森（Alderson）等，相继提出许多实务模式，以此协助学校社会工作者在提供专业服务时对工作途径与实施重点可以有所取舍。凯雷整理了相关的理论模式后提出了四种学校社会工作的模式，即传统临床模式（traditional—clinical model）、学校变迁模式（school change model）、社区学校模式（community school model）、社会互动模式（social interaction model）。之后，安德森又将这四种模式进行了全面的总结及广泛的传播(表4-1)。

表4-1 Alderson的学校社会工作实务模式

	传统临床模式	学校改变模式	社区学校模式	社会互动模式
关注点	按学生的社会或感情问题进行区分	学校环境(特别是学校的规范和情况)	因为贫困和存在缺陷而误解和猜疑学校的社区	学生与学校之间的互惠互动,在互动中鉴别问题
目标	使上面提到的学生能够更有效地发挥自己的功能	改善功能失调的学校规范和情况	发展社区的理解和支持;开发学校性计划,帮助贫困学生走出缺知识少食物的境地	发展互动系统;扫清互惠互利的障碍
目标系统	学生—案主及其父母	学校整体	社区、学校及其他系统	互动领域
问题来源	学生的感情和心理问题,主要源于家庭,特别是家长—学生问题	功能失调的学校规范和情况	贫困和其他社会环境;学校工作人员不能完全了解文化的差异性和贫困的影响	学生—案主和各种系统在社会互动中出现问题,从而不能进行沟通和互助
工作者的任务与活动	主要针对学生和家长的个案工作;小组工作,家庭可以组成一个小组;联合发挥学生、家长、教育人员包括教师的功能	确认哪些学校的规范和情况不能发挥良好的作用;直接与学生接触,特别是运用小组工作;个别的或以小组形式向老师和学校管理者进行咨询	亲自参与社区活动;鼓励社区说出自己的问题并提出意见;帮助学校和社区互相理解;鼓励社区参与学校的相关计划	确认和突出贫困;建立共同的目标;改进和帮助沟通;建立互助系统;直接与个人、团体和社区接触
工作者的主要作用	建立具有支持性的合作和咨询系统	倡导、商谈、咨询和调解	调解、倡导和外展	理解、咨询和激励
概念和理论基础	心理分析、社会心理学、自我心理学和个案工作的理论和方法	社会科学理论,特别是有关非正常人的理论;组织理论	社区—学校概念;沟通理论	系统理论、社会科学理论和沟通理论

本章根据凯雷、安德森的观点,并参见台湾学者林胜义的有关论述,以问题缘起、理论依据和社工介入为逻辑框架,围绕工作的焦点、目的、概念基础、主要理论、案主体系、困扰的根源、工作者的职责与行动、工作者的主要角色等核心要素,下面逐一介绍与分析不同的学校社会工作实务模式。

第一节 传统临床模式

一、问题缘起

(一)基本概念

传统临床模式又称为传统治疗模式,主要是针对"问题学生"的心理和行为而直接提供服务及治疗的一种工作模式,也是最常见、运用最广泛、最著名的一种学校社会工作模式。此种模式,如依照卢兹(Lutz Werner A.)对临床标准的解释,属于封闭关系且高度发展的模式。换言之,传统临床模式着重在"工作者—案主"的关系,以家人关系的分析入手，并主要运用个案工作方法来开展工作。

从学校社会工作的早期文献研究发现，传统临床模式预示了学校社会工作的诸多现代概念，主要包括：其一，注意学校综合特征的形成，视学校为一种社会体系，而这种概念后来又演变为学校变迁模式的主要成分。其二，个别学生须配合与适应学校的条件。即使在今天，传统临床模式虽然不断受到了挑战与批评，但它仍然在学校社会工作中保留了下来。究其原因在于，此种传统方法维持了学校既有的条件与学校教育的权威，以此可以塑造学生在适应学校的条件中不断地进行社会化。同时，传统临床模式也大大扩展了学校社会工作者有关学校纪律与“考勤工作”的功能。例如，在美国的许多州，一直视“考勤工作”为学校社会工作者的一项重要职责，如果发现学生缺课，学校社会工作者则必须进行家访，并与学生及其父母面谈，以了解学生缺课或发生问题的原因，这是传统临床模式必要的工作项目。此外，传统临床模式也显示学校与所在社区和学生家庭的联结关系。

（二）问题聚焦点

传统临床模式的中心课题大多数是被认定社会适应困难与情绪困扰的个别学生与问题学生，并且假定这些困难与困扰常常会阻碍学生在学校中发挥其应有的潜能与自我实现。此模式并不注重学校的规章制度与社区问题，认为学生必须配合和适应学校的条件。对于传统临床模式，斯玛丽(Smally)曾给了一个综合定义：“学校社会工作正如众所周知的访问教师的工作，它有一种专门化的社会个案工作方式，这种传统临床模式是公立学校(public school)有关方案的一种工作方式，也是协助个别学生使用学校所提供给他们的各类服务的一种方式。”[1]可见，传统临床模式的焦点，大多数集中于认定在社会方面或情绪方面有困扰的个别学生和问题学生身上，直接提供“工作者—案主—家庭”的社会个案工作服务，以此协助学生调适自己，以达到提升学生社会功能与有效地情绪管理的目标。

（三）问题的根源分析

传统临床模式对于学生问题的观察和分析，主要来自心理分析理论(psychoanalysis)、心理社会理论(psychosocial)、自我心理学(ego psychology)、个案工作(case work)等理论和观点。该模式认为，学生的内心情绪或心理之所以有困扰，首先是因为亲子之间与家人关系的困扰所致。如此，学校社会工作者在观察与分析学生困扰问题时，不能局限于学生本人，而应该从比较广泛的观点入手，最少应涵盖学生的父母及家人。例如，可以从学生与家人的关系、家庭管教方式、家庭环境及家庭变故等方面，探讨学生困扰问题的根源。

二、理论依据

（一）心理分析理论

传统临床模式的主要理论是根据卢兹的临床标准模式，认为学校社会工作者与学生、学校、家长和社区的关系是封闭的，但却是不断发展的。此模式近年来有了日益扩充的趋势，开始强调对个人、家庭、团体提供直接服务，也就是说强调咨询。同时，“心理—社

---

[1] 林胜义. 1998. 学校社会工作[M]. 台北：巨流图书公司，75.

会”评价也成为学校社会工作者必要的一种角色。对于学生的特殊需要的观察，一般来自心理分析、自我心理学、个案工作理论及方法论的观点。

心理分析，又称精神分析，主要代表人物是弗洛伊德。精神分析理论特别是经典的精神分析理论是用一种动力的观点看待人的本质，即认为在个体的人格内部存在着能量转换和交换。以意识、前意识和无意识三个概念解释人的本质，把性本能作为人的心理活动和发展的基本动力，用本我、自我和超我三种人格成分的失衡解释心理疾病的发生机制。在心理分析学说的基本理论中，与心理咨询和心理治疗有关的部分主要包括：关于无意识和压抑的理论、性心理的发展学说、人格构成学说以及神经症的心理病理学说。

（二）自我心理学

在弗洛伊德逝世以后，精神分析的自我心理学代表着正统的精神分析运动的新发展。其实在弗洛伊德的理论体系中早已蕴含着自我心理学的思想，后经其女儿安娜的过渡，最终由海因兹·哈特曼建立，并经艾里克森等人的发展逐渐形成了精神分析的自我心理学。它后来又成为精神分析的发展心理学。

艾里克森对自我心理学的主要贡献是进一步发展了哈特曼所重视的社会环境对自我适应作用的思想，从生物、心理、社会环境三个方面考察自我的发展，提出了一个以自我为核心的人格发展渐成说，使自我心理学的理论达到了一个新的水平。他认为自我具有同一性且赋予自我许多积极地特性；认为人的发展是依照渐成论原则进行的，可以划分为八个阶段，在发展过程中，以个人的自我为主导，按自我成熟的时间表，将内心生活和社会任务结合起来，形成一个既分阶段又有连续性的心理社会发展过程，以区别于弗洛伊德的心理性欲发展过程；认为人格发展的每个阶段都是由一对冲突或两极对立所组成，并形成一种危机。艾里克森认为危机的积极解决，就会增强自我的力量，人格就得到健全发展，有利于个人对环境的适应；危机的消极解决，就会消弱自我的力量，会使人格不健全，阻碍个人对环境的适应。

三、社工介入

（一）工作者服务内容

该模式的目的十分广泛，主要是通过个案工作的开展，协助并促使有情绪或社会适应困扰的学生，在学校中能够充分地发挥他们的作用以及学习潜能。而学校社工工作者所采用的策略和技巧都离不开个案工作方法，他们的职责和工作内容主要包括：对学校里有困扰的学生直接提供个案服务；与教师和其他学校人员建立一种专业之间的关系，能够更好地利于学校的资源，帮助服务对象；对学生的家长提供个案工作服务；与社区中的社会机构一起工作，共同为学生提供必要的协助；向社区解释学校社会工作的服务方案。

虽然个案工作方法是学校社会工作者最经常使用的一种方法，但是当工作者发现很多家庭出现同样问题的时候，可以开展小组工作，合理地使用资源，提高资源的利用率。而当学生面临不良的家庭环境和亲子关系时，或者不能很好地处理与家人的关系时，学校社会工作者可以充当协调者，帮助学生协调家庭关系。同时工作者可以协调学生、家长、学校行政人员或教师之间的关系，更好地找出可利用资源；协调各种关系，以促进学生各种潜能的开发利用。

（二）工作者主要角色

由于学校社会工作者在传统临床模式中的主要角色是配合社会个案工作的提供，这样，工作者扮演的主要角色包括：使能者（enabler）、支持者（supporter）、合作者（collaborator）、被咨询者（consultant）等，以此直接协助个别学生或问题学生解决困扰，实现教育机会的均等。

综上所述，传统临床模式的理论依据是心理分析理论、心理社会理论、自我心理学、个案工作理论与方法，其工作焦点是关注“社会关系弱化、社会功能失调、情绪失调、情绪受困扰”的个别学生或问题学生，并认为学生的社会与情感问题会干扰其发挥潜能及学习的展开，进而假定个体的学生与其家庭存在着功能失调或经历了一些困难。因此，学校社会工作者就要为这个学生或者家庭提供个案服务，其工作目标则是帮助这些学生提升自己的社会工作及有效地情绪管理，其工作对象也主要是学生及其他们的父母。与此同时，该模式也认为，学生情绪与心理问题的根源在于家庭，尤其是亲子间的互动问题所致。这样，工作者对于“有脱序行为（acting out）、偏差行为或家庭变迁而引起适应欠佳”的学生提供个案工作，不关注学校系统本身，仅仅是为这个学生及其家庭提供个案服务。其中，工作者应特别注意学生的家人关系、家庭管教方式、家庭环境、家庭变故等因素的探讨，以便找出问题的基本原因，对症下药。与此相适应，学校社会工作者的主要工作和活动就是对学生及其家人进行个案工作，有时也运用小组工作，或把整个家庭当成工作对象，并发挥其“中间人”的角色，以促进学生、父母与教师之间的沟通。

第二节　学校变迁模式

一、问题缘起

（一）基本概念

在传统临床模式蓬勃发展的同时，尤其是20世纪60年代，许多学者认为，当时的美国公共教育并没有很好地完成教育学生的任务，尤其是公立学校阻碍了学生创新能力的发展与学生的求知欲望，并认为学校社会工作针对“情绪困扰学生的个性化工作”已不能全面回应学生发展的需要。因此，许多学者开始呼吁，为了适应社会的急剧变化，为学生提供更好的服务，学校社会工作应该采取更广阔的“社会生态系统”的视野及另外的学校社会工作模式。[1]正是在这种背景下，学校变迁模式应运而生。

学校变迁模式（school-change model）又称为机构变迁模式（institutional-change model）或社会变迁模式（social revolution model）。[2]这种模式认为，当学校体系或教育体系不能随着社会变迁的需要而做出适切的变革时，就会增加学生的困扰。而学校变迁模式则是促进学

---

〔1〕 Paula Allen-Meares. 2008. 学校社会工作［M］. 陈蓓丽，等译. 上海：华东理工大学出版社，79－80.

〔2〕 李增禄 . 1986. 社会工作概论［M］. 台北：巨流图书公司，414.

校做出必要变迁并协助“学校与学生”的一种实务工作模式。

（二）问题焦点

学校变迁模式的焦点，主要集中在学校的环境本身，特别是学校的权力结构、学校规范、政策、制度与设施条件不能充分发挥效能的状况，甚至也包括学校教职工的管教态度和行为，例如，如果教师把偶尔行为有偏差的学生看成是惹事生非、破坏校规的人，学生一旦被贴上这样的标签，会直接影响学生的学校生涯，更严重者可能被影响一生。又如“按成绩的高低分班进行教育”的制度，不仅压抑了学生的创新能力和个性化的发展，也是造成“成绩低下”学生学习不力、行为偏差及学校适应不良的原因之一。所以，此模式将工作注意力聚焦于整个学校，从侧重“学生—家长”的关系，扩充为关心“学生—学校”的关联性，尤其重视学校本身的情况。

（三）困扰根源

在学校变迁模式的发展历程中，社会学的偏差理论和增权理论，尤其是有关越轨社会学对于偏差行为或失范的解释等，是探讨学生困扰根源的主要概念。例如，根据社会学的失范理论和标签理论的解释，某学生因偏差行为而被认定违反了校规。那么，这个学生的角色功能在学校的处境下则会遭遇到困扰。正如谢菲（Shafer Walter E.）曾经指出的那样，如果教师把偶然有偏差行为的学生看成是惹是生非者（trouble maker）而另眼看待，此种标签将会影响学生在学校的生涯发展。[1]而另一位学者鲍尔（Bower Eli M.）进一步批评说，现在的诸多学校机构已经变质了，其基本目的是在管理学生的日常行为而不是在教育学生。例如，学校为了管理方便实施了“发禁“，在倡导学生休闲生活时又禁止舞会，某些班级人数过多而无法实施适才适性的辅导，以及教学内容与社会生活脱节而不能引起学习兴趣等。所以，学校的规范与机构政策对学生的成就与效能则会产生负面影响，甚至促成学生产生了困扰问题或偏差行为。

二、理论依据

（一）偏差理论

学校变迁模式基于社会学对偏差行为的解释，强调个人以为的因素即社会环境和外在体系是偏差产生的主要原因。该模式相信以下两种理论对偏差行为的解释：一是机会理论的解释。认为偏差行为的产生是社会提供给人们的机会不均等，使得一部分人通过合法的途径可以轻而易举地达到目标，而另一部分人却没有合法的通道，只好铤而走险，通过非法途径和手段达到目标。具体到社会中的微观系统或个人而言，当学校体系的一些设施或制度不能给一部分人合理平等的机会去发展自己的时候，这部分人就有可能因学校对其公平机会的剥夺产生消极情绪，甚至通过其他不合理的手段满足自己的需求，就会导致偏差行为的产生；二是标签理论对偏差行为的解释。标签理论认为偏差行为有初级、次级两个阶段。初级偏差行为是指任何直接违反社会规范的行为，通常是情境式的，受瞬间刺激事

---

[1] Shafer，Walter 1967. E. Deviance in Public School：An Interactional View. In Tomas，Edwin J.，ed.，Behavioral Science for Worker，New York：Free Press，51－59.

件所激发，一般人都曾经犯过初级偏差；次级偏差是指初级偏差行为者被社会控制机构赋予某种标签，如前科记录、同性恋、坏学生、害群之马等。这样就使这些初级偏差者开始修正自我意象，确认其不属于一般人，而归类自己为偏差行为团体的一分子，很不幸地踏入一种自我实现预言式的恶性循环。学生如果因为初级偏差而被标签化，那么他的自我概念就会受到负面的影响，在学校的角色功能也会受到困扰。

(二)增权理论

在学校变迁模式中，增权理论倾向于从学生的需求出发，从学校体系入手，改变学校中功能不良的设施、权力结构和制度体系，疏通学校对学生的各种服务的输送渠道，更有效地发挥学校教书育人而非仅仅是管理和控制学生的功能。

增权的字面意义即提升权力的目的与过程。通过这个过程，人们变得强壮而足以去参与影响他们生活的事件与机构，以及在这些事件与机构的控制下进行分享，并且努力改变它们。而学校变迁模式侧重于增权的微观环境和组织层次以及弱势社群所处的社会权力关系层面；关注微观的环境和组织，就是要关注服务输送的各环节，关注组织资源以及评估和改变中间层次的系统；关注社群所处的社会权力关系层面，就是要关注机构中的权力结构，倡导其向有利于弱势社群的方向发展。

此外，由于学校变迁模式以学校为目标体系，并赋予学校社会工作者较大的责任，这个模式要求学校社会工作者能够掌握足够的组织理论，以及介入组织权力结构的技巧，一方面去发现组织中不能适应社会变迁和学生需求的部分；另一方面又要掌握如何改善甚至倡导组织变革的知识，以便更好的为学生提供服务。

三、社工介入

(一)工作者服务内容

既然明确了学校变迁模式中学生问题焦点和困扰根源，学校社会工作者的主要职责是设法改变墨守成规的教育体系，改变学校不适当的、功能欠佳的规范与情况。相应地，学校社会工作者展开的介入行动主要是提供一种类似权利维护者的服务。即一方面要协助学生认清他们对学校规范和相关设施深感不满的问题，并倾听他们对此问题的意见；另一方面则要与学校的有关人员共同评估学生的困扰问题，以促使学校做出必要的改革。

具体地说，学校社会工作者的介入行动主要包括：其一，学校社会工作者应充分了解学校的各种情况，开放自己，并与学生打成一片；其二，协助学生认清并判断他们认为学校规范过分苛刻以及深感不满的问题；其三，提供类似“权利维护者”的服务，倾听学生的诉苦与抱怨；其四，成立一种由学生、教师、行政人员组成的非正式团体，让他们倾吐苦衷与理解彼此的感受，以找到解决冲突的办法；其五，由学生、教师、行政人员组成“问题解决小组”，视学校为一种体系，并由学校社会工作者充当“变迁的推动者”，以此共同评估学生的困扰，从事学校体系的改革行动。[1]

---

〔1〕 林胜义. 1998. 学校社会工作[M]. 台北：巨流图书公司，81.

（二）工作者主要角色

在学校变迁的模式中，学校社会工作者的主要角色是充当学校变迁的推动者与推进机构变迁的催化者，以此改变学校的安排，促使学校做出必要的改变，进而减少学生在学习上与生活适应上的困扰。

综上所述，学校变迁模式基于社会科学理论，特别是偏差理论、增权理论和组织理论的观点，来提升工作者的视野，其工作焦点是关注学校的环境本身，特别是集中在学校的规范、规定与设施条件不能充分发挥效能的方面。从此角度出发，学校变迁模式的案主体系是整个学校，包括学生、教师、行政人员、校长及监护人等。同时，该模式认为，学生的问题根源在于学校规范或设施陷于僵化而不能发挥其功能，以及学校可能比学生更像是学校社会工作者的案主。这样，学校社会工作者在处理学生的偏差行为，或者协助适应欠佳的学生时，必须掌握学校功能上所引发的可能因素和出现的种种问题，以此积极参与学校的决策；同时，工作者要以倡导者、协商者、调停者等角色，促使学校做出必要的改变，以配合学生发展的需要，达成学校教育的目的。

第三节　社区学校模式

一、问题缘起

（一）基本概念

追溯学校社会工作的发展历史，可以发现，之所以把“社区学校模式”纳入学校社会工作关心的视野，首先，是因为“学校—社区”关系中不断增多的困扰问题，尤其是市区学校有关青少年犯罪、辍学者、中途被退学者、失业青少年处于不利地位群体等问题，急需社会工作者的介入及回应。由于上述新问题的出现及学生新需要的事实凸显，自 20 世纪 60 年代起，美国已有相当多的学校采用了社区学校的概念，即将学校社会工作服务引入“社区系统”的广阔视野之中；其次，社区学校模式之所以产生并能获得发展，是由于学校社会工作者将社区关心学童的工作引入学校而奠定了根基。例如，20 世纪 60 年代，在美国底特律的公立学校实施了一项有福特基金会赞助的项目，这个项目旨在让贫民区的社区与学校更为接近，以此帮助学习困难的儿童来建立学校与社区的双向沟通关系，并达致改善这些学生学习成绩的目标。其实，“与社区一起工作”的概念，早已是学校社会工作中传统临床模式的一部分。不过，比较“与社区一起工作”的概念，社区学校模式有更为完整的范围。[1]社区学校模式所关心的主要课题是“学校—社区”之间关系的失调，并设法增进社区对学校的了解与支持，以此协助学生减少困扰，增加学习效果。

（二）聚焦点

社区学校模式的焦点，主要集中在社区组织“阻碍”或“不利于”学校发展的状况。在

〔1〕 Paula Allen-Meares. 2008. 学校社会工作[M]. 陈蓓丽，等译. 上海：华东理工大学出版社，38.

这里，所谓的“阻碍”或者“不利于”，是指社区的目的与规范，与学校的步调不一致，即社区不了解与不信任学校，也就不支持学校的方案，例如，社区因为贫困与存在缺陷而会误会或猜疑学校。因此，弗利汉(Hourihan Joesph P.)指出，社区学校模式必须与所处的学校与社区密切关系，并预测因为这种工作模式的发展，学校社会工作者的需求量将会与日俱增。相应地，学校社会工作者也会放弃传统的取向，转而采取较有创造力的“社区取向”途径及运作模式。[1]概括地说，社区学校模式的焦点会放在个人与各种团体势力的交互影响，而这种交互影响也包括个人和他自己的互动。在社区学校模式下，工作者的主要活动是关注社区中的学校，协助学校体系中不能充分发挥效能的人群，尤其是适应欠佳的学生；同时，当社区与学校遭遇激烈变迁时，应理解学生困扰产生的社区因素，并对社区与学校环境加以适当的调节与整合。

(三)问题根源的分析

社区学校模式是对社区组织阻碍或不利于学校发展的情况下发挥功能的，也就是说，当社区的目的和规范与学校的步调不一致时，学校社会工作者要促使社区居民了解学校的政策，支持学校的做法，以便发挥学校的教育方案去协助困难的学生，并改善影响学生学习和妨碍学生发挥社会功能的因素，特别是经济处于不利地位和文化匮乏的情况。该模式认为学生产生问题的主要根源在于学生所在社区的经济条件匮乏，社区组织松散，社区功能欠佳，以及学生与学校人员发生冲突的情景。这些根源可能出于学校人员不了解学生说出社区的文化差异、贫困根源，未能达到协助学生所需的专门化知识和技能要求。对于社会工作者而言，应该围绕社区、学校之间以及两者与其他系统的关联开展工作，关心那些对学校不了解及不信任的弱势社区的具体情况，从而加深社区对学校的了解，支持学校的方案、协助身处弱势社群的青少年。

二、理论依据

(一)社区工作理论

社区是整个学校存在的背景，为学生提供一定的社会环境，影响学校具体的决策与教育规划。社区学校模式强调学校社会工作中的社区取向，着重于社区组织工作与社区参与。当社区不了解学校，不信任学校，不支持学校的教育方案的时候，就表示社区的目的和规范与学校的步调出现了不一致。因此，学校社会工作者在帮助解决学生的困扰问题时，不能忽视社区的影响因素，在拟定学校的具体工作计划时，也必须获取社区人士与社区机构的了解和支持。学校与社区是互动的，社区的目的与规范应该与学校的步调一致，但也不排除社区提出的有利于学校改进的建设性批评。因此，学校社会工作者必须投入到社区组织工作中，利用调查、分析、组织、规划、沟通、协调等技术推动社区对学校的了解、信任与支持；当社区与学校之间的关系有了困扰时，学校社会工作者就应该积极主动地进入到社区当中去了解问题、评估两者的不同需要，从而寻求解决问题的方法。社区学校工作的关键是促成了解社区和发动社区成员对学校教育以及学生成长事宜的充分参与。

---

〔1〕 Sarri, Rosemary C. & Maple Frank F. 1972. The School in the Community, Washington D. C. : NASW, 68.

(二)沟通理论

社区学校模式基于社区、学校联结概念与沟通理论来拓展工作者的视野。沟通理论是以社会心理学、人类学、和社会语言学中有关人际沟通的理论基础而形成的社会工作理论。这种理论强调人际沟通在人际关系中的重要性，认为许多人的行为问题都出在人际沟通方面，如不能恰当地接受、选择和评估信息，不能很好地给予或接受信息反馈等。社会工作的一个基本任务，就是帮助人们消除这些沟通过程中的障碍，使人们的相互沟通得以完成。按照沟通理论的解释，开展学校社会工作用以解决学生的学习生活中的困难最根本的办法，就是沟通学校与社区的关系。为了解决学生学习生活中困难，学校社会工作者运用专门化的方法、技术手段，在学校与社区之间开展多方面的沟通、协调工作，拉近学校与社区的距离，使它们融为一体。

三、社工介入

(一)社会工作者服务内容

在社区学校的模式中，学校社会工作者的主要任务是提供外延的活动并实施新方案，以达致学校与社区之间的相互了解、持续互动及发展。而学校社会工作者的主要职责，是把自己投身到社区的各项活动中，从中观察可能造成学生困扰问题的社区因素，并协助社区居民了解学校的教育方案，鼓励他们参加有关的活动，以此改变那些不能满足学生需要的社区环境。具体来说，可以把学校社会工作者的职责和任务分成以下四个方面：①协助学生通过服务社区促进自我培养和训练，为社区中有需要的人群服务，强调学生生活与社区活动相互配合；②联络学生家长支持学校政策，诸如办学方针、学生培养、设施建设等。并鼓励他们说出自己的问题。例如，学生在家里遭遇的问题是什么？学生及其家长面临的社区问题或社会问题是什么？③成为学校人员与动态社区中的一分子，亲身参与社区活动，并鼓励社区人士说出自己的问题，从中观察并记录可能造成学生困扰问题的社区因素；④协调社区机构，推行社区教育。鼓励社区组成团队探讨疑难问题，增进社区人士对学校教育的理解和支持，也有助于社区向学校提供有效地建议，从而吸纳整合更多社区的人力和财力资源。

(二)社会工作者主要角色

学校社会工作者在社区学校模式中的主要角色是调解、倡导及外展，以此协助学校与社区之间处理危机或冲突，建立良好的互动关系。例如，当“学校—社区之间关系出现裂痕时，学校社会工作者就会去提供服务，并成为处理危机小组的一员。当然，这种小组活动并不局限于学校或社区，在不同的时空环境下，学校社会工作者经常扮演媒介者(mediator)、使能者(enabler)、倡导者(advocator)、组织者(organizer)、发展者(developer)等角色，以协助不同社会经济地位与文化背景的成员彼此充分了解。由此，可以促使社区居民提出他们所关切的议题，帮助学校与居民相互了解与信赖，鼓励社区居民、学生和家长，投入及参与学校的各种活动与计划。

总之，社区学校模式是以社区与学校未能密切配合及致使学生产生困扰为前提，运用社区、学校联结概念与沟通理论等，构建“社区取向“的工作概念框架。其工作焦点主要集中在社区组织“阻挡”或“不利于”学校发展的状况，其工作重点是文化失利的社区，而该社区里的组成分子有相当多的学生的家长，他们对学校不了解与不信任。从这个角度看，社区学校模式的案主体系应是学校周围的社区环境，工作目标系统是社区、学校及其他系统。在该模式中，学校社会工作者经常会扮演媒介者、使能者、倡导者、组织者、发展者等角色，以此协助不同社会经济地位和文化背景的成员彼此充分了解及互动，并善用学生家长会议与社区理事会议等，联系学生的家长与社区人士的支持，以及投入学校的各种教育方案，从而改变那些不能满足学校需求的社区环境。

第四节　社会互动模式

一、问题缘起

(一)基本概念

20 世纪 70 年代之后，为回应美国教育发展的新需要及促进学校社会工作实务的深入发展，学校社会工作者尝试着调整其角色与工作方式，发展出一种新的运作模式及社会互动模式(Social interaction model)，以促进学校社会工作的关注点扩展为更为广阔的学校与社区层面的视野，并在生态系统理论的视角下，从学生与学校、家庭、社区的沟通及互惠互动中，来有效地处理学生、学校和社区的问题。[1] 该模式强调的是个体与团体之间产生的交流与互惠，也是前述的三种学校社会工作模式的整合。例如，传统临床模式侧重于“学校—家庭”的关系，学校变迁模式着眼与“学生—学校”的关系，社区学校模式强调“学校—社区”的互动，而社会互动模式则兼容并蓄，从全面的观点，关心案主个人及其周围各种团体或势力的交互影响，同时也重视“学生—学校—家庭—社区”的连带关系及其在“共同利益”下的互惠互动，以此成功地协助有困扰的学生。

(二)问题聚焦点

社会互动模式认为，应从生态系统论的观点关注“学生与家庭、学校、社区之间交流的质与量，扫除阻碍上述系统之间互惠互动的障碍，以此发展互助系统，形成学生教育的合力，从而实现学校教育的目标”。[2] 该模式注重改善学生个人与身边环境的交互关系，其工作焦点则主要集中在个人与环境的交互影响，或放在“个人与团体行动”的交互影响。而这种交互影响包括了个人与他自己的互动。至于这里的“团体行动”，是指学生团体、学校人员、家庭人员、社区组织及其他有关机构或人群的行动。

社会互动模式的主要目的有两个方面，一是审视与学生个人产生交互作用的领域(interactional field)，及在学生与学校的互动之中找出互动过程的问题，扫除阻碍“学生、家庭、学校、社区”之间互惠互动的障碍，并发展出上述各个系统之间的互助系统。二是运

---

〔1〕 Paula Allen-Meares. 2008. 学校社会工作[M]. 陈蓓丽，等译. 上海：华东理工大学出版社，40.
〔2〕 林胜义. 1998. 学校社会工作[M]. 台北：巨流图书公司，87－89.

用专门化的方法论，确定各个系统之间“共同的、共享的领域”，找出各部分之间“共同利益”，调适学生的困扰问题及其社会化过程中所有参与者的交互关系，从而形成教育合力，促使学生获得良好的适应及发展。

(三)问题根源分析

社会互动模式认为，在个人的成长过程中，社会互动是彼此需要的一种关系，而这种关系一旦缺乏交流与互动，或者系统之间运作不当，则会形成学生的各种困扰问题。依照社会互动模式的观点，学生问题的来源，是学生与解决其问题的各个系统之间的互动出现了困难，从而无法得到信赖与帮助。如有些学生的社会关系不协调，主要表现在学生与老师及学生之间在互动过程中产生的不协调。在学生的交往行动中，由于性格特征、个人需求、角色期待与行为关联等多种因素存在明显的差异，在事情的看法上存在分歧，冲突就不可避免；另外，学生按照学校的期望和规范去行动时也可能产生一系列问题。这种问题可能是角色的内部冲突，即学生对角色的认识与对实践角色行为的认识之间存在距离，也可能是学生在扮演多种角色时产生的矛盾与冲突。学生遇到不适应学校的管理制度、奖惩制度等问题时，如果无法有效地融入学校，没有形成对学校的足够认同感和归宿感，就会与学校产生冲突；再如，学习环境变化包括学生家庭环境变化和学校的环境变化，都会使部分学生产生适应不良问题。简言之，社会互动模式认为，学生问题产生的主要根源是，学生和各种系统之间在社会互动中出现了问题，从而不能进行沟通及未能形成互助体系所致。

二、理论依据

(一)系统理论

社会互动模式是基于系统理论和互动理论的模式，把焦点放在个人与团体的交互影响方面，这种交互影响也包括个人与他自己的互动。社会工作中的系统理论主要来源于冯·巴特兰菲的一般系统理论。该理论认为，系统是事物的存在方式，所有的有机体都是系统，而系统由子系统组成。系统理论强调系统内部和系统之间的交流。另外，该理论特别强调结构的平衡，认为服务对象之所以出现问题，就在于服务对象系统和其他系统之间的平衡被打破了；另一方面，系统理论强调在开放系统与环境的互动过程中必须改变自身结构，以适应外部环境的变迁，从而达到自我改造、自我医疗、自我强化的目的。

将系统理论应用于学校社会工作中，可将整个学校的工作视为一个整合的系统，而将工作所涉及内容视为整合系统的子系统，如学生系统、学校机构系统、教师和家庭系统等。从这个基本框架出发，系统模式的最重要问题，是要发现、确定系统中所出现的问题，也就是服务对象的问题表现在系统失衡的什么方面是需要首要确定的。在学校社会工作中，问题的来源是学生与解决其问题间的各个系统间的互动发生困难，而无法得到信赖与帮助，因此，学校社会工作者的工作重心在于学生与学校间的互动，找出互动过程中的问题，发展彼此互助的系统，去除阻碍彼此互动的障碍。

(二)社会互动理论

社会互动是指社会中个人与个人、个人与群体、群体与群体之间通过信息的传播而发生的相互依赖性的社会交往活动。符合互动论、角色论、参照群体论、戏剧论、社会交换论和常人方法论等都是很有代表性的社会互动理论。运用这些理论，可以促进学生、家庭、学校、社区之间的沟通和互动。具体说来，社会互动模式的前提条件，是学校社会工作者必须具备各种案主体系的知识，并据此与之互动。由于学校社会工作者的工作焦点主要是放在各个互动的场域(interaction field)，如老师与学生之间接触互动的各种情境，这样，学校社会工作者通常需要运用关于互动的理论和技巧，以深入了解独立的个体与家庭成员、小团体与邻里团体、不同体系与机构之间的关系。而社会互动模式的运作就是根据上述关系的一般特质，由学校社会工作者以一种专业的方法，在权责范围内有目的有机会地协调各种案主体系，使其产生良好的互动。

三、社工介入

(一)社会工作者服务内容

在社会互动模式中，学校社会工作者的主要职责，是设法找出案主个人与其他团体发生互动关系的范围，并经由协调的过程，促使案主所处的社会体系(包括家庭、学校与社区)为自我满足而展开互惠互助的行动，由此在充分运用社会资源中去协助有困扰学生，或者去对抗那些影响学生顺利互动的障碍。此外，由于学校社会工作者在履行此项协调工作的职责时，偶尔会发生一些困扰，尤其需要注意以下两个方面的工作误区：①学校社会工作者通常不太专注于学生本身，而是过分专注于家庭体系、学校体系或社区体系，从而未能注意个人在这些社会体系中的功能。从这个角度看，学校社会工作者有责任同时为个人和社会体系两方面，为学生和学校提供服务。如果仅从中选择其一，那是没有效果的；②学校社会工作者不是安排一个体系去对抗另一个体系，而是协助案主相关的各种体系认清他们互动的范围并一起工作。因此，学校社会工作者应从全面的观点出发，并兼顾服务对象与相关社会体系的互动，以专业技术协助服务对象调节适应。确切地说，社会互动模式是一种综合性的运作模式，它为学校社会工作者提供了较为周密的考量途径，是值得工作者尝试运用的一种工作模式。

(二)社会工作者主要角色

由于社会工作者在运用该模式时的主要职责，是在案主个人与家庭、学校、社区的各个系统之间建立共同的目标，促进与帮助上述系统之间的沟通，建立互助系统，以促进学生获得最佳的发展。因此，学校社会工作者主要扮演的是一种协调者的角色。即运用直接的服务方式，经由个案、小组与社区工作的技巧，采用调解、咨询与激励等手段，由此协助各种系统去除障碍，促进系统之间沟通与互动，改善关系，形成教育合力，从而解决学生的各种困扰问题。

总之，社会互动模式是基于系统理论、社会互动理论与沟通理论，建立学生、家庭、学校、社区之间“互动领域”的概念框架。其工作焦点主要是集中在各个互动的场域，以及学生与周边系统之间的互惠互动。相应地，其工作的重点在于找出学生与周边系统互动过程中的问题，发展彼此互助的系统，去除系统之间的互动障碍，促进系统之间的沟通与互动，形成教育合力，解决学生的各种困扰问题，从而促进学生获得最佳的发展。

本章小结

本章所述的学校社会工作的四种运作模式各有优势，但我们同时发现其有两项共同的特色：一是重视目标体系，二是强调与他人一起工作。也就是说，学校社会工作者在提供服务的过程中，必须考虑与案主有关联的“重要的生态系统”，如家庭、团体、学校、社区或其他的特殊体系，并与这些体系中的“重要的他人”共同为案主提供最佳的服务，学校社会工作者必须经常扮演使能者、合作者、被咨询者、变迁推动者、协调者、拥护者、组织者等角色。而中国学校社会工作在借鉴国外，以及我国台湾、香港地区的运作模式和经验的基础上，结合中国本土学校和学生的基本情况，正在探索具有中国特色的专业学校社会工作的实务模式。如强调以学生的需求为取向，社区工作为辅助平台，小组工作为切入点等。

本章所陈述的四种运作模式，目的乃在提供一些分析架构，以便引导学校社会工作者有效地去评估自己、学生、家庭、学校、社区以及资源和问题，并选择一种适当的运作模式，和学校里的其他专业人员共同协助案主逐渐增加其社会功能。

思考题

1. 在传统的临床模式中，工作者的主要服务内容是什么？
2. 简述学校社会工作的社会互动模式。
3. 试比较安德森的学校社会工作四个运作模式的异同。
4. 如何完善我国学校社会工作的实务模式？

第五章

学校社会工作方法

【案例5.1】

爱，让厌世少女重新前行

16岁的洋洋(化名)从小是一个性格内向的孩子，不愿与人说话沟通。因为学习成绩很优秀，母亲何女士也就没有过多关注孩子的心理。在高一的上半学期，洋洋因为学习的事情，和父母多次发生争吵，甚至割腕自杀，母亲无奈下带女儿看心理医生，诊断为重度抑郁症并服药治疗，吃药后身体反应很大，于是洋洋休学了。在这过程中，母亲带洋洋做过三次心理咨询，但是女儿有了排斥心理，不愿再接受。求助无门的何女士找到学校社会工作者。

经过前后7次咨询后，洋洋的变化让周围人感到欣喜。社会工作者在回访时，原来不接电话的洋洋能主动和社会工作者交谈了，而且也告诉社会工作者自己课余已经开始在外面打工，虽然只是餐厅服务员的工作，但是却能让她学会和人沟通的方法，不再像过去一样封闭自己。新的学年开始后，洋洋复学了。

(根据2009-12-17上海《青年报》改写)

在这个案例中，学校社会工作者是怎样让洋洋有如此大的改变呢？学校社会工作方法的操作过程到底是怎样的呢？答案将在本章中详述。

青少年是社会工作的一个重要服务群体，而作为青少年的重要生活学习场域——学校，自然也成为社会工作的一个重要领域。社会工作者在学校内执行着多重角色，而最重要的角色是为学校中学习和生活困难的学生提供专业的社会工作服务，其服务的专业性主要体现在其方法的独特性上。

所谓学校社会工作方法即指学校社会工作的实施方法，也就是学校社会工作者协助学生解决问题或促进发展的过程与步骤。至于具体有哪些方法，目前学术界有多种说法，一种观点认为主要包括社会工作的三种基本方法：社会个案工作(social casework)、社会团体工作(social group work)及社区工作(community work)；[1] 另一种观点认为学校社会工作的方法还应包括社会工作的间接方法，如社会工作行政、社会工作研究和社会工作督导等。鉴于学校社会工作间接方法在我国开展较少的现状，本章主要详述前三种直接社会工作方法在学校及相关领域的实施过程。

第一节　学校个案工作过程

【案例5.2】

学校个案社会工作

阿稚是一个13岁的女孩，今年读六年级。阿稚的家庭经济条件较好，母亲是专职

〔1〕 林胜义.1998.学校社会工作[M].台北：巨流图书公司，150.

家庭主妇，父亲是私人企业主；大姐已工作，经常不在家；二姐读高三，在学校住宿。阿稚和她的两个姐姐不一样，姐姐们在农村长大，从小很少得到忙碌的父母的照顾，而阿稚是含着金钥匙出生的，自从她懂事以来，母亲就在家做家庭主妇。也因为这样，一方面母亲对她看管比较多，父亲也因为工作上了轨道，有更多的精力培养她的业余爱好；另一方面，她的两个姐姐在缺少父母培养的情况下自力更生，在校成绩都很好，导致父母对阿稚的要求很高。在这样的环境下，阿稚的自由度很低，买双鞋、外出活动，都有妈妈姐姐全程监督。阿稚看到身边的朋友都可以买自己喜欢的东西，自由支配时间，心里很难受。有次与朋友逛街，买了东西因为害怕挨批而不敢对家人说，而家长知道后，认为阿稚是在说谎。

（根据2009-2-8华南农业大学学生×××的实习案例改写）

学校个案工作是学校社会工作的常用方法之一，在我国许多学校都设有社会工作站、心理辅导中心或心理室，这些机构都普遍运用个案社会工作方法。作为一种较成熟的方法，个案社会工作已形成比较规范的过程，一般包括如下几个阶段：

一、接案

学校社会工作者主动找到需接受服务的学生，一般情况下此学生会成为服务对象，不存在是否应接案的问题。但是，当学生本人提出服务申请，或经家长、老师等他人引介时，学校社会工作者就应决定是否接案。当学生需要解决的主要问题属于学校社会工作者的专业服务范围内的问题时，学校社会工作者都应接案。

在决定接案后，紧接着要做的事是决定服务对象是谁。按照系统论的观点或社会工作的“人在情景中”理论，某个学生的问题多多少少与其他系统有关联，要想解决学生的问题，必须介入到学生的相关系统，如社会工作者接到一个受人欺负的学生个案，虽然服务对象是一个学生，但是社会工作者还要同时在学校层面实行反欺负计划，并且可能的话提供关于反欺负的服务教育给老师和家长。从这个角度说，学校社会工作可能介入的对象包括某个学生、学生家庭、学生所在的班级老师甚至整个学校，但是如果能区分出介入服务的主体，就不难区分学校个案工作的对象了。如上述案例虽然服务会涉及到其家长，但是服务主要是围绕阿稚而展开的，所以该案例的服务对象应是阿稚。

二、预估

当确定服务对象是属于自己的范围之后，学校社会工作者就应对学生的问题进行了预估，以便与学生一起对计划方案达成一致。预估并不是一次就能准确地确定出学生的核心问题，往往需要多次的确认和诊断。准确的预估是个案成功的关键。为了做好预估，学校社会工作者应从如下几方面着手。

（一）基本资料收集

预估信息的来源可能包括学生本人、该学生所在的班级同学、家庭成员、老师、其他教辅人员如辅导员、班主任、助理班主任及该学生所在社区的专家和更大的社区环境。

确定收集哪些类型的资料和哪些方面的资料应视预估的目的而论。收集来的资料信息应该对预估有用，更重要的是对介入时直接有用。一般而言，预估的内容包括学生个人的基本情况，如年龄、性别、家庭状况、教育状况、转介来源等；学生生理方面情况；学生心理方面情况，如个性特征、人生观、世界观、对生活的态度、精神健康状况等；学生的社会关系状况，如学生与同学、老师、家长、邻里、朋友等方面的关系，各种社会关系对学生的作用程度等。

预估方法的选择应适合案主的情况，不太可能一种预估方法在任何情景下都通用。只有最适合该案主情况的预估方法才是最有效的。

(二)问题描述

学校社会工作者应对学生的某种问题行为或需求进行描述，如呈现出的问题类型、问题由来、为解决问题曾经的尝试、导致问题的环境因素、学生的优势和资源。对于那些不是主动寻求帮助的学生，学校社会工作者找出问题的实质需要经过往返多次的收集资料、多次的面谈才能确定真正的问题。问题描述是学校个案工作的关键性程序，如果在问题的诊断上不准确，则后面的所有介入都会是无效甚至是有害的。如阿稚当前的问题和需求是学习欠缺主动性；有较强的焦虑感；不满于家人的严格要求，但此不满情绪没有得到及时宣泄；不敢对家人说心里话。

(三)发展假设

当收集了资料，同时对学生存在的问题进行了较为清晰的描述后，就应思考并假设学生问题产生的原因。发展假设是学校社会工作者考虑介入的第一步，这种假设是一种试验性的解释，需要被进一步的介入证实或证伪。学校社会工作者可以用生态学理念，从学生的性别、年龄、身体状况、心理健康状况、家庭、社会经济状况、文化等来发展假设。如阿稚的所有问题其产生的原因是什么呢，我们初步假设为是阿稚与家人的亲子关系不佳造成的。

(四)进一步收集资料

如果确定了学生的问题产生的原因后，就应围绕着这个假设收入资料。如通过学校社会工作者与阿稚的三次会谈得知，阿稚妈妈现在经常打麻将，很少陪她复习功课，晚上的时候基本上只有她一个人在家。平时家人都很忙，很少关心阿稚，但一旦心血来潮，或者是什么节假日，全部人都回来时，阿稚就成了教育对象，轮流地对她进行说教。曾经有一个冬天晚上，在家人轮番的教育下，阿稚站久后突然晕倒，把家人吓坏了。另外，因为成绩不是十分好，而父母希望她考上重点大学，致使她压力很大。而家长认为阿稚的全部心思应放在学习上，但学习缺乏主动性，亲子之间的沟通不是很顺畅，家长与孩子之间对未来的规划也不一致，这是问题产生的重要原因。

三、设计介入方案

设计介入方案即是根据学生的问题诊断和原因分析，设计相应的服务计划。计划内容包括解决问题的目的、措施、步骤和方法等。在制定目标时，应使目标具有具体性、可测量性、可操作性和可行性。另外，制定的目标应是学生所认可的，最好能形成一份契约，规定为了达成此目标，学生与学校社会工作者各自己的责任，详细说明学生的行为将如何被监控，如果做不到会有什么后果，只有这样，学生才会有动力去完成介入目标。如学校社会工作者与阿稚一致同意接下来的介入将加强阿稚与家人的沟通，了解她说谎的原因；改善阿稚与家人的关系，在未来规划上与家人达成一致，减低她的焦虑和不安。

四、介入

介入是学校社会工作者协助学生解决问题的执行过程，是个案工作中的重要一环。介入的形式与方法多种多样，一般可以归纳为四大类，分别是生理治疗、心理治疗、改善环境、经济援助和服务。[1] 根据学生的情况，有的需要进行某项服务，有的则需要同时开展多种服务。

如为了改善亲子关系，学校社会工作者对阿稚的父母亲开展了认知改变。阿稚的父亲热爱运动，从小就培养阿稚打乒乓球，但由于没有考虑到阿稚的感受，自己一有时间就叫阿稚去打乒乓球而不考虑她在干什么，阿稚对此觉得很反感。学校社会工作者建议阿稚通过写信的方式向父亲诉说自己的需求。父亲看了阿稚的信表示可以理解，当着学校社会工作者的面还半认真半开玩笑地向阿稚道歉。后来，小区举行乒乓球比赛，阿稚父亲还鼓励她参加，阿稚发挥出色，父女分别拿了男子成年组亚军、少年组亚军，父女关系更加亲近。7 月，阿稚如愿考上了重点学校，阿稚家人准备去短途旅行。在出发前的一天，学校社会工作者建议她把握这次旅行，向其父母证明自己的独立能力。由于阿稚妈妈晕车，学校社会工作者提议阿稚从照顾妈妈开始，并模拟了旅游当天可能发生的状况。阿稚开始时还有一点担心，模拟之后，她就对自己信心十足。另外，学校社会工作者也请阿稚父母留意阿稚的行为，并希望他们适时表扬、鼓励和支持阿稚。阿稚的父母十分合作，旅游归来，他们玩得很开心，阿稚与父母的关系更亲密了。

五、评估

评估开始于什么时候呢，一般而言，当学生的介入目标已达成，契约中的问题已解决时，个案就可以结案了，学校社会工作者就可以针对此个案开展评估了。

评估有很多种方法，包括学校社会工作者的评估也包括学生对自己的评估。如学校社会工作者就采取了对阿稚的面谈观察，阿稚现在经常面带笑容，比较自信，阿稚自己也认为亲子关系改善后，自己在人际交往上，父母的管束少了一些，暑假阿稚也可以光明正大和同学去逛街，尝试自己挑选商品。

---

〔1〕 宣兆凯. 2000. 学校社会工作学[M]. 北京：北京师范大学出版社，104.

第二节　学校小组工作过程

【案例5.3】

学校小组工作

某大学大一新生中有一个班的大部分同学存在人际交往能力不足的问题。学校社会工作者试图通过小组方式提高同学们的人际交往能力，于是就选择了沟通能力有待改善的11名新生作为服务对象，计划开展4节小组活动。其招募方式主要有三种，一是到学校各大饭堂派发宣传单、张贴海报以及定点咨询；二是通过广播站广播，利用网络资源如QQ、微博等进行宣传；三是通过开展活动接触到的有需要的对象。甄选方法是个别面谈，若人数不足，通过与该校心理辅导中心等相关机构联系寻找合适对象并邀请其参加。

（根据华南农业大学2009级学生的实习案例改写）

小组工作是学校社会工作的核心方法之一。学校生活是一种群体生活，相较于人生的其他阶段，青少年归属于同辈群体的需求更强烈。学校小组工作即是运用小组社会工作的方法技巧和伦理原则，为学生群体服务的一种社会工作方法。学校小组工作的过程有多种划分，不过，关键的步骤一般包括如下几个方面。

一、问题诊断

当发现许多同学都具有相同问题时，学校社会工作者就有必要思考是否采用小组工作方法介入。如少数同学的交际圈很小，仅限在班内同学；有一部分同学因为整天沉迷于网络而逃课，导致若干门课程不及格。问题诊断应基于预估，主要包括同学们参与小组的动机；同学们各自的问题；是否能够帮助小组实现目标等。预估的主要方式是面谈，直接与同学们建立联系，同时向同学们周围的人了解情况，以便全面了解同学们的问题和需求等。

二、小组前的筹备

小组前的筹备主要是指小组的建构。针对前面的问题诊断，决定形成一个什么类型的小组，是开放性的小组还是封闭性的小组；根据小组目标和学校社会工作者自己感觉舒服的层次决定小组的规模；决定小组的次数及每次小组的长度；需考虑开展小组的地点，如房间大小、椅子舒适度、音响效果、座位安排、室内陈设和气氛等。当小组基本建构好后，就要根据小组目标开始组员的甄选工作，可以通过个别面谈和小组前的初次聚会两种甄选的方法选择小组成员。

三、小组开始阶段

在小组开始阶段，同学们的心里充满了兴奋和焦虑的两极情感。由于焦虑同学们不断地试探自己、其他成员和学校社会工作者。在这个阶段，社会工作者的任务是协助同学们减低焦虑，使不明白的变为明白，同时应允许同学们停留在小组开始阶段，不应过急地去解决问题。

（一）介绍

介绍包括学校社会工作者的自我介绍和学生们的介绍，通过介绍，使同学们与学校社会工作者之间、同学之间相互熟悉，减少陌生感，为后期的小组工作打基础。

介绍的方式因应不同的小组类型而不同。在自愿的小组中，社会工作者可采取非正式的方式开始介绍，如与同学们交谈天气，或谈谈他们关心的话题。在非自愿小组中，社会工作者可以由介绍自己及正式地说明小组的目的开始。不管在什么类型的小组中，社会工作者在介绍自己时均应以一种可以让同学们对其带领小组的能力感到有信心的方式简要介绍自己，也可以直接把自己的技能与资源说出来。同学之间的介绍方法有很多，但是不应太正式。鉴于同学们在第一次聚会中不太熟悉，可以用破冰游戏让学生们在放松的情况下自我介绍或相互介绍，同时可以请同学们说出对小组的期望。

（二）角色澄清

角色澄清应包含两种角色的澄清。一种是澄清社会工作者的角色。即使社会工作者很清楚自己的角色，也要清楚地澄清或说明自己的角色，因为同学们可能对社会工作者的角色不清楚，或有不同的期待。另外需要澄清的一种角色就是同学们做为组员应在小组中扮演的角色。在不同类型的小组中，同学们的角色会有很大不同，但是有一种角色是应该强调的，那就是同学们做为组员的助人者角色，组员之间互为资源，互为协助者这种角色和观点应该得到强调。

四、小组转折阶段

当同学们经过第一、二次聚会后，小组就进入了转折阶段。这一阶段同学们对于是否展示一个真实的自我而在内心充满了焦虑与挣扎；由于有这种焦虑，同学们就会出现各种形式的抗拒和防卫行为，如保持沉默、使话题偏移等；同学们之间也会因为某些分歧而出现冲突和意见纷争；甚至有些同学会挑战社会工作者的角色和行为。

在这一阶段，社会工作者应处理以下事项：第一，接纳同学们在这个阶段的特点和负向情绪，能感同身受，并把这种感同身受反馈给同学们，让他们知道社会工作者是理解他们的；第二，鼓励学生们接纳自己的矛盾心理，表达和认识此时的感受，坦然面对自己的防卫心理，并把这种防卫行为转化为建设性行为；第三，社会工作者要接纳同学们对自己的挑战。

五、凝聚和谐阶段

当同学们经过转折阶段的冲突后，发现即使是一个不完美的自我呈现在同学们面前时，同学们对于这样的自我也是接纳的，因此同学们就会放下公众自我，展露内心的真实自我，小组也就相应地进入了凝聚和谐阶段。

同学们之间的信任和接纳是这一个阶段的特征。同学们之间因为接纳会产生同理心和一种关怀的气氛，从而产生一种和谐一体感，对于这个小组有了一定的认同感和归属感。在这个阶段，社会工作者的任务是帮助同学们开展自我探索，进一步认识自己；鼓励同学们之间彼此尊重和关心。

六、工作阶段

工作阶段是组员的认知和行为发生改变的阶段。同学们的自我表露经过凝聚阶段后其广度和深度都扩大了；同学们一改以往谈彼时彼地的事情而转变为较关切于谈论或解决此时此地的感受。在该阶段学校社会工作者经常会和同学们一起设立一些目标，其中一个目标就是改变同学们的认知偏差或认知误区。要达到这个目标可以有多种方式，如角色扮演、同学间真诚的回馈、协助同学们从小组经验中认知重建、协助同学们把领悟(认知)转化为行动、鼓励同学们尝试新的行为、协助同学们解决问题等。

七、结束阶段

开始与结束是小组两个最重要的阶段。结束阶段的重要性主要在于小组最后阶段所发生的事情通常会决定同学们对整个小组聚会的印象。因此学校社会工作者应留下足够的时间，才不会使同学们觉得自己被驱赶一样。

小组结束的形态有很多，包括一个成功小组的结束，一个不成功小组的结束，社会工作者离开等。因为结束原因不同，结束的方法也不同。但至少应包括这些内容，如评估小组目标达成的情形、了解和响应同学们对小组结束的感受，维持同学们由团体经验中所获得的正向改变，协助同学们把在小组中所学习到的技巧、态度、知识运用到不同的情景中，在适当的情况下，协助同学们寻找并使用新的服务。

八、小组评估

小组评估包括多种方式，但主要是小组过程评估和结果评估，学校社会工作者应根据自己的能力或可行性决定采取哪种方法。

(一)过程评估

(1)评估的主要方面　包括小组的活动方案是否有效；对同学们的了解程度如何；同学们每次参加小组的表现和改变(同学们在小组中新行为的习得、巩固情况如何)；小组发展过程中，学校社会工作者对相关专业知识和技巧的运用情况如何；能否有效运用社会资源；同学们的关系、小组气氛和处理小组事件的效果如何；能否与同学们建立良好的互动关系；能否在小组过程中贯穿小组规范、运用小组动力；同学们能否自我反省、自我察觉。

(2)评估的主要方式　展开评估的人主要是社会工作者本人。每次小组活动结束后，根据小组开展的情况，由学校社会工作者进行评估。

(二)效果评估

(1)评估的主要方面　包括同学们在开展小组的过程中所学到的新行为或知识，以及同学们将这些新学到的行为或知识运用到实际生活当中的程度。还有他们是否可以在小组中解决自己所困惑的问题，以促使他们更好的发展。

(2)评估的主要方式　是同学们自我评估。通过他们的自我评估了解他们的进步和不足，以增加他们学习和改变自己的动力，使他们更好的解决自己的问题，发展自己(表5-1)。

表5-1　组员的自我评估表(小组结束时由组员填写)

问题 (请根据自己的实际情况对每个问题打分)	评分(越高分就代表越好)				
	1~2分	3~4分	5~6分	7~8分	9~10分
我觉得这样的小组很有意义					
我喜欢小组的领导者(社工)					
我在小组活动中与他人产生了互动					
我对自己越来越了解					
在小组里我愿意与其他人分享我的经验和困惑					
当有想法时，我会努力去表达自己的想法					
我在小组中学会了如何审视自己					
我在小组里敢于尝试新的行为					
我在小组活动中，自己的问题得到了解决					
我喜欢工作者的带领方式					
我是这个小组里一个有主动性和奉献性的组员					
我在小组中学到的东西会应用到小组外的生活中					
以后我还愿意参加这样的小组活动					
我对小组活动的认识：					
我对工作员的建议：					

第三节　学校社区工作的过程

【案例5.4】

珠三角某流动人口居住小区的学校社区工作

任某是珠三角某农民工子弟学校的社会工作者，经过观察与了解，任某发现这个学校的部分学生学习成绩差、自主思考能力差，依赖心理严重，学习态度不端正，流行学习无用论，厌学、自卑、个人道德教育欠缺等问题。而这些问题的解决仅仅依靠学校、教师或学生个人是无法达成的。于是任某从这些学生居住的社区着手解决学生身上存在的问题。

(根据华南农业大学2007级学生实习报告改写)

学校社会工作离不开社区。从专业的观点而言，学校社会工作是运用社会工作理论与方法于学校领域的一种专业。[1] 既然是运用于学校领域，那为何要到社区里开展学校社会工作呢？学校社会工作者在走出校门，走进社区去做学校社会工作有什么要求呢？

[1] 宣兆凯．2000．学校社会工作学[M]．北京：北京师范大学出版社，149．

其实，对于在校学生来说，家庭、学校和社区是他们生活的三个重要空间，是他们成长的三个重要系统。“少年问题种因于家庭，显现于学校，恶化于社会”，是常用来诠释青少年问题形成的箴言。[1] 虽然称为学校社会工作，似乎其工作对象就应是在学阶段的学生，可是按照社会工作“人在情景中”的观点，任何学生在学阶段的问题要得到真正解决，都与该学生的学前或学后生活中发生的事情有关系。虽然社会工作者的对象是在学校学习的学生，但是也与学生在其他非学校场域的生活有关。

对于学生而言如此，对于学校而言，社区也是重要的场域。学校的凝聚力与教育行为有强烈关系，但学校凝聚力的程度也受到社区的影响，如社区的犯罪和不良的同辈文化就会对学校的凝聚力产生负面影响。学校与社区之间存在着密切而且相互依赖的关系。当学生因参加社区里的小帮派而逃课，或因为社区里的次团体而打架，或学生因流连于学校旁边热闹的夜市而出现作息时间颠倒、上课打瞌睡等现象时，学校社会工作者就需要做社区工作。学校是社区的部分，社会工作者可以建立邻里居民、企业和专业人士的联系。学校社会工作者通常是学校体系唯一有技巧执行民间社区延伸的专家。[2]

学校社区工作即是应用社区工作方法与概念，从宏观系统来协助学校解决学生问题，以学校系统为中心，再扩及到学校所处之社区外系统。[3] 学校社区工作方法的运用主要有以下几个环节：

一、认识社区

学校社会工作认识社区有很多种方法。作为一个社区的“局外人”，要想获得社区的支持，首先应了解社区特点，让社区居民接受社会工作者。

(一)拜访社区机构及重要人士

学校与社区虽然联系紧密，但毕竟不属于同一个体系，对于某些事物会形成不同的看法。例如，社区工作者会对学校社会工作者的到来表示不欢迎，认为社区工作是社区工作者的领域，学校社会工作者是“外人”，多一事不如少一事。基于这种情况，学校社会工作者就更有理由要通过拜访社区重要机构和相关人士，取得他们的接纳与合作，建立相互信赖的关系。

(1)社区机构　如街道青少年保护办公室、居民委员会、社区社会工作站、其他有关社区发展的社团、社区资源单位等。

(2)社区重要人士　如街道办事处负责人、居民委员会负责人、社会工作站负责人、社区内热心青少年事务的企事业单位负责人、社区内研究青少年问题的专家学者等。

(二)开展初步的社区调查

为了认识社区，学校社会工作者应对社区做初步的调查，也为后面的预估做准备。开展社区调查可以通过多种方式，如文献法、问卷法、访谈法、观察法、社会指标、焦点小

---

〔1〕 林万亿，黄韵如. 2004. 学校辅导团队工作[M]. 台北：五南图书出版公司，550.

〔2〕 Lynn Bye，Michelle Alvarez 编. 2008. 学校社会工作[M]. 谢振裕，蔡青芬，译. 台北：新加坡商圣智学习亚洲私人有限公司台湾分公司，81.

〔3〕 林万亿，黄韵如. 2004. 学校辅导团队工作[M]. 台北：五南图书出版公司，531.

组等。

社区调查可以由学校社会工作者来开展，也可以由学生来开展。由学生以班级为单位对社区进行认领，每个班级负责社区的某一个方面，对学校所在社区开展调查，然后让学生对该社区的优势、劣势进行说明，可以更好地提升学生对所属社区环境的认识。另外，还可以让学生对他所负责的某一部分社区绘制安全地图，提供社区中的安全休闲场所给青少年，及附接近可提供支援的警政、医疗、社工人员相关位置及联络方式，并结合学校的辅导资源网络，规划一个安全又完善的社区地图，提供学生、家长及教职员工参阅。[1] 如果条件成熟，也可发动社区居民开展社区调查，如号召社区中的居民调查家长们对待学习兴趣班的想法和需求。当居民主动参与到调查中时，其行为本身就是在协助解决学校问题。

（三）参与或开展社区活动

如果社区正在开展社区活动，学校社会工作者可以及时地参与到这些活动中去，以便了解社区居民的意愿和特点，与居民建立良好的互动关系。如果有条件的话，学校社会工作者可以有针对性开展活动以吸引居民的关注，让居民了解学校社会工作者和学校社会工作，了解学校社会工作者的角色，以便日后配合和支持学校社会工作。

二、预估

预估的目的是掌握该社区的基本资料和与学校学生有关的一些资料讯息，学校社会工作者可以从以下几个方面来做预估。

（1）社区基本资料　如社区的人口资料、居民的职业状况、居民的心理状况、生活方式等。

（2）社区教育环境分析　如社区内与在校学生成长相关的社会、人文与自然环境以及教育资源的分布等。

（3）社区在校学生人口分析　如在校学生人口总数、年龄结构、性别特征、学习状况等。

（4）影响在校学生的社区社会问题分析　如单亲家庭及子女问题、在校学生违规行为、残疾子女问题、辍学问题、在校学生的休闲娱乐问题等。

（5）促进在校学生成长的资源分析　如社区居民对待子女学习问题的重视程度及其他各类资源的存量、质量、运用、权属等情况。

通过前面的社区了解之后，学校社会工作者对于本社区在青少年的成长环境方面存在的主要问题、可以利用的社区资源、可以提供服务的相关组织等情况已有基本了解，在此基础上，学校社会工作者需要有针对性地预估学校需求与资源间的差距，发掘与认识潜在的资源，从而发现问题和拟定解决问题的方法。

---

〔1〕 林万亿，黄韵如．2004．学校辅导团队工作[M]．台北：五南图书出版公司，541．

【案例5.5】

珠三角某流动人口居住小区的学校社区工作(续)

这是一个封闭的小区，主要由四栋三层高的居民楼组成，每层并排建有约20间10平方米左右的房间，住着大约200户，1000人左右的农民工。他们主要来自湖南和安徽两省，大多都是因为乡邻关系而聚居于此，有些在此地已居住了十几年。我们对小区40户家庭的调查发现，他们的职业分布是：90%的居民在工厂打工，5%是个体户，5%是非固定就业者，如拾荒者等，总体收入偏低。

文化环境。社区内娱乐休闲设施严重缺乏，社区内拥有的休闲场所只有星光老人之家，少数凉亭以及废旧的篮球场。农民工由于工资低，工作辛苦，所以很少外出参加活动，他们通常的休闲娱乐就是留在家里看电视或者逛街，在实地观察中，发现了社区内有不少租影碟、卖影碟的小店。小区内每户家庭有三至四个孩子，一般会将家中最大的孩子留在家乡，而其他小孩则接到了这里让老人或夫妻负责照顾。相对来说，小区内的居民的文化教育程度较低，工作时间较长，在家管教孩子的时间较少，家庭教育不足，对城市归属感较低，受原生文化影响很大。小区内父母双方多外出打工，对子女的管教停留在较粗暴的管理方式。

卫生环境。小区的卫生环境比较差，房间的墙壁都是黑色的，窗户布满了油烟。社区内到处都是张贴的广告，垃圾到处可见。社区里有许多私人诊所，医疗条件落后，但是服务费用相对便宜。

治安环境。农民工居住的楼房间隔小且无消防设施。社区内因为人员流动性大，居住只需付钱，没有其他正式手续，也很少有人来监管，成为一些不法分子藏匿的首选地点，因此经常发生一些治安案件。

社区资源方面。社区内有一家为农民工子女服务的非营利组织，即NGO，截至目前已资助家庭经济困难的农民工子女达600多人次。

(根据华南农业大学2007级学生实习报告改写)

三、拟定计划

根据对学校所在或学校附近社区的了解和对社区居民在教育方面的需求预估，社会工作者拟定解决需求和问题的活动计划或方案。一份有效的计划，必须考虑社区居民对就学子女的教育、成长和发展方面的愿望和需要，而且具有适合性(suitability)、可行性(feasibility)及可受性(acceptability)。[1]

---

〔1〕 徐震、林万亿.1990. 当代社会工作[M]. 台北：台湾五南图书出版公司，228.

【案例5.6】

珠三角某流动人口居住小区的学校社区工作(续)

学校社会工作者与社区的NGO共同致力于重建社区、家庭与民工子弟学校之间的良性互动，成为三者的联系人，起到沟通桥梁的作用。学校社会工作者与社区内的NGO共同制定工作计划如下：

第一，介入的主要形式是在社区内设立一个补习空间，为小区内那些父母没有时间、没有知识能力指导其作业的学生提供课后的作业辅导。除补习空间之外，学校社会工作者还协助NGO定期举办学生的生日会和节日的文艺晚会等活动。

第二，介入的目标为优化学生心理素质，促进学生心理成长；提高学生的学习动机和学习积极性；改善家庭教育方式。强化学生在补习空间中的表现，得分较高的小朋友有奖励，激励其他小朋友继续努力学习。通过连接义工资源，拓展学生的人际交往范围。通过学校社会工作者和NGO介入，期望对社区文化带来正面的影响进而逐步影响至家庭教育。

第三，介入的方法为登记小区内学生的名单，从星期一到星期五的4点至6点进行补习活动，帮助他们检查作业，制定相关的规范，强化他们的学习目标。每周一下午开班会，总结上一周同学的表现，统计上一周的得分，表扬上一周做得好的同学(6至10个得分较高的学生)，给予特别的奖励。开办舞蹈表演班、剧场表演班等兴趣班，在社区公开招募，活跃学生的课余活动，扩大学生的交际范围和能力。

(根据华南农业大学2007级学生实习报告改写)

四、社区介入

社区介入，是指学校社会工作者将社区活动计划正式投入运作，付诸实施。社会工作者可以邀请家庭进入社区服务，如中小学生课后辅导、青少年发展计划，家长与学校共同合作，家长成为学校的家长委员会成员等方式。

(一)发掘利用社区资源

社区资源，是指存在于社区中的、可以协助学校社会工作者开展活动的所有人力、物力、财力和组织机构等。[1] 每个社区都有自己的资源，有的资源在社区中早已存在，只需学校社会工作者主动利用；但是有些资源并不是现存的，而是潜在的，需要社会工作者去发掘。一般来讲，社区内潜在的资源包括：闲置的劳动力，居家的家庭妇女，退休职工，相关组织、闲置的场所等。[2]

(1)充分利用学校所在社区的福利资源　学校只是众多青少年福利服务系统中的一环，学校在开展学校工作时应发掘和整合各种福利资源。利用社区现有资源解决学生问题，可以解决学校人力不足的问题，提升学校的教育功能。当学校所在社区拥有一些青少年福利

---

〔1〕 林胜义.1998. 学校社会工作[M]. 台北：巨流图书公司，168.
〔2〕 宣兆凯.2000. 学校社会工作学[M]. 北京：北京师范大学生出版社，147.

机构和闲置资源时，要充分利用好这些福利政策和有关资源。另外，对于政府和有关组织在社区里开展一些对学生有益的活动时，也应积极组织学生积极参与。如学校所在社区举办一些法律知识讲座、安全设施演示等与青少年有关的活动，可以组织或鼓励学生参与。

（2）充分利用学生家长资源　学生家长是学校的宝贵资源，如果开发利用得当，将会使这一资源对学校产生较大回报。现在学校大都提倡家校配合，家长的配合和支持将使得学校的工作事半功倍。如在学校里开展家长教育讲座、家长读书会、亲子活动等，从而提升家长的参与功能。但是一般情况下，参与学校组织的这些亲职活动的往往都是母亲，而亲职教育中一个很重要的角色——父亲却较少出席这样的活动。另外，越是亲职功能不好的家长越少参与学校的亲职活动，这两种情况使得学校组织的亲职教育效果大打折扣。这时学校除了在亲职讲座内容和形式上下功夫之外，还可以充分发挥亲职功能较好的家长的力量，帮助亲职功能不好的家长，如学校可以组织或支持学生家长成立一个亲职活动义工小组，由这些亲职功能较好的家长在闲暇时间内与亲职功能不好的家长分享亲职经验和信息等。

除了成立亲职活动义工小组之外，学校社会工作者还可以针对学校情况，邀请学生的家长成为该学校的义工，组成一个学生家长义工团队。这些家长义工团体可以根据学生家长的特质组成相应的义工分队，如某小学是一所大学的附属小学，则这些学生的家长大多是大学教师，可以充分利用这些家长的专业特长，为小学生们宣传讲解相关的科学文化知识；某学校附近交通状况不太好，学校可以组织学生家长成立一个安全护送学生上学放学的家长义工团队；如果有一部分学生的家长无法辅导学生的课外作业，可以组织学生家长形成一个学习辅导义工团队。总之，学校应针对该学校学生的相应需求，充分利用该学校家长的特质有针对性建立家长义工小组。

（3）充分利用社区热心人士和民间支持性团体　当了解到社区热心人士和民间支持性团体的信息后，学校社会工作者应将这些信息建立档案，从专业的角度对其评估，及时把握动态，以充分利用。当需要这些热心人士和支持性团体的协助时，应提供聚会或专业培训的机会，使大家在这个行动方案上达成一致，增强这一社会资源的专业性，使其成为学校社会工作的有效助力。

（4）开发新的社区资源　如针对中学生的性建康知识服务的社区工作，在目前社区资源较少的情况下就应开发新的社区资源。学校社会工作者可以发动街道或居委会在社区内建立专为青少年提供性教育服务的设施，设立专门为社区内青少年提供心理咨询、心理辅导、悠闲康乐活动的服务机构，设立“关爱信箱”（实物邮箱或电子邮箱），鼓励青少年和家长就有关性和性教育的问题来信咨询，疑问将直接由挂钩的医疗部门提供解答，可建议社区服务中心与医疗部门挂钩，定期在本社区内开展青少年性教育讲座和科学图片展览，以“家庭开放日”的形式邀请社区内的家庭参加。

（二）激发社区居民思考有关教育的议题并形成行动方案

社会工作的本质是助人自助，学校社会工作者在社区内开展工作时，除了自己开展服务外，还应培养社区居民的主动性，激发社区居民思考关于学生的教育议题，以使学校的社区工作能持续开展下去。

其实，学校社会工作在社区开展的活动是一个持续和综合的过程，在了解社区的阶段，实际上已开始介入了。将其划分为上述四个阶段，仅是为了说明方便。

本章小结

作为一门技巧性和应用性的学科，“方法”在社会工作中具有重要位置。同样，“方法”也是学校社会工作的一个重要组成部分。本章在收集总结前人研究成果的基础上，系统描述了学校社会工作三大直接方法，即学校个案工作，学校小组工作和学校社区工作。虽然学校社会工作并不限于这三大直接方法，还有其他的方法和技巧，但是鉴于学校社会工作在我国的发展特点及我国学校教育和管理中的具体情况，这三种方法是最主要的方法。另外，本章还概括了学校社会工作三大方法在我国境内本土化理念下的具体操作过程和技巧。

思考题

1. 学校个案工作包括哪些过程？
2. 学校小组工作包含哪几个阶段？
3. 请以你所在的学校为例，形成一份社区诊断书。
4. 在社区内开展学校社会工作在目前有哪些困难？

第六章

学生生活需要与社会工作介入

【案例6.1】

转校生小唐

小唐，小学六年级学生，11岁，是家中的独生子，与母亲、表姐一起居住。小唐在老家的时候学习优良，成绩基本保持班里前三名，很受老师器重。一年半前，母亲王某的工作转到了深圳，便让小唐从安徽转学到了深圳，并且进入学校的重点班。但到了班上，小唐觉得事实没有想象中美好，有些同学不喜欢他，他认为老师对他也不如原来的班主任重视，觉得很苦恼。因为转学对环境造成的不适应，加上随着年龄的增长出现的逆反心理，近两周发展到与同学发生打架，甚至与母亲吵架等行为，受到同学的指责、老师的批评。

（根据2008-02-14《发现》改写）

【案例6.2】

大学生的“非理性”消费

小文是湖南师范大学大三学生。国庆长假期间，她出手阔绰、“一掷千金”：“瞧我新买的皮靴，好看吧！花了我一千多块钱呢！”小文向朋友炫耀着自己刚买的新靴子。家长刘先生介绍，自己的儿子花销也是月均2000元以上，有时候买衣服、鞋还另外找家里要钱。“衣服不是品牌他不穿，鞋不是品牌他不要。”刘先生无奈地说，好在夫妻俩月收入过万，能够负担。

津市一中毕业的朱同学现在长沙医学院读大一，今年高考结束后，她跑到长沙玩了一个星期，母亲滕女士给了她1000元，随后，父亲朱先生怕女儿不够用，背地里又给了女儿3000元。朱同学去长沙和同学玩一个星期，身上的4000元回到津市仅剩2元钱。

据了解，部分大学生消费节节攀高，其中奢侈消费充斥其中。在多数商家的眼里，大学生已经成为奢侈消费领域的重要组成部分，分割大学生的“消费蛋糕”成为他们的商业共识。

（根据2009-11-01《常德晚报》改写）

【案例6.3】

自食其力的阿豪

阿豪是来自山东农村的学生，在他6岁的时候，父亲去世了，是靠母亲种田一手养大的。今年，他考上了广州某大学。在新生报到注册的时候，他只带了500元过来读书。作为学校社工的邹老师带他到了新生绿色通道报到，这是该校专门为交不起学费的贫困生准备的绿色通道，可暂免交学费而先办理入学手续。

开学一周后，阿豪在邹老师的帮助下详细了解了助学金申请流程以及助学贷款申办手续。两个月后，阿豪顺利地申请到了某基金会的助学金并办理了助学贷款手续，这样，他一直以来担心的学费问题解决了。在社工的推荐下，阿豪得到了学校图书馆勤工助学的岗位，生活费也得到了一定程度上的解决。

（根据华南农业大学2009级学生的实习案例改写）

从以上案例，可以大致的了解到，学生在环境适应、消费习惯、经济贫困等生活方面存在的问题。中小学生处于未成年的阶段，心智尚未成熟，在处理生活需要方面存在的问题往往达不到理想的效果；即使是已经步入成年人行列的大学生在遭遇这些问题的时候也往往难以很好的应付。这时，学校社会工作者的介入就显得尤为必要和富有意义。

第一节 学生生活需要概述

学生在生活方面存在的问题，如父母过度溺爱导致的独立性不强、适应能力不高，市场经济下的物欲世界诱惑过度消费和不合理消费，社会贫富差距拉大导致的部分贫困生面临辍学的危险等，成为制约学生正常学习、健康生活、快乐成长的重要因素。

一、生活环境适应不良

学生生涯中的转学和升学而导致的学习环境的转换，往往会给学生带来一系列的问题。学生由一个熟悉的环境转到一个陌生的环境，要面对陌生的学习环境、陌生的老师、陌生的同学，这些因环境改变而突如其来的变化往往容易使学生陷入适应不良的处境中。

学生在生活环境适应方面可能面临的问题主要包括：同辈群体的接纳问题；教材、教法的适应问题；学校规范的认识与遵守问题等。以大学里的新生为例，他们刚刚结束高中生活，离开自己熟悉的成长环境，离开自己的父母和朋友，背井离乡从五湖四海汇聚到新的大学里，在这里他们面临的是全新的环境和人群。新生适应问题是由于新生与周围环境不适应、不协调，由此在认知、情绪和行为等方面出现的一种迷茫、困惑和痛苦。生活环境适应不良是部分踏入大学校园首先遇到的难题。大学的生活显然不同于以往的中学生活，一方面是背井离乡，父母不在身边，没有了家庭在生活上的照顾，生活一下子需要自己独当一面；另一方面，陌生的环境，往往对新生造成生理上的不适应。如北方的学生难以适应南方潮湿闷热的气候，饮食以及生活习惯方面的不同也在生理和心理上造成一定的影响。

二、生活贫困导致的问题

学生的经济贫困问题越来越多的引起社会的关注。当前学生生活贫困导致的问题大致有以下几种：

（1）因生活贫困导致学业完成问题　由于学费和生活费无法筹措，面临辍学的危险；

（2）因生活贫困导致人际关系问题　由于不敢参与那些需要花钱的集体活动，如班级组织的唱K活动、郊游活动等消费活动，从而导致贫困生对他人与集体的疏离，影响了与同学之间的人际交往；

（3）因生活贫困导致心理自卑问题　这部分学生往往来自贫困的农村家庭或者城镇下岗职工家里，长期的贫困生活使他们在面对同龄富裕同学时显得自卑。

（4）因生活贫困而导致越轨行为　例如，为了满足某种物质欲望，采取偷窃等行为获得不义之财；或者是为了减轻家庭负担在外打工挣钱，可能受到不良人员或者不法分子的利用，作出违法行为。

三、生活中的不合理消费

学生的日常基本消费主要包括在校期间的衣、食、住、行等方面的费用。根据广州周边地区大学生的调查，每个月伙食费及生活日用品消费400元以下的学生比例占12%，400～600元占31%，600～800元占42%，800元以上占15%。购买服饰方面，大学生一方面为了满足自己的实用需求，一方面也希望能够增加自己的被关注度，65%的大学生希望自己的朋友同学能够注意到自己拥有的某个品牌，20%的人希望陌生人能够注意到自己。随着大学生人际交往的密切和公共交通设施的完善，大学生每月交通出行费用30～50元的占调查比例的32%，50～80元占52%，80～100元占12%，100元以上占4%。[1]

当前大部分学生的日常基本消费是在合理的范围以内的，但是也存在个别不合理消费的现象，主要表现为以下几种：

（1）奢侈攀比现象突出　随着自我意识的觉醒，学生的消费行为某种意义上充当了塑造自我认同、宣示自我形象的社会功能。这种心理驱使他们竭力进行炫耀性消费来引起他人的注意，即以自己与他人的不同表现或者突出自己的个性与社会价值。同时也导致一部分学生追求超越自身或父母收入水平的非理性消费倾向。主要表现为攀比消费、炫耀性消费、随机消费、冲动消费等。以大学生为例，据调查，有80%以上大学生用电脑做与学习无关的事。为了拥有一款最流行的手机，有的同学情愿节衣缩食，甚至牺牲其他必要开支。几乎所有的被调查者都对圣诞节、情人节等“洋节日”的消费持肯定态度。

（2）超前消费严重　随着人们家庭收入的不断提高，家长给孩子的零用钱也越来越多，但是随之带来的是个别学生养成了过度消费、超前消费的习惯，这种现象在大学生中较为严重。目前，大学生使用信用卡的人越来越多，大学生持有信用卡渐渐成为一种身份的象征。但是，作为在校学生并不具有创收来源，信用卡的使用往往为大学生的超前消费打开了“潘多拉之盒”，为了满足自身的物质欲望，往往“一掷千金”，刷卡的那一刻显得无比潇洒和毫无顾虑。但是每月的账单预示着债务的累加，在无力偿还的情况下，大学生渐渐成了“卡奴”。更有甚者，部分学生同时拥有好几张信用卡，为了偿还最低还款，他们往往利用手头上的信用卡挖东墙补西墙，然而超前消费导致的债务就像滚雪球一般越滚越大，从而诱发一系列的心理及行为问题。

四、不良生活习惯

不良生活习惯的养成有着多方面因素，学生自身意识、家庭环境、同辈群体等都是造成不良生活习惯形成的原因。诸多不良生活习惯和生活压力甚至会引发了学生的身心亚健

---

[1] 韩柏光. 2010. 对当前大学生消费状况的调查与分析[J]. 长春工业大学学报(高教研究版)(4).

康状态。以大学生为例，对于离开了中学时代的大学生而言，大学阶段意味着远离家庭和父母，意味着自住安排生活，特别是高考的成功使他们增强了自尊心和自信心，从而强烈地要求独立，竭力想摆脱家长的约束。此时，不良的生活习惯也趁机侵入了自制能力较差的大学生的生活。调查显示，在大学生校园的男生群体中，承认自己吸烟的占11.7%，承认自己饮酒的占34.2%。同时，发现随着年级地增长，吸烟饮酒的比例略有上升；在体育锻炼方面，有26.5%的学生以“没有时间”“缺少运动伙伴”为理由基本不参与体育锻炼；对于身体状况的调查显示，61.4%的学生感觉自己“注意力不集中”；59.8%的学生感觉自己“情绪低落”；35.7%的学生感到“记忆力下降”；还有28.7%的学生有“失眠多梦”等现象出现。由此可见，大学生的身心状态不容乐观，这不仅仅源于“吸烟饮酒”等上述不良生活习惯的影响，更重要的是学习、生活所带来的心理压力严重影响了学生的生活状态。[1]

第二节　社会工作介入要点

学生在生活方面的需要，引起家长、学校和社会的广泛关注。其中，家长、班主任等传统角色的作用是不容忽视的，但是，在新的问题和挑战面前，社会工作者的介入是十分必要的。

一、社会工作对学生环境适应不良问题的介入

学生从熟悉的环境转到陌生的环境，他们不得不面对新的学习环境、新的老师和新的同学，这些新的变化是他们陷入到环境适应不良的漩涡里，这时需要社会工作者向他们及时的伸出援助之手。在协助学生适应环境方面，学校社会工作者可以充分运用社区资源，从多渠道协助新生适应新的生活和学习环境。

(一)铺设有效的沟通渠道，加强家长与学校的交流

家长参与到新生适应问题的解决是非常必要的。新生在新的环境里往往有着强烈的被接纳的需要，学校社会工作者可以为新生量身订做符合他们需求的辅导方案，为新生和家长提供一和有效的沟通渠道，让他们能及早的了解和认识新学校的环境、从而对适应新环境可能出现的问题做好心理准备。家长和孩子之间的交流和沟通，可以让孩子感受到被支持、被关注，这些可以有效地帮助孩子消除胆怯，增强他们融入新环境的自信心。例如，学校社会工作者可以适当的召开家长会、编辑家长读物、开设校园开放日、组织亲子活动等方法让家长和学生更好的了解新环境。

(二)整合朋辈辅导资源，发挥学生社团的作用

现在很多学校都有大量的学生社团组织和团体活动，学校社会工作在帮助新生适应环境的方案中，可以适当的整合现有的学校朋辈辅导资源，发挥学生社团在解决新生适应不良症状中的作用。如借助班会、读书会、合唱小组、舞蹈队、同乡会等同辈群体，或者通过小组竞赛、小组讨论、小组游戏团体活动，打破学生自我封闭的防线，目的在于让学生

---

〔1〕 张书明．2007．社会工作视野下的大学生事务管理[M]．济南：山东大学出版社，113－114.

在小组中学习新的沟通方式和体验友爱互助的人际关系，增强其信心，从而更好地适应新的生活环境。

(三)综合运用个案工作和小组工作方法协助新生适应环境

在开学初期，有些学生往往会出现强烈的不适应感，同时伴有其他问题的出现，这可能不是单纯的适应问题，很可能是不正确的自我认识、家庭问题、人际交往方式障碍等原因所导致。这些因素如果不能及时得到有效的疏导和解决，很可能会使问题加深、加重，甚至引发不可收拾的后果。因此，学校社会工作者要善于综合运用个案工作和小组工作，通过组织新生成长小组、个人规划成长小组、青年领袖小组、朋辈互助小组等小组方法帮助学生实现自我认识，确立个人发展目标，规划个人的学习生涯以及职业生涯，从而尽早适应新的环境，实现个人的发展。

二、社会工作对学生生活贫困问题的介入

在一个社会转型的关键期里，当前的社会问题特别是贫富差距问题同样折射到校园里，对学生造成深刻的影响。学生中的生活贫困问题，使他们成为校园里的弱势群体。学校社会工作者对这部分学生应该给予更多的关怀和帮助。

在面对学生的生活贫困问题时，学校社会工作者需要对学生所处的家庭进行一个客观、准确的判断：他是不是来自贫困家庭。可以从以下这些指标对其进行有效的评估：家庭是否是低保户；是否居住在临时或低于生活标准的住房里；父母是否处于失业中；学生是否缺衣少食；家里是否遭遇天灾人祸等。

贫困生可能出现的问题主要包括：因贫困导致的极度自卑心理，认为家庭环境不如别人，被周围的同学嘲笑看不起，自己在校园里抬不起头；反社会人格的形成，认为社会的不公平导致其贫困，产生消极抵制社会的行为，甚至伤害他人、危害社会；为了获得生活费而不得不选择兼职，但却不能很好的处理好工作与学习之间的关系，出现迟到、旷课，从而导致成绩下降等。针对以上的问题，学校社会工作者可以做出相应的介入。

(一)个案工作方法的运用

学校社会工作者可以通过一对一的个案工作方法，了解和掌握学生的基本状况以及面临的困难，帮助其消除自卑心理，逐渐建立起面对生活的信心。同时，让案主认识到“知识改变命运”的价值所在，让其意识到教育在克服贫困，提高生活满意度方面存在的积极作用，帮助学生与辅导员、班主任老师建立良好的亲密关系，让辅导员或班主任给其多一点关照，也可以协助学生在申请助学贷款、奖学金以及贫困补助方面获得一定的倾斜，甚至可以协助学生向校方申请减免部分学杂费等。对于可能存在的一些心理和行为问题，学校社会工作者可以及时对其进行转介，如介绍到学校的心理健康辅导中心，与心理咨询师合作，通过心理辅导，配合行动矫治等方法改善学生的心理和行为偏差。

(二)整合社区资源，改善家庭状况

贫困往往是一个多方面因素综合导致的。在面对贫困学生的时候，学校社会工作者应当意识到贫困生家庭可能存在着各种不和谐因素，这些因素在孩子的成长过程中也会产生

不良的影响。因此，在协助贫困生改善生活需求的时候，学校社会工作者的重点应当放在对这个家庭的帮助上，通过联系家庭所在的社区的社区工作者，对学生家庭进行客观的评估，已所能及地协助其申请当地的低保或者其他政府救济金，为家庭成员申请一些政府或社会机构免费提供的职业技能培训，帮助他们获得一些有价值的就业信息。从而改善学生所在家庭的生活来源。

（三）制定详细的工作目标，分阶段解决问题

处理贫困生问题的长期目标包括：首先，学生和家庭能得到社区和社会的服务，包括社会的、经济的和医疗服务等。其次，家庭进行就业和经济咨询，并整合和运用其他社会资源，从而增加自我依赖。再者，帮助学生参与学校的生活，努力获得学业上的成功。最后，为毕业后的就业做好充分的准备工作，帮助学生做好职业规划，构建就业的核心竞争力。[1]

三、社会工作对学生不合理消费问题的介入

学生中存在的不合理消费问题的形成，原因有很多。既有社会因素的影响、也有家长长期以来没有给予正确引导，同时也有来自学校同辈群体的攀比等因素导致的。针对不同的情况，学校社会工作者应当采取不同的工作模式和方法进行介入。

（一）治疗性个案及小组工作模式的运用

在处理个别极端的不合理消费问题时，如“购物狂”现象的学生可以采用治疗性工作模式进行辅导。治疗性工作模式也称为补救性工作模式，它是采用个案或小组的工作方法修正学生中存在的偏差行为，为他们提供治疗性辅导，其服务对象是心理上及行为上有一定偏差的学生。这种工作模式重点在于治疗和纠正学生的心理、行为偏差，通过一对一的个别辅导或者将有类似问题的学生组织成一个小组，一般采用认知和行为修正模式开展工作。这种工作模式在解决学生“购物狂”心理和行为等问题时效果良好。例如，学生在消费问题上存在的攀比、超前消费等不良行为可以采用小组治疗模式的方法，该种方法在解决学生之间的攀比等问题时效果显著。学校社会工作者可以通过购物经验交流会、沙龙、讲座等形式进行合理消费知识的宣传，以小组互动的方式让学生在团体的力量中获得改变的动力。

（二）家庭治疗模式的运用

随着人们家庭收入的不断增长和生活的不断改善，学生的零用钱也随之越来越多。但是学生尤其是中小学生处于未成年阶段，心智上尚未成熟，在面对物欲横流的社会时往往难以抵挡得住外界的诱惑，因此容易导致在消费问题上的不节制。因此，学校社会工作者在处理中小学生的不合理消费问题时，可以采用家庭治疗模式进行干预。通过与家长沟通交流，争取家长的支持和配合，制定合理有效的辅导方案，在整个辅导过程中加入家长的因素，让家长在孩子消费行为改善上负主要的责任，如让家长合理的、有计划地给孩子零

---

〔1〕 许莉娅.2009. 学校社会工作[M]. 北京：高等教育出版社，198－199.

用钱，共同制定个人消费计划，通过零用钱的控制对其的不合理消费进行源头上的管理；另外，家长在生活中以勤俭节约的作风潜移默化地对孩子进行熏陶，促进其行为的改善。

四、社会工作对学生不良生活习惯的介入

学生的生活习惯问题，对于有不良生活习惯的人，可以使用个案工作的方法；对于生活习惯的养成等问题，可以采用小组工作的方法进行辅导。

（一）采用人本治疗法对吸烟行为的学生进行辅导

学生的吸烟问题不仅不利于其身心健康，同时也污染环境，影响人际关系，严重的甚至酿成火灾等安全惨剧，其行为有百害而无一利。学生吸烟行为的养成主要有一些因素：一是好奇心驱使；二是认为吸烟可以缓和紧张情绪；三是吸烟比较“酷”，是成熟的象征；四是通过吸烟行为获得同辈群体的接纳；五是反抗家长和老师的权威。

对吸烟的学生，学校社会工作者可以采用人本治疗法对其进行辅导。该方法是以案主为中心，认为人本质上是善良的、理智的、可信赖的。这种方法强调的重点是案主的自我觉悟和自我实现，要求社工要有真诚友好的态度，无条件的积极关注案主，尊重案主表达任何意见与情绪的权利，同情和理解案主。具体的实施和介入过程在本章“第三节　案例分享”中将进行详细介绍。

（二）采用小组工作方法帮助学生养成科学合理的体育锻炼习惯

学校社会工作者可以在学校中组织丰富多彩的体育活动，培养学生良好的生活情趣，发展学生的多种兴趣，尤其是帮助学生掌握一至两门有效的体育锻炼方法。学校社会工作可以引导兴趣相同的学生成立体育社团，定期开展体育锻炼；通过在不同群体之间举办体育比赛，如班际篮球赛、足球友谊赛等，加深学生对团体的归属感以及体育锻炼兴趣的养成，使他们养成科学合理的体育锻炼习惯。

第三节　案例分享

一、案例介绍

小峰是广州某农业大学的大一新生，他来自广东河源的农村，家庭经济贫困，入学时没钱交学费。同时，他性格比较内向，有自卑心理，对前途比较迷茫，担心会因交不起学费而辍学。有抽烟的不良嗜好，在经济贫困的情况下却能省吃俭用买烟，身边的同学对此很不理解，有反感情绪，在宿舍出现与舍友关系紧张的现象。

二、社工介入过程

（一）接案：建立关系

在班主任的介绍下，小峰主动地找到了学校社工陈老师。在陈老师的办公室里，小峰显得有点腼腆。陈老师热情地接待了这位同学，并通过摄入性谈话初步了解了小峰面临的

问题。学校社工表示会尽力帮助小峰改善目前所处的状况，并约定下次陈老师到小峰宿舍探访的具体时间。

(二)预估：收集资料

为了更好更全面的了解小峰的情况，学校社工陈老师与小峰进行第一次摄入性谈话之后还约了小峰的助理班主任进行面谈。通过这两次个案访谈，陈老师初步掌握了小峰的家庭情况和在学校面临的问题，归纳起来主要有以下几点：

(1)家庭情况　家庭主要靠父亲养猪作为收入来源；家里有两个妹妹，分别就读小学和中学；母亲身染重病，以药度日。家庭经济非常困难。

(2)学校情况　经济问题：家庭经济困难，没有钱交学费。心理问题：性格比较内向、自卑，对将来的生活没有目标。不良嗜好问题：有抽烟的习惯，上网成瘾。人际关系问题：由于性格内向，不善于主动与人沟通，再加之在宿舍有吸烟的不良嗜好，造成与宿舍同学关系紧张。

(三)计划：问题分析与目标设定

在初步掌握小峰的基本情况后，学校社工陈老师开始对小峰面临的问题进行分析，并制定详细的服务目标。

(1)问题分析　案主(指小峰，下同)的性格比较内向，加上家庭经济非常困难，好不容易考上大学，却没钱交学费，这在一定程度上加重了案主本身所具有的自卑倾向，从而对生活缺乏自信，对未来比较迷茫。

案主的内向性格以及不良的抽烟嗜好造成了与宿舍同学的关系紧张，受到宿舍同学的排斥，生活中被孤立，导致了案主更加的自卑和内向。

(2)服务目标

①总目标　帮助案主充分利用社区(学校)资源解决经济上的困难，同时，引导案主改变吸烟的不良生活嗜好，协助案主找到生活的自信和目标，树立正确的人生观、价值观，培养积极的生活态度。

②具体工作计划

——与案主初步接触，建立良好的专业关系。

——协助案主咨询办理助学贷款的相关政策，并通过贷款解决案主的学费问题；同时，向学校的有关部门反映情况，为案主争取学校的贫困生补贴和勤工俭学的机会。

——针对案主内向自卑的性格，采取循序渐进的工作方式，安排案主参加集体活动，通过谈话及集体活动来增强他的自信心。

——通过单独的谈话，说服案主下定戒烟的决心，联合宿舍同学的力量共同协助案主改变吸烟的不良嗜好。

——在案主的性格有了一定的转变后，鼓励案主积极参加班级或学院的活动，加强案主的社会责任感。

——回顾整个个案服务过程，对案主进行赞扬和肯定，制定未来的服务计划。

(四)实施：人本治疗模式的运用

(1)服务模式　人本治疗法是以案主为中心的治疗方法，认为人本质上是善良的、理智的、可信赖的。这种方法强调的重点是案主的自我实现，要求社工要有真诚一致的态度，无条件的积极关注案主，尊重案主表达任何意见与情绪的权利，同情和理解案主。

（2）服务实施　当案主无法缴纳学费而苦恼之时，案主主动向社工寻求帮助，并向社工倾诉了案主的家庭情况。社工对案主的家庭情况进行了核实，在确认情况属实的情况下，向案主讲解助学贷款的相关政策和手续，向学院的领导以及辅导员反映学生面临的困境，协助案主申请助学贷款解决学费的问题。同时，协助案主向学校勤工俭学服务中心申请兼职机会，在一定程度上解决案主的吃饭问题，解了案主的燃眉之急。

在这件事以后，案主对社工抱有感激之情，对社工开始信任。在一次谈话中，案主主动向社工袒露了心中的苦闷：与同学相处感到困难，特别是与同宿舍的同学关系紧张，甚至有发生口角的经历，感觉同学有意在排斥他，他感到被孤立，生活中很孤独，对生活感到迷茫，对未来没有信心，甚至想到要辍学。

以下是社工与案主会谈的记录摘要：

会谈时间：2010. 10. 20
会谈地点：社工辅导站
参与会谈者：案主、社工

会谈经过	分析与评估
社工：来大学一个多月了，感觉大学的生活怎样？	询问案主对大学生的感受，从而引出话题。
案主：没想象中那么好。	重复案主的话，目的在于明确案主表达的意思。
社工：和以前设想的大学生活有差距？	用开放性的提问，引导案主说出自己的感受。
案主：嗯！	
社工：你觉得哪些方面和以前设想的不同？	运用“同理心”技巧，表示对案主处境的理解，鼓励案主继续说下去。
案主：（沉默片刻）……就是感觉在这里过得很不开心，有时觉得自己很孤独。	
社工：大家来到一个新的环境，有孤独感也不出奇的，重要的是要尽快调节自己的心态，尽快适应。	采用澄清的技巧，让案主把问题表述得具体化点，有利于找到问题的根源。
案主：我已经努力去适应这里的生活了，但是，似乎身边的同学不怎么欢迎我。	
社工：你能说一下具体哪些事让你感觉同学有意在排斥你呢？	
案主：宿舍的同学好像对我有成见，故意冷落我，每次他们在宿舍谈话，我一走进去，他们就马上停止谈话。	
社工：像这样的情况，经常发生嘛？	积极的反馈，向案主证实社工是否听懂了案主所说的话，是否理解了案主的感受。
案主：至少有几次吧。	
社工：所以你感觉到他们在排斥你？	开放式的提问，了解和收集导致案主被同学疏远的原因。
案主：嗯，这已经很明显了。	
社工：你有没有想过是什么原因导致他们不爱和你说话？	
案主：可能是因为我穷吧。所以他们看不起我这种穷人，不爱和我交往了。	澄清的技巧。证实社工对案主问题的理解是否正确。
社工：你自己是不是因为家境贫困，所以在同学面前感到自卑？	
案主：有一点吧。有时候想不读回家算了。	

（续）

会谈经过	分析与评估
社工：其实，每个人的出身是无法选择的，穷并不是你的错，但人穷不能穷了志气，穷了理想，穷了人生的目标。不要因为生活上的贫困而散失了融入集体的勇气。你觉得我这样说，对不对？ 案主：（点点头）嗯……我知道。 社工：所以你不能自暴自弃，更要用功学习，争取拿奖学金，学好本领，以后找份好工作，就不用过穷人的日子了，你说是不是？ 案主：（点点头）嗯。我会努力的。	增强案主的力量，鼓励案主，增强案主积极学习的信心。

从与案主的谈话中，可以知道，案主目前面临的最大困境就是与宿舍的同学关系紧张，糟糕的人际关系以及加上之前经济上的贫困使案主感到生活的迷茫，甚至想到要辍学离开学校。所以当务之急，就是要协助案主找出造成与宿舍同学关系紧张的原因。据案主自己反映，他把与同学关系紧张的原因归咎于自身性格的内向和经济上的困难。起初社工也相信，案主与宿舍同学相处不好，是由于自身性格的内向，不善于与同学沟通交流，加之经济上的困难使其在与同学的交往中缺乏自信，故步自封。但是在后来社工却发现造成以上困境的是另有其原。在一次探访中，社工无意发现案主的书桌上有乘放烟灰的塑料罐。以下是社工与案主宿舍舍友的会谈记录：

会谈时间：2010.10.26

会谈地点：案主的宿舍

参与会谈者：社工、案主的宿舍舍友（用A、B、C分别代表案主的三位舍友）

会谈目的：通过对同宿舍同学的会谈，了解案主身边同学对案主的看法，找出案主与同学关系紧张的真正原因。

会谈经过	分析与评估
社工：大家在宿舍住得习惯吧？ 舍友A、B、C：还好吧。	
社工：嗯，怎么没有看到小锋啊？ 舍友A：他出去了。 舍友B：他经常是“神出鬼没”的啦！	刻意引出会谈的目标对象，将会谈内容集中在案主身上。
社工：“神出鬼没”？ 舍友C：他经常不在宿舍的。 社工：他不在宿舍，一般会去哪里？ 舍友B：鬼知道他去哪里了。平时都很少和他说话的。	运用澄清技巧。希望对方能把问题说清楚点，好利于社工的理解。
社工：大家同一个宿舍，你们平时是不是很少一起聊天？ 舍友A：也不是，我们三个就比较聊得来，和他就不是很合拍了。 社工：你们觉得小锋怎么样？ 舍友C：性格比较内向了，有点孤僻。 舍友B：还经常在宿舍“吞云吐雾”，污染大气。	切入问题要害。因为社工事先从案主那里得知舍友和案主平时很少聊天交往。

（续）

会谈经过	分析与评估
社工："吞云吐雾"，污染大气指的是什么意思？ 舍友 B：（指了指案主桌面上的一个乘放烟灰的塑料罐）……	用开放式提问引导舍友说出对案主的真实看法。
社工：原来小锋有抽烟的嗜好？ 舍友 A、B、C：嗯…… 舍友 A：我们曾经劝他别在宿舍里抽烟，但是他都不听，为此有一次 B 差点还跟他吵起来。	运用澄清的技巧。
社工：因为小锋在宿舍抽烟，污染宿舍空气，你们劝他改过，小锋仍然一直孤行，所以你们都不喜欢他，不愿意和他交往，对吧？ 舍友 A、B、C：嗯…… 社工：你们的意思就是说，如果小锋不在宿舍抽烟，把烟戒掉，你们还是愿意和他交往的，对吧？ 舍友 A、B、C：或许吧……	总结归纳，用重复的技巧，证实社工对会谈内容的理解是否正确。 假设解决问题的条件，是为了下一步让案主融入宿舍埋下伏笔。

通过对同宿舍同学的了解，得知案主有抽烟的不良嗜好。宿舍的同学对此非常反感，但由于大家初来乍到，都是新生，刚来到一个陌生的环境，所以大家对此也敢怒而不敢言。至此，社工将协助案主戒烟作为改善案主人际关系的切入点。在与案主的谈话中，案主说出了自己的心声：高中时候，案主由于好奇，偶尔会抽一下烟耍耍酷；但是来到大学后，因为新环境压力大，加之同学关系又不好，所以就开始以烟解闷。当时社工通过引导案主，让他自己意识到抽烟在经济上、身体上、以及人际关系上对其造成的损失和伤害。经过一番谈话后，案主同意在一个月里把烟戒了。同时，为了更好的促使案主戒烟的有效进行，经过案主的同意，借助同宿舍同学的监督作用，为案主的戒烟从主观到客观上创造了成功的条件。

同时，社工也积极的鼓励案主在班会上发言，让他说出自己的所思所想，并在大家面前给予他充分的肯定。渐渐的，案主开始在同学中变得自信起来。加上他戒烟的成功，极大的改善了与宿舍同学的关系，案主的性格也开始开朗起来，对于班里的事务也变得积极起来。

在一次主题班会活动中，他竟主动献歌一曲，博得了在场同学的一致好评，这些都大大提高了他的自信心。

当案主整个人的形象和精神面貌都有改观后，社工鼓励他参加竞选学生会干事。案主对此表示出了浓厚的兴趣。不久，案主兴奋的告诉社工，他被学生会体育部录取为干事了。这让社工感到特别的欣慰。

（五）评估与结案

服务基本达到预期目标。案主已经获得银行的助学贷款和学校的贫困生补助，并在图书馆获得了兼职的机会；同时，案主也成功的戒掉了吸烟的不良嗜好，与同学的关系极大的改善；从服务的效果来看，案主从对生活感到迷茫，缺乏自信，到对生活充满信心，成功当上学生会干事，这都表明案主的转变工作已显成效。

三、案例分析与思考

个案会谈中注意发挥了“同理心”的作用。案主比较自卑和敏感，所以社工在和他交流时，像朋友一样与他聊他感兴趣的话题，他才慢慢接受了社工。此个案中，同理心的运用起到了十分关键的作用。

运用集体活动营造气氛。在活动中，有的学生比较活泼，而案主则相对比较内向，社工在活跃的气氛中通过其他学生把案主的积极性调动起来，可以促进他们之间的互相协作，发挥案主个人的能力。

及时发掘案主身上的闪光点并进行鼓励。在案主发言和参与班会活动时，社工对他的主动性给予了充分肯定。正是在这样的鼓励下，他在自助的同时，还主动参与学生会干事的竞选活动，意识到要用自己的行动为同学服务，这是“助人自助”理念在这一个案中的充分体现。

本章小结

本章分析了学生生活需要方面的存在的突出问题：生活环境适应不良、生活贫困导致的问题、生活中的不合理消费、不良生活习惯问题等。具体介绍了社会工作理念与方法在学生生活需要问题的介入要点。最后通过案例分享介绍社会工作介入学生生活需要问题的具体过程。

思考题

1. 请列举不同类型的学生在生活需要方面存在的突出问题。
2. 请简要介绍社会工作对学生环境适应不良问题的介入要点。
3. 组织一次小组讨论，谈一谈如何面对和帮助有不良生活习惯的同学。
4. 在班级召开一次购物经验交流会，分享各自的购物心得，帮助大家了解消费的常识，学会采取合理的消费行为。

第七章

学生安全需要与社会工作介入

【案例7.1】

为报复殴打同学

小文今年13岁，是小学四年级学生。小文的爸爸经常打骂妈妈，在小文4岁时，小文妈妈不堪忍受而离家。小文爸爸对小文能够提供基本的生活照顾，但完全不关心她的学习和情绪。小文的同桌小莉有一帮朋友，常常聚集在一起玩，小文也就跟着小莉她们一起，有时候逛街，有时候也去歌厅之类。一次小莉因为参与朋友殴打一名同学被老师批评，她质问小文是否小文告发，小文否认，但是小莉仍然认定是小文向老师告密，小莉不再让小文跟随她们，并且说要教训她。一天放学后，小文在住处附近与小莉等6人遭遇，小莉等人将小文围住，骂她是个讨厌鬼，然后几名女生一人打她一耳光。有人事后将打人事件告诉校方。校方说，小莉等人已经不是第一次打人。小莉说，她是从一年前开始打人的。本来刚上初中也想好好学习，但是成绩不好，老师不喜欢她，父母也经常责打她，她有话也不想跟父母说。只有几个朋友谈得来，这几个朋友叫她去打人，她就去了，每次打完人都很后悔，不过不去又很无聊。

（根据2008-2-2《海峡都市报》改写）

【案例7.2】

校园勒索

小明的父亲在他小学时去世，他6年来一直和母亲相依为命。母亲没有正式工作，依靠给人做零工谋生，母子俩生活较为困窘。今年小明入读某中专后，该校一名高年级同学让他交保护费。小明无钱可交，这名高年级学生与同伙一起在教室外拦截小明，多次搜小明的书包，将他仅剩的生活费拿走，还说不够，几人将小明拖至学校的隐蔽处殴打，要小明尽快筹钱，否则还要打他。小明见母亲劳作辛苦，不忍说出自己的困境。回到学校后，又多次遭到这几名高年级学生的殴打，直到一次小明被打到骨折而入院治疗。在医院里，小明身心煎熬，觉得没有出路。夜里他见周围没人，悄悄打开窗想跳楼轻生，所幸母亲刚好进门发现了他的意图而及时阻止。

（根据2009-12-9 中国广播网 改写）

学生在学校的学习生活中，有可能遭遇校园暴力等安全问题，严重时可能致命，而且在身体上的伤害之外，还可能造成持续和严重的心理精神伤害，学生的安全需要应被充分关注，尽全力予以保护，方能有平静有序的校园生活，也才能有青少年的健康成长和社会的和谐与发展。

第一节　校园暴力概述

校园往往被认为是纯洁的净土，是远离危险和威胁的场所。然而，近年来关于学生人身的伤害事故频频见诸媒体，学校的安全性受到怀疑。学生的安全关系到学生的学习、生活，而学生的安全及健康又涉及千家万户的安宁，也涉及全社会的稳定。给孩子们创造一个健康而安全的成长环境，是学校和社会的共同责任。学校方作为教育活动的主导者，需确保校园的安全，努力为广大学生提供一个安全、健康、和谐的学习和生活环境，使学生免于情绪和生理的痛苦及由此造成的学习困难，促进学生的成才和全面发展。因此，加强学校校园安全问题的研究十分重要和紧迫，同时需要全社会对校园安全问题给予更多的关注和支持。

影响到学生人身安全的因素众多，基本划分为来自校外及校内的两大类。来自校外的伤害有不法侵害、交通事故、食物中毒等。来自校园内部的伤害以引起伤害事故的法律事实是否以当事人的意志转移为标准，可分为意外事故和责任事故。意外事故是由于不可抗力造成的，任何人都没有过错，常见的有由于自然灾害(洪水、台风、地震)引起的意外事故、学生的特殊体质引起的意外事故以及其他无法预料和不可避免的不可抗力所引起的意外事故。责任事故则具备以下几个条件：第一，损害事实的存在；第二，加害行为的违法性；第三，违法行为与损害事实之间的因果关系；第四，行为人主观上有过错。[1] 这里主要谈及责任事故中的校园暴力，校园暴力是影响校园安全的重要因素，并且也是学校社会工作应该特别关注的领域。

近些年来，我国校园暴力现象呈现恶化的趋势，一些重大校园暴力事件，引起了社会各界的强烈关注，仅 2004 年公安机关在全国范围内开展的学校及周边治安秩序集中整治行动中，就破获侵害师生人身财产安全的违法犯罪团伙 1358 个，查破刑事、治安案件 18433 起，抓获违法犯罪嫌疑人 13669 名。[2] 校园暴力的增多也被一些调查研究证实，如一项访问 6000 多学生的问卷调查发现，有 41.2% 的学生遭受过威胁和打骂，31.4% 的学生被勒索钱财，33.3% 以上的学生被偷盗过。[3] 针对深圳市 20 所小学 4 ~6 年级学生的调查发现，1 年中校园施暴行为发生率为 72.51%，其中心理暴力达 71.94%，躯体暴力为 44.31%。[4] 2012 年针对江西 2 所普通本科院校和 2 所高职类院校学生的调查发现，校园暴力发生率为 54.4%，其中心理暴力发生率为 24.5%，财产暴力发生率为 19.4%，躯体暴力发生率为 10.5%。[5] 校园暴力的影响之广泛已经被多项调查研究所证实，在网络传播发达的今天，校园暴力的视频等讯息更加引起人们的注意。

校园暴力行为造成了多种严重后果。首先，除了暴力行为的被害者所受到的直接伤害及潜伏性危机，校园暴力还导致校园被害恐惧感的产生及蔓延，造成学生在校园生活的不安全感。这种不安全感虽然只是一种心理反应，但是危害却不容小觑，它是个人对于犯罪现象的负面情绪反应，一旦恐惧形成压力，就可能伤害个人生理和功能，甚至于造成无能力感，是一种间接的被害。这种恐惧感并不仅仅危害真正在校园暴力中直接遭受侵犯的学生，而是也会发生在其他学生身上，造成更大范围的伤害。这种恐惧感对于学生的学习有

---

〔1〕 孙玉. 2005. 校园安全问题及对策研究[D]. 长春：吉林大学，6 – 10.
〔2〕 姚建龙. 2008. 校园暴力：一个概念的界定[J]. 中国青年政治学院学报(4).
〔3〕 王大伟，余红梅. 2004. 校园警钟声声惊心[J]. 人民公安(10).
〔4〕 张容，孙群露，林爱华. 2014. 小学生校园暴力现况及其影响因素分析[J]. 华南预防医学(4).
〔5〕 温文媛. 2014. 江西省高校学生暴力行为发生情况及诱因[J]. 中国学校卫生(5).

直接及间接的影响，因此校园暴力对于非直接受害者的伤害也不应轻视。[1]

一、校园暴力的界定

“暴力”的概念，学术界没有达成一致，目前国际上普遍使用的定义有两个：一个是D·奥尔沃斯的定义，他认为暴力“是一种侵犯行为，行动者用自己的身体或某件物品(包括武器)使他人遭受(比较严重的)伤害或不适”；另一个是世界卫生组织的定义，认为暴力是“对自我、他人、某个群体或某个社会有意地威胁使用或实际使用体力或武力，其结果是造成、或很可能造成伤害、死亡、心理创伤、畸形或剥夺”[2]。而对于校园暴力，国外及我国港澳台地区对于其概念界定也并不统一。在美国，较有代表性的界定采用的是以校园为中心的界定模式，并且对于“暴力”作较为宽泛的理解，例如，美国预防校园暴力中心将校园暴力定义为：“任何破坏了教育的使命、教学的气氛以及危害到校方的预防人身、财产、毒品、枪械犯罪的努力，破坏学校治安秩序的行为。”美国学者Henry指出，校园暴力不仅指身体暴力或性暴力，还包括由于强行控制导致的情绪和心理痛苦，种族、性别和阶层歧视导致的人际关系伤害，以及集权引起的冲突。[3] 我国学者张璐综合有关暴力和校园暴力的定义，在界定“中学校园暴力”时，强调校园暴力是指发生在校园或校园周边地区的，由学生、教师或校外人员以口头、物体或身体任何部位而发出的，对师生身体、精神、财产等权利造成某种伤害的攻击性行为[4]。张旺认为校园暴力作为暴力中的一种特殊类型，是指发生在校园内外、加于学校成员的能导致身体和心理伤害的行为[5]。

张文新则指出，“欺负”也属于“校园暴力”的范畴，而且还是一种普遍的校园暴力形式。校园暴力不仅是指“遭受到攻击、盗窃或者财产破坏的侵害”，还包括“任何使学生或教师感到害怕或者感受到威胁气氛的情境或行动”[6]。欺负行为是一种特殊类型的攻击行为，它是指力量相对较强的一方对力量相对弱小或处于劣势的一方进行的攻击，通常表现为以大欺小、以众欺寡、以强凌弱。欺负行为与一般攻击行为的区别在于在欺负事件中欺负者与受欺负者之间存在着力量的不均衡性，即受欺负的一方由于自身力量的劣势而难以自卫。此外，欺负通常还具有重复发生性，即欺负者和受欺负者通常会在较长的一段时间内形成稳定的欺负/受欺负关系，受欺负者在一段时间内重复性地遭受来自另外一个或多个学生的攻击。事实上，学校情境中的攻击行为多表现为欺负。就实施欺负而言，欺负通常包括身体欺负、言语欺负和关系欺负三种类型。给同学起外号、语言讥讽、歧视等非典型的暴力形式也普遍存在[7]。

二、校园暴力的影响

据调查，我国中小学生躯体暴力的年受害率约在35%，与世界水平比起来，处于中等

---

[1] 林万亿，黄韵如. 2004. 学校辅导团队工作[M]. 台北：五南图书出版公司，379－380.
[2] 朱晓玉. 2005. 校园暴力与暴力文化的社会学思考[J]. 青少年暴力犯罪的原因探究及预防(9).
[3] 姚建龙. 2008. 校园暴力：一个概念的界定[J]. 中国青年政治学院学报(4).
[4] 张璐，蒋善，王卫红. 2008. 浅谈中学校园暴力事件的心理危机干预[M]. 四川教育学院学报(3).
[5] 张旺. 2002. 美国校园暴力：现状、成因及措施[J]. 青年研究(11).
[6] 张文新. 2004. 学校欺负及其社会生态分析[J]. 华南师范大学学报(社会科学版)(5).
[7] 刘霞，张跃兵，刘传超，等. 2010. 中学生校园暴力现状及干预措施的研究进展[J]. 中国健康教育(3).

水平。15 ~24 岁犯罪占全国犯罪总数的 55%，死于躯体暴力的青少年比例逐步上升，而且，施暴者的年龄还呈现低龄化特点，暴力手段的复杂性和预谋性越来越强。[1] 不同调查显示出学生中被卷入校园暴力的比例差异较大，这可能与对校园暴力的界定之差异有关，但许多调查数据说明，校园中的身体及精神暴力伤害事件并非极少数的个案，而是对相当比例的学生有影响。校园暴力事件除了会给暴力事件的双方带来程度不一的身体上的伤害以外，更值得关注的是，暴力事件会给暴力双方以及与之有关的人带来不同程度的心理伤害，如创伤后应急障碍、恐慌、焦虑、抑郁、人际关系紧张、人格发展障碍等等心理问题，有的还间接导致以后在家庭生活中的暴力倾向。张文新指出，在学校欺负这种校园暴力形式中，受欺负会导致一系列学校适应和情绪方面问题，受欺负的学生会对学校失去兴趣，注意力分散与学习成绩下降，甚至逃学。他们感到自卑、抑郁、焦虑，有时还会产生相关的躯体症状，如头痛、胃痛、失眠、做噩梦。经常欺负他人的学生通常也表现出较多的外部行为问题，包括攻击、多动、过多的干扰行为、注意力不集中，且易受到同伴的排斥。[2] 有的校园暴力是针对学校教师，可能造成教师的身体受伤害、名誉受损及精神上受到打击，对教学士气的打击则可能影响到其他老师。校园暴力事件也会破坏学校的和谐安定气氛，造成学校师生人心惶惶，有的学生甚至产生对学校的恐惧和难以治愈的“学童心理障碍”，会严重地妨害青少年的健康成长[3]。

第二节　社会工作介入要点

一、校园暴力行为的相关理论

学者吴芝仪指出，对于校园暴力事件，许多学术研究领域都进行了长期的观察与研究，其交织出来的图像，显示出校园暴力冲突涵盖面的复杂性。[4] 本节根据学者彭国华的归纳，将主要的相关理论如控制理论、标签理论、亚文化理论、角色扮演冲突理论、道德认知发展理论等概述如下:[5]

(一)控制理论

控制理论认为，当人们与社会的联系薄弱或破裂时，就会产生偏差行为，而当人们与社会之联系紧密时，来自本我的冲动与欲望就能受到控制而产生顺从社会规范之行为。控制理论为 Hirschi 于 1969 年创立。Hirschi 强调少年犯罪行为与四个要素有关：①附着(Attachment)，Hirschi 认为对他人情感的附着是阻止犯罪之主要工具，其基本假设为越附着于父母、学校、同辈团体及传统的社会越不可能犯罪。②责任感或奉献(Commitment)：

---

〔1〕 季成叶. 2007. 预防校园暴力：一项值得高度关注的公共卫生课题[J]. 中国学校卫生(3).

〔2〕 张文新. 2004. 学校欺负及其社会生态分析[J]. 华南师范大学学报(社会科学版)(5).

〔3〕 Ye D Q, Zhu J M, Zhang Y Q, et a. 2004. l A survey on violence among primary and secondary school students in Hefei city[J]. Zhonghua Liu Xing BingXue Za Zhi, 25(1): 6 - 8.

〔4〕 董振华. 2008. 国中校园暴力冲突事件处理方式之研究[J]. 台湾师范大学教育学研究所硕士论文(40).

〔5〕 彭国华. 2005. 少年校园暴力行为研究——以学生对教师之暴行为例[J]. 台湾中正大学犯罪防治研究所硕士论文, 9 - 25.

Hirschi 认为，一个人若投注相当的时间精力于特定的一连串传统活动，例如，接受教育，创立事业，追求荣誉时，他必须考虑偏差行为为他所带来的负面代价。②参与（Involvement）：Hirschi 认为由于时间、精力的自然限制，个人可能因忙于某些之传统活动而间接地降低从事偏差行为之可能性。因为参与某团体活动，会受其工作时数、计划等限制，较无时间与精力从事偏差行为。例如，接受义务教育、应征入伍、参与康乐活动或提早就业，均可藉由时间之消耗，有效地阻绝少年犯罪之机会。④信念（Belief）：信念涉及个人对团体体系之忠诚、信任，Hirschi 认为一个人对团体信念减弱，个人即可能不受约束而违反社会规范，导致偏差行为之发生。因此，为预防犯罪之产生，社会必须提供一个明确的规范，同时个人必须将社会规范内化为自己的价值道德标准。

（二）标签理论

库利的“镜中之我”（looking—glassself）观念，以及米德的理论都强调个人自我形象塑造于人际关系脉络之中，反映社会群体对于个人态度的影响。标签理论的主要特色，是由于社会对初级偏差行为者的负性反应，初级偏差行为者逐步修正自己的行为并对传统道德与权威挑战，终而形成自我实现预言。初级偏差行为是指初次违反社会规范的行为，这类偏差行为对一般社会并未构成巨大的威胁，但却会引起他人的负性反应。次级偏差行为是社会对初级偏差行为反应后，行为人所形成自我形象及角色的修正，而导致进一步的偏差或犯罪行为发生。因此家长、老师、甚至司法工作人员不要随意给偶尔犯错的小孩加上坏的标签，这不仅无助于青少年行为之改善，反而有可能更恶化他们的偏差行为。

（三）亚文化理论

柯恩认为低下阶层社会的青少年因渴望达到中上层社会的生活水平，然而由于本身种种条件的限制使其在学校或社会的竞争中经常遭到失败、挫折，他们本身又无法忍受或妥善处理这种挫折，而产生适应困扰的窘境。面临此困境，他们产生有别于普通社会的另一套价值体系，以克服其社会适应的困扰。然而这些人仅随着其周围同伴团体的价值体系而发展其特有的价值观念，却未接受整个大社会的价值标准。在行动上，他们结合一批面临相同命运及利害与共的少年，共同认定他们不归属于普通正常的社会，而是归属于偏差行为少年的特殊团体，并进一步合理化其偏差行为，形成亚文化甚至组成帮会，共同以反社会行为应付、解决其遭遇的适应困扰问题。

（四）角色扮演冲突理论

“角色”一词指个人在团体中所扮演的职务或必须的行为，也表示个人之间经常互动的关系。个人扮演这些角色的能力，是自幼时即不知不觉地在社会化过程中不断地经由模仿、学习而具备；若不幸在学习过程中因模仿对象缺乏或不良，而发生错误或不当的角色模仿，则势必造成个人日后在不同的情境中无法有效且适当地转换其应扮演之角色，严重地影响社会生活适应。如果每个人在其日常生活中须同时扮演数个角色为事实，那么，犯罪或偏差行为的产生，是因个人本身缺乏角色扮演的能力、无法因应不同之情境而适当地扮演应该扮演的角色的结果。

（五）道德认知发展理论

道德认知发展理论认为，人们之所以会有犯罪行为，是因为其认知推理发展迟滞，而这种认知发展又是由道德所引导，由于迟滞，造成无法同理他人、以自我为中心、缺乏公平正义的价值观。就暴力犯罪少年言，暴力犯罪对暴力行为的认知推理方面有下列的扭曲情形：

①持有一种“自我满足”的道德推理，一种以自我利益为中心的道德认知推理；

②内在“理性的决择与计算”，认为暴力行为是有益的行为方式，暴力行为可造成快速的行为、直接的意思表达、好的名声与利益；

③对“行为伤害的否定”，认为行为伤害没有达到严重伤害程度，以及对方所受到的伤害并非全然为自己的行为所造成的责任，这是一种标准的“中立化”技巧，如此可使他们达到正面的自我意像并消除罪恶感；

④本身的行为动机上多认为“无须考虑后果”，觉得不会被捉，不会被关，此类动机也造成其更坚定行为决择；

⑤“心理发泄”与“无规范”的道德认知判断，藉由暴力行为以抒发内心的不满或获得快乐，以及无视规范、无法内化或认识社会赖以维生之规范；

⑥在“行为严重性”的比较上，暴力少年认为打人比毒品、窃盗等行为要好，且认为“打人”行为没什么不好，这种错误的认知也是支持其持续存在暴力行为的信念；

⑦暴力犯罪少年“否定生命的价值”，认为身体或生命的意义并不重要，其道德认知判断认为暴力行为并不会造成死亡。

二、学生生态系统对校园暴力行为的影响

许多学者都指出，随着当代研究的不断深入，用单一因素或模式来解释所有的暴力行为之局限日益明显，人们认识到青少年暴力的产生和发展是受到各种生理、社会、教育等因素影响的结果。校园暴力的产生需要关注相关学生尤其是校园暴力的“加害者”即高危险群学生的成长经验。黄韵如、李书文指出，人们卷入校园暴力，是整个生态环境所带来的学习累积，从直接紧密影响学生的家庭、社区、同辈、学校等微观系统，到学生并不直接参与但对学生却有直接及间接的影响的诸如宗教信仰、社会舆论风气、教育政策等等宏观系统，都全方位地通过人与环境间复杂的交流影响学生生活。这也正是社会工作专业强调的生态系统理论的观点。[1] 要了解校园暴力的发生原因，必须细致地了解学生所处的生态系统之形态。下面从微观到宏观不同层面对可能影响校园暴力之发生的主要因素进行说明：

(一)个人因素

黄韵如等认为，环境固然对少年可能造成直接间接影响，但是却不能也不应该忽视源自于个人的特质因素，这些源自于个体特质或习惯包含：情绪管理能力较差、对学习缺乏兴趣、感染不良习性(抽烟、吸食毒品、偷窃、打架等)；生理因素如精神疾病(躁郁症、身心症、忧郁症、惧学症等)、其他重大或长期疾病(如癌症)或身心障碍；不良生活作息(如晚睡、沉迷网吧)；喜欢于高危险时间出入公共场所。例如，于深夜或凌晨出入社区公

---

〔1〕 林万亿，黄韵如. 2004. 学校辅导团队工作[M]. 台北：五南图书出版公司，388 - 395.

园；或出入较具争议性或危险性较高之场所。[1] 张卫等据国外的许多研究结果，指出导致施暴者暴力行为的重要的人格和行为因素有过度兴奋、冲动、易怒、偏激、控制行为能力差和注意力障碍等。同时，研究还发现，智力和学校成绩低下也与青少年暴力有关。这些表现如冲动、注意力障碍、低智商和学习成绩低下等可能都与大脑额叶的执行功能缺陷有关，有暴力倾向与没有暴力倾向的男孩之间在认知神经测验和大脑执行功能的多项任务上差异明显。[2] 张文新认为导致“欺负”这种校园暴力形式中的个人因素主要是自我认知的偏差和移情能力的不足，那些经常欺负别人的儿童通常有一种盲目的智力优越感，具有较高的自我认同感和自信；在气质和情感方面，欺负者多脾气暴躁，易被激怒，对一般性的外界刺激反应强烈。一些运用人格量表的研究发现，欺负者可能缺乏某种基本的自控能力，自身行为缺乏理智性，表现出“动作化”人格。另外，欺负者通常存在认知缺陷或持有与社会规范相悖的价值观，他们一般对欺负他人的行为持肯定和认可态度。有的欺负者存在一定认知上的偏差，认识不到欺负对他人造成的危害性后果。或者，虽然他们具有较高的认知能力，但缺乏移情，即具有“冷认知”的特点。他们甚至把支配和控制他人看作社会生活的要求，偏激地认为要想不被人欺负，就必须去欺负和控制他人，因而把欺负作为谋取同伴地位的手段，以实现对他人的控制。[3]

（二）家庭因素

长期以来，有关攻击与家庭因素的大量研究证明，家庭因素与儿童的攻击行为有着密切的联系。不良的家庭教养方式、亲子之间的情感冷漠和过多冲突、家庭暴力、父母消极的社会问题解决方式以及父母自身的行为问题，都会导致儿童攻击行为的增加。而家庭关系相较于家庭结构而言，是更关键的影响因素。少年如果是在较为冲突和紧张的家庭环境中成长，例如，失亲、离异、缺乏爱及支持，则拥有较强的犯罪推力。[4] 此外，父母对儿童的教养方式有着极为重要的影响。缺乏对儿童的监督和管理、使用严厉的体罚惩治儿童，即放任和专制的家庭教养方式，都是青春期和成人期暴力的重要预示因素。家长不正确教育方式会使孩子形成孤僻、冷漠的或孤傲自大等不良性格，有这些心理问题的孩子，面对压力时容易产生攻击行为，对人抵触或攻击。香港大学对 325 名学生和他们家长的调查表明，父母的教育方式直接或间接地影响孩子的性格和行为，尤其是父亲苛刻严厉的教育方式对男孩的攻击行为影响很大。[5] 而家庭结构和经济状况等因素也会对青少年的暴力行为有重要影响。在新西兰、英国、美国的多项研究都发现，单亲家庭长大的儿童出现暴力行为的可能性会更大。与此同时，大量研究发现家庭社会经济地位低与青少年的暴力也有明显关系。[6]

---

〔1〕 转引自林万亿，黄韵如. 2004. 学校辅导团队工作[M]. 台北：五南图书出版公司，390.

〔2〕 张卫，潘绮敏. 2004. 青少年暴力及其预防[J]. 华南师范大学学报(社会科学版)(5).

〔3〕 张文新. 2004. 学校欺负及其社会生态分析[J]. 华南师范大学学报(社会科学版)(5).

〔4〕 林万亿，黄韵如. 2004. 学校辅导团队工作[M]. 台北：五南图书出版公司，391.

〔5〕 Chang L, Schwartz D, Dodge KA, et a. 2003. l Harsh parenting in relation to child emotion regulation and aggression [J]. J Fam Psychol, 17(4): 598.

〔6〕 张卫，潘绮敏. 2004. 青少年暴力及其预防[J]. 华南师范大学学报(社会科学版)(5).

（三）同伴因素

Erikson 的身心发展理论强调青少年发展阶段任务是寻找较稳定的同伴关系，并与同伴建立良好之人际关系，并从中学习人际互动技巧。青少年早期，同伴影响力着重在情绪支持，青少年晚期则对社会化过程有主要影响。当同伴倾向于正向关系，则朋友间会学习分享及合作，以因应外面负面压力或刺激，并讨论源自于家庭的情绪，同时，通过彼此分享及学习以了解他们所共同面对及关心的议题，从中也体会到自己并不孤单。反之，同伴若不是正向的团体，则青少年的偏差行动将在团体互动过程中产生。[1] Patterson 等人的研究发现，儿童六年级时的异常同伴关系对其以后的行为不良有预测作用，有逃学或违纪好朋友的男孩更可能表现出行为和暴力问题。而 Thornberry 等人的研究则进一步发现，青少年处于不良团伙中时违纪行为增多，离开团伙时这种行为明显减少。[2] 黄韵如等指出，同伴因素对青少年有着特别重要的影响，青少年活动多半是呈现团体的形态，彼此在衣食住行各方面都形成相互支援及协助的共同体，鉴于此，在处理青少年议题时，与其单一个案的处理，还不如深入青少年族群，了解其共同性需求、团体动力、价值观念、生活习性等，将同伴团体纳入处遇的范畴中。

（四）学校教育因素

学校是相当重要的社会化机构，如果师生的正向依附关系得到强化，将有助于学生的成长，而这一环境中的不利因素则很可能造成学生的疏离，甚至导致偏差行为及犯罪。有些针对学生疏离感所进行的探讨发现，老师们滥用权威、老师不公平对待学生、学校的严格管教及课业繁重等原因，都是造成学生疏离的原因。青少年在学校里所受的沉重负担、所受的长期挫折，逐渐让那些成绩较差者成为学校教育的边缘人。[3] 此外，研究显示，学校低学习成就、缺乏学习动机、感觉孤独的学生，较有可能与犯罪行为连结，产生较高比率的严重及暴力的危险行为，更可能延伸至成人犯罪。学校通常会标签有上述特质的学生为“问题学生”，而使他们与常规社会分离，部分被标签学生会长期进入追踪系统，呈现被污名化的危机，被认为有潜在的低学业成就、辍学等可能，从而限制这些孩子成就发展的空间。更严重的是，研究发现学校场域常常是学生累积犯罪经验的地方，美国一个全国性调查呈现，有 15% 的 12～19 岁学龄孩子在学校有暴力与财产受害经验，另一个研究显示每年有 19 万件打架在校园发生，有 116000 件偷窃案、98000 件破坏公物、4000 件强暴案、7000 件抢劫案、11000 件有武器的攻击事件。[4]

（五）社区环境因素

学校与社区两者存在依存关系，社区是学校的所在地，更是学校的背景，学校则提供社区目标完成的必要基础，更是左右社区的文化。社区与学校家庭的依存关系也深刻影响

---

〔1〕 林万亿，黄韵如. 2004. 学校辅导团队工作[M]. 台北：五南图书出版公司，392.

〔2〕 纪林芹，张文娟，张文新. 2004. 学校欺负与同伴关系研究[J]. 华南师范大学学报(社会科学版)(5).

〔3〕 彭国华. 2005. 少年校园暴力行为研究——以学生对教师之暴行为例[J]. 台湾中正大学犯罪防治研究所硕士论文，24.

〔4〕 林万亿，黄韵如. 2004. 学校辅导团队工作[M]. 台北：五南图书出版公司，399－407.

着儿童少年的学习及成长，以生态观点来看影响学生问题最重要的因素，除了个人、家庭及学校环境外，就是社区环境。因为社区是学生长期接触的环境，对行为转变形成具有着强大的潜移默化，包括了社区文化、社区环境以及社区治安等，影响着学生的价值观、行为举止、生活形态。

（六）社会体系因素

全方位的生态观点意味着通过人与环境间复杂的交流，提供多元面向的概念基础及较广阔之架构。这一观点认为，社会文化或亚文化脉络影响着上述各层面的发展，更影响学生的价值考量、权力、需求、能力与人生目标，并与其所处之社会与物质环境质量相容，交流产生各种生命课题。不良的社会因素是诱发青少年暴力的可怕土壤。其中，社会的治安和管理如法律对暴力罪犯制裁如逮捕或起诉的程度，是影响青少年暴力的一个重要因素。此外，青少年帮派是暴力行为的主要影响因素，许多研究都表明，当青少年加入帮派后，其暴力倾向会更加明显，因此，国家和社会对酒类、毒品等物品的管制程度也会直接影响暴力行为的发生程度。除上述因素外，社会的发展与变革也会影响青少年暴力行为的发生，由于社会急速变化，人口快速增长，造成资源紧张、失业、竞争、收入不平等问题，青少年产生极度的愤怒、挫折和压抑，也容易造成暴力行为的发生。[1]

三、校园暴力的社会工作介入策略

对于校园暴力的社会工作介入之建议，多基于学校、社区或两者相互连结的模式。黄韵如、李书文指出，对有暴力倾向的高危险群学生应该从以下辅导理念及措施入手进行干预：

（一）寻找校园治安死角，避免负向行为的群聚现象

人们在少年阶段有发展同辈关系的需求，也因此偏差行为少年群体聚集现象特别明显，筛检校园治安死角、减缓偏差少年集中现象对于校园暴力行为有显著预防作用，这一工作中学生是最好的助手，应该加强对广大学生的宣传教育，令学生对校园暴力的概念及危害有清晰了解，注意在学生中收集信息和资料，并教育学生如何自我保护减少被害恐惧感。

（二）进行观察研究了解学生高危险行为模式

高危险群学生有其共同特质、共同生活空间，并且有密集性的互动关系，但是却有相当多校际性的差异，而这些差异可能延伸自社区文化、家庭社经地位、社会文化脉络等，但是更重要的可能是源自于高危险群学生藉由集思广益产生。因此，学校如何有效地积极观察了解高危险群学生的行为模式，并思考解决之道，对辅导是有相当重要的意义辅导概念。黄韵如曾从个案处理实务经验中，针对单一学校学生在一学期之内的勒索行为演进进行整理，发现有“暴力型”“金字塔型”“丐帮式”三种校园勒索模式。暴力型恐吓包含威胁的行为或字眼，然而，“金字塔型”恐吓勒索则是由主要加害者透过与校内学生的非正式关系网络（如干兄弟姊妹、学长学姊、同学等），直接间接“借钱”形成金字塔型的模式，过

---

〔1〕 张卫，潘绮敏. 2004. 青少年暴力及其预防[J]. 华南师范大学学报(社会科学版)(5).

程中甚至分配每个人筹钱的“责任配额”，甚至将可能的筹钱对象非正式列出名册、最高取款金额及取款对象。这些配额、资料则源自于勒索者的经验法则，过程中并没有直接出现威胁性的语言或肢体暴力，但被害者有强烈的“被害恐惧感”，而这类型的受害者有时会陷入“是否被勒索”的疑问中，因此学校重新宣导及定义被害恐惧感在勒索中的角色，就成为辅导的重要介入步骤之一。[1]

(三)针对学生特质掌握高危险群学生指标，提升预防辅导效能

高危险群学生有其共同特质可以进行观察，而掌握辅导时机也是高危险群学生相当重要的辅导关键。综合少年行为因素讨论，常见的高危险群学生预警性筛选指标可以归纳为学生行为特质、家庭互动关系、学校管理三部分进行思考，导师、辅导老师、家长应强化提高警觉性，提早介入辅导。具体方法主要包括从学生行为观察、了解学生家庭互动情况、从学校管理进行评估等。

①对学生的行为观察　彭科莲指出，从已发生的高校大学生暴力犯罪看，犯罪者大都在学习、生活、人际交往中表现出认知、情感及人格等方面的障碍，对其障碍的及早发现及对一般心理问题者进行疏导、对严重心理问题者实施干预，对避免暴力行为将大有助益，因此他建议构建大学生心理问题筛查、跟踪、控制和矫治一体化工作机制。[2] 黄韵如、李书文提议从以下方面进行观察：学生在学校出席是否有异常，如请假、迟到、早退等；学生的同伴关系是否有复杂化的趋势，从微观系统的家庭、班级向宏观系统扩展，呈现出“跨”班级、年级、校际、区域，甚至有校内外的“干兄弟姐妹”的同伴关系；是否在高危险群偏差少年同伴关系中具有领导地位，常出现群体性的挑衅及攻击行为；活动时间地点是否与高危险群青少年活动重叠；是否在金钱方面有较大需求；是否在人际互动中情绪及行为克制力较差；是否常在特定帮派或团体群体活动时间缺席。[3]

②对学生家庭互动情况的了解　包括学生亲子关系，如是否出现冲突、疏忽、虐待等不良互动情况；家庭教育功能，是否对青少年偏差行为及生活作息缺乏约束力，甚至学生曾有逃家经验，不以家庭为主要活动中心；家庭是否突遭变故，如父母重病等。

③对学校管理进行的评估　包括学校环境管理，是否常于校内或附近高危险角落聚集高危险学生团体，对其他学生可能产生被害恐惧感的压力；师生关系是否因教师辅导知能不足、要求过当、沟通不佳而出现冲突；学校过度依赖记过及运用不当管教，缺乏多元弹性教育方案规划，以致无法有效辅导及教育高危险群学生。

(四)整合辅导资源，强化三级预防体系

Walker 等人将学生及学校辅导工作分类为三级预防辅导工作。初级预防个案系指没有严重问题行为的学生，约占全体学生的 80% ~90%，需要学校进行全面性的介入，包含：全面性的情绪辅导、预防暴力行为的方案规划等辅导教育课程，从加强各年龄层预防暴力技巧、行为管理模式着手，以减少需要次级预防辅导的人数。次级预防个案则为危险问题

〔1〕林万亿，黄韵如．2004．学校辅导团队工作》[M]．台北：五南图书出版公司，399．
〔2〕彭科莲．2015．在校大学生暴力犯罪的原因及心理预防[J]．科教导刊(10)．
〔3〕林万亿，黄韵如．2004．学校辅导团队工作[M]．台北：五南图书出版公司，375－377．

行为学生，约占全体学生的5% ~15%，则强调投入较多辅导资源选择性介入，包含：个别性辅导、经常性的观察、行为修正及其他辅导配套策略等，以修正其行为并减少三级辅导的个案。三级预防（tertiary prevention）个案则为长期严重问题行为的学生，约占全体学生的1% ~7%，应进行焦点性处遇（targeted interventions），包含依据案主个别性需求进行深入辅导工作，而更应将服务的层面，深入家庭及社区。事实上，评估学校学生问题严重程度，可以从三级个案分布情形进行评估，而暴力行为学生通常为二、三级个案。[1]

高危险群学生是长时期及全面性问题累积的结果，辅导工作往往困难度高且成效不彰，造成教职员工长期累积辅导压力及对这群高危险学生形成负向的情绪，更限制了辅导成效，因此有效整合校内外资源并配合各种专业工作方法，强化二、三级个案辅导，并将处遇重点提前到预防性的层面将有助于预防学生问题的产生。

（五）个案工作与团体工作并进

个案工作的介入对于任何案主而言，都有其必要性，案主有个别性的问题差异及需求。然而，高危险群学生共同特色之一为同伴关系紧密度胜过家庭学校，再加上青少年群聚在一起时开放程度较高，因此相较于个案辅导而言，团体谘商或活动较易跟青少年建立关系，也更容易深入一些被视为禁忌的问题。但是应该特别注意的是辅导人员必须有足够的心理预备及团体工作经验，否则可能难以控制案主的一些偏差行为议题。

①处遇场域不以学校为限，应视案主需求而定　学校社会工作常见的处遇场域可分为社区为基础、学校为基础、与学校连结三种，以社区为基础是以社区机构为主轴，处遇的对象及进行场所都以社区为焦点，主要锁定在社区中有此类需求的案主群；学校为基础是以学校为主轴，所有方案规划、经费来源及个案都是以校园为主，多半是由学校内的老师、学校社工或辅导人员配合学校辅导计划进行相关处遇；与学校连结，是以社区为基础处遇场域并与学校连结，即将校园外的场所连结到校园内，是前两者间的连结。有些方案会是两种模式的结合或是介于两者模式间。团体工作最重要的部分在于整体活动设计，社会工作所强调的团体方案并不限于一定时间、地点及形式，所期待的是个案的愿意参与及投入，因此青少年聚集的场所都可以成为团体辅导的场所。

②讨论议题以生活适应及生涯发展为主　在辅导内容的规划上，根据高危险群学生常见及后续可能引发的问题，建议朝五大主轴议题进行规划：心理辅导（包括自我探索、家庭关系、亲子关系等）、学校适应（包括师生关系、违规行为、班级适应等）、人际互动（包括冲突管理、情绪管理、礼仪训练等）、预防宣导（包括毒品防制、两性关系、性病防治、犯罪防治宣导等）、生涯规划（包括升学辅导、性向探索、职业取向、技艺训练、就业陷阱等）。

（六）强化青少年正向社会经验，避免负向社会连结

社会连结理论假设每个人都有潜在的犯罪因子，而人之所以自我控制避免违法的原因，在于担心违法行为将会危害其与朋友、父母、邻里、老师及雇主的关系。换言之，倘若没有这些社会连结则人就可能会产生偏差行为或犯罪。社会连结的要素包括依附、奉

---

〔1〕 林万亿，黄韵如．2004．学校辅导团队工作［M］．台北：五南图书出版公司，375－377．

献、涉入、信念等四部分。首先，依附(attachment)是一个(或一组)关于为了得到安全感而寻求亲近另一人的心理倾向，强调强化重要他人与青少年发展良好的正向依附关系，而越是对人及环境有正向依附关系者，越容易接受社会规范。其中，重要他人又以父母最为重要。但是，如果父母丧失功能，那么稳定长期关系下的老师、辅导人员、志愿者等，也可以藉由依附关系的发展影响青少年行为修正。其次，奉献(dedication)是个人以自己与周围的关系为前提，以承诺和感知为基础，自己和他人彼此形成的责任和义务的各种信念。个人投入越多承诺于追求理想目标的同时，从事偏差行为则会使其冒着失去所有投资的代价及风险，因此可能降低偏差行为发生的机会。因此，生涯规划、职业训练等跳脱此时此地压力环境的思考及规划，有助于协助案主追求理想目标，但应注意目标设定应以案主需求为主。再次，涉入(involvement)是指个人被特殊情境或刺激所激发的驱力或关心程度，其强度受到某事物与个人需求、价值观及欲达成目标在特定情境下的相关程度所影响，强调青少年投入常规活动程度越高，则间接降低从事偏差行为的可能性，所以当青少年参与较多的家庭、学校、娱乐活动，则能阻绝偏差行为产生的机会。最后，信念(belief)是相对于怀疑而言的一种精神状态，是一种行动的指南，一种规定，本质就是给人们建立起一种行为习惯。信念有正确与错误之分，正确地获得信念是为了有益于人的行为，如遵守法律及道德规范的程度。青少年越相信应该遵守，则犯罪的可能性越低。

(七)以案主为中心，增强案主改变的动力

高危险群学生多半具有多重性的问题，而问题发生时常具有危机性及时间性，因此辅导应从青少年的现况为治疗的起始焦点，发掘青少年表现及成长历程中的优点，对于青少年减少批判性态度，强调他们的参与让他们更容易与社工一起工作，以增强案主改变及成长的动力，并尊重个别差异及特殊状态，将处遇目标紧扣在短期问题焦点上，建构具体化目标，过程中运用语言带给青少年对未来的憧憬，以强化青少年帮助自己发挥潜能与长处进而解决问题。其中，正向的角度切入对高危险群学生是很重要的，有助于协助他们摆脱成长脉络中过度强化的负向标签。

(八)全面评估案主的生态系统，加强系统间的整合及互动

不论是社会学习或生态系统的观点，都强调任何个人成长与其环境有密切之关联性，而且所有个案之问题绝非单一原因所能解释。高危险群学生辅导工作应该从个案身上发掘、并主动与案主系统中的同伴、家庭、团体、热心邻居等接触，整合出个案周围的正向资源，使其成为个案正向且持续存在的助力，而各种不利个案的资源系统也应被介入，避免对案主正向生活经验的养成造成干扰。其中家庭关系的介入是生态系统中的关键部分，因为家庭系统常常是青少年问题的根源。处遇重点以修正家庭互动关系并重新建立青少年与家庭的正向连结最为重要，减轻青少年与家庭争吵及冲突，强化青少年正向的情感依附，有助增强青少年面对新行为或情绪环境的社会心理能力及自信。

上述建议较侧重对高危青少年的问题处理，学者林胜义从预防性的角度出发，提出了以学校层面工作为基础的一些预防措施的建议：[1]

---

〔1〕 林胜义. 1998. 学校社会工作[M]. 台北：巨流图书公司，253－256.

(1)协助学校加强社团活动的开展　学校社会工作者除本身职责须妥善规划实施辅导活动外，可以协助学校加强团体活动，以培养学生正当的群体关系处理方式与休闲生活，从而有效预防犯罪。此外，社团活动也具有培育学生团体意识，发挥合群、友爱、正当休闲等功能。学校社会工作者可以协助学校训导单位调查学生参与社团活动之意见。并据以规划适合于学生需要的团体活动。同时，在活动规划与实施的过程中，鼓励学生与有关教师共同参与，使学校的社团活动或团体活动确实发挥应有的功能，使学生可以从这些活动中，满足人际关系与正当休闲之需要，不至于流连于娱乐场所，免除犯罪的诱惑。

(2)协助学校与社区开展亲职教育　青少年犯罪的主要原因，以家庭因素及社会因素的影响最大，而家庭因素中又因父母管教不当而致犯罪者人数最多，社会因素则以交友不慎而犯罪者占大多数，因此，加强推行亲职教育以协助家长扮演称职的父母角色(包括关注其子女的交友情形)，可能是预防少年犯罪的基本方法。学校社会工作者可以协助学校与社区规划推展亲职教育方案，就学校的方案而言可具体实施以下活动项目：①定期举办家长座谈会；②定期举办亲职教育讲座；③邀请学生父母成立家长成长团体；④鼓励学生家长参与团体活动的设计与实施；⑤定期家庭访问；⑥办理亲子活动，如亲子运动会、亲子座谈会。

(3)协助学校开放校园办理社区青少年育乐活动　通过社区青少年文娱休闲活动的实施，可以为在校学生与社区青少年提供正当休闲与交谊的机会，从而防范少年犯罪。

第三节　案例分享

一、个案资料

案主小严，男，13 岁，独子。案主目前就读初中二年级，成绩中等。由于父母经商经常外出，案主在 3 个月前从省会城市转学到本校，与叔叔一家一同生活，叔叔家有一个 7 岁男孩。案主过往没有受到过任何纪律处分，平时没有无故旷课情形，很少请假，也没有顶撞老师等行为。案主的父母都是初中毕业学历，开过餐馆，现经营服装生意。案主的叔叔、婶婶是本地企业职工。

二、个案缘起

案主进入本校后，较少与其他同学交往，仅与同班的小林、小东过从甚密，三人经常一同去游戏室玩。某天案主来到游戏室，发现他想玩的赛车游戏机已经有人在玩，案主等了一会，玩机器的人仍然继续，案主上前，问对方还要玩多久，对方不耐烦地说：“关你什么事!”案主威胁说要对方小心点，对方轻视地说，难道还怕你，算老几？案主便离开游戏室，打电话给小林和小东，称自己受了欺负，要他们来帮忙。小林来后，说知道对方是本校的学生小徐。次日，小林将小徐约到教学楼后面的隐蔽处，案主冲出，打小徐耳光，小徐反抗，案主和小东一齐将徐某按倒在地，小东踢徐某的背部，之后叫案主用地上的砖头砸小徐，案主依言抓起地上的半块砖头砸向徐某背部，致小徐受伤。

三、评估分析

学校社会工作者接案之后，与案主的班主任做了会谈，班主任介绍说，案主平时表现尚可，在学习上并不主动，但也能够按时完成作业，及不会缺课。班主任认为案主性格平和，转学到本班以来适应良好，虽然成绩一般，但是不算问题学生，因此得知案主这次事件，颇为吃惊。学校社会工作者又约见案主的叔叔，案主叔叔表示自己对案主不便严格管教，毕竟不是亲生子女，如果干预过多，容易引起反感，因而对案主的生活不好干预，此外还担心案主会带坏自己的孩子。

案主的暴力行为属于严重的偏差行为，这可从人格特质等多个方面因素进行分析。基本上人格特质是由个人的认知结构、动机结构、兴趣、态度与价值观、自我观、品格、感情方面的基础、情绪经验和对刺激反应等各结构的混合，是一个人内在的感受、体会和外显行为举止，两方面调和、统一的特有模式。人格结构影响青少年人格特征的发展与影响个人行为，促成侵略攻击的行为倾向。青少年若幼年与父母关系有伤害或缺陷等，如未能感受到爱与感情之温馨，或者遭受到遗弃、虐待及其他生活的创伤等，会影响青少年人格特征之发展，促成侵略攻击的行为倾向。[1] 案主的父母忙于生意，将案主托付给叔叔照顾，但是案主并未得到适当的、亲密的家庭关系，或许有被遗弃和冷落的感受，其人格特征发展受到负面影响是可以想见的。案主进入新的学校不久，未能建立较为广泛及健康的同伴关系，反而受到有暴力倾向同伴的影响，他们的人格特质不健全，以本我为中心，以本能欲念的满足为重，在他们寻求本能逸乐的满足过程中，容易不顾社会规范而发生暴力行为，且在进行暴力行为时不具有罪恶感，缺乏爱人与接受人爱的能力。

此外，认知发展理论认为，青少年已进入形式运思期，其形式运思潜能，唯有在充沛的教育环境与良好的情绪适应情况下方能达成。行为偏差的青少年通常有较多情绪困扰、低自尊、攻击性强、无法自我控制、自我决定差等人格缺点，某些青少年为祛除内心一时之痛苦、挫折、焦虑，而无法自我控制或采用适当的方式处理面对的失败和挫折问题，反而用暴力的方法解决问题，例如，青少年往往因为不甘于他人辱骂，意气用事而动手攻击以发泄和消除内心的痛苦。较多的生活挫折与烦恼，较为低落的同理心及不能设身处地地为他人着想，使得这些青少年容易使用暴力。[2]

亚文化理论则指出，青少年的暴力行为与其所顺从的价值体系有关。1976 年，M. Wolfgang 及 F. Ferracuti 提出暴力亚文化(subculture of violence)理论，认为在某些社区或团体里，可能因暴力亚文化之存在，致使暴力为现存之规范所支持，并渗入到生活方式、社会化过程及人际关系之中。[3] 案主与其朋友对使用暴力方式报复他人，抱有一种合理化的态度，表明他们接受了暴力亚文化。

四、社工介入步骤

社工与案主的监护人即其叔叔再次晤谈，使其明白这阶段青少年家庭生活之重要性，

---

[1] 董振华. 2008. 国中校园暴力冲突事件处理方式之研究[D]. 台北：台湾师范大学，19.

[2] 董振华. 2008. 国中校园暴力冲突事件处理方式之研究[D]. 台北：台湾师范大学，21.

[3] 彭国华. 2005. 少年校园暴力行为研究——以学生对教师之暴行为例[D]. 台北：台湾中正大学，35.

建议案主叔叔多带案主一起进行家庭活动，增强案主与叔叔家庭的感情联系，即对家庭的附着。并要求案主叔叔与案主父母进行沟通，对案主的管教方式进行清晰的界定，及案主父母不应仅仅通过电话与案主进行简单沟通，需要增加对案主的时间投入，减少案主对亲人的疏离感，用爱与温情支持案主的人格正向发展。

又因案主处于道德发展未完全阶段，其对是非的认识模糊，对他人的同理心低落，加之受到同伴影响，认为暴力是可取的行为方式，社工首先要给予案主单独辅导，为其提供清晰、明确的行为规范，以“价值澄清”的方式内化其概念，协助案主形成正确的认知方式，增强自控力，使案主能够以适当而非暴力的方式解决问题。

此外，社工要引导案主与其他同学交往，及参与其他群体活动，这不仅可以增加案主与正向事件的连结，也可以帮助他投入到更有意义的社会生活中，逐渐建立自己的生活目标，有助于摆脱暴力亚文化的影响。

本章小结

学生在学习与生活中，首先要保障的就是安全，校园内外的安全隐患是多样的，本章着重对学生校园暴力的形式、原因及应对方式做出系统的介绍和说明。校园暴力的形式是多样的，对学生的影响也并不仅限于直接受害的学生，而是会造成普遍的恐慌，因此学校方及学生、家长都应该更加重视对校园暴力的防范、增加对校园暴力的了解。应该说，校园暴力事件的发生，往往是多重因素共同作用的结果，本章对校园暴力的形成与影响因素进行了探讨，并提出了从不同层面着手对校园暴力进行防范和干预的方法和手段。

思考题

1. 什么是校园暴力？校园暴力有什么样的影响？
2. 从社会生态系统的角度分析，校园暴力是哪些因素共同影响的结果？
3. 校园暴力事件与其他的社会暴力事件有何关联与区别？
4. 现有的校园暴力防范措施，存在着怎样的限制与不足？

第八章

学生学习需要与社会工作介入

【案例8.1】

优等生的烦恼

徐松，女，10岁，小学四年级学生，班级学习委员。徐松是独生女，其父亲是某机关的干部，母亲为某单位的会计。徐松从小酷爱学习，遵守纪律，聪明温顺，是老师心目中的"尖子生"，是父母疼爱的"掌上明珠"。父母要求女儿门门功课必须在98分以上，有时算术期考得了97分，父母仍不满意，认为丢掉那3分太不应该。对于孩子的业余爱好，父母也抓得很紧，他们安排孩子参加书画、棋类、音乐培训，把女儿的时间安排得满满的。教师对该生的期望也很高，经常以她的作文为范例，在全班进行讲评。由于父母和教师的高期望和要求，徐松的心理压力很大，学习更加刻苦用功，丝毫不敢懈怠。但从小学三年级下学期开始，徐松逐渐感到力不从心，疲惫不堪，有时一拿书本就觉得头痛．两眼冒金花，课堂上有时也感觉脑袋发晕。

（根据"南京市网上家长学校""小学生学习焦虑案例分析"中的案例改写 http：//www.jiangsuedu.net）

【案例8.2】

突然下降的学习成绩背后

家长会上，张树的妈妈看到儿子的期末考试成绩，吓了一大跳，明年就要高考了，张树的成绩却从原来班级的前10名下降到倒数第10名！会后张妈妈找到班主任了解情况，班主任告诉她，张树近一段时间以来情绪低落，上课时心不在焉，多次出现旷课和不交作业的现象，班主任问他原因，张树似乎有难言之隐，不愿意正面回答，班主任多次提出希望和张树的家长见面，都被张树以父母工作太忙，没有时间为由拒绝了。原来，这个学期，张树的父母因为种种原因经常吵架，甚至当着张树的面大打出手，根本无心顾及儿子的学习和生活，张树也多次和妈妈说心里很烦，不愿意呆在家里，也没有心思上学，但都没有引起张妈妈的重视。

（根据许莉亚主编《学校社会工作》第十章中的案例改写）

【案例8.3】

残障学生的行为问题

萍萍，女，13岁，初一新生。患有近视、斜视、弱视、眼球水平震颤等视力疾病，且不能戴眼镜矫正，被确定为视力残疾。

刚升入初中，进入一个新的班级才三天，萍萍就让老师和同学头痛不已。座位三天换了三次还不满意。要求班主任为其配备助手，帮助记笔记，辅导作业。对帮助她的同学要求又很高，弄得没一位同学愿意跟她坐。要求老师为她准备一个空房间以备她眼睛疲劳休息时用。当要求得不到满足时，就在教室里或和同学吵架，或号啕大哭。对现在的班级、同学极为排斥。几次到校长室告状，说班里的老师、同学看不起她，要求换班级。经常往小学班主任那里跑，要求重新回到小学去就读，弄得小学的班主任也很疲惫。

（根据“海宁教师网”“一位视力残疾学生人格心理辅导的个案研究”中的案例改写 www. hnteacher. com ）

学习是一个复杂的心理过程，它不但受个体感觉、知觉、记忆、思维等智力因素的直接影响，而且涉及情绪、动机、个性、兴趣、态度等各种非智力因素，还与个体所处的家庭、学校、同辈群体以及社区等环境因素密切相关。从上述案例不难发现，不少学生在学习过程中会遇到这样或那样的问题和障碍。那么，学校社会工作作为教育机构和教师之外的第三种力量是如何看待和回应学生的学习问题与需要的，这正是本章所要讨论的问题。

第一节　学生学习需要概述

《中国大百科全书(简明)》将学习定义为获取知识和掌握技能的过程，既包括通过正规的教育和训练获得知识技能，也包括在日常生活和实践活动中积累知识经验。从学习的外延来看，广义的学习包括动物和人类在内的学习活动，狭义的学习是指人类的学习或在校学生的学习；从学习的内涵来看，学习就是主体与环境的相互作用，经过内化而获得经验并外化为行为表现的活动。本章主要讨论在校生的学习问题，因而将学习界定为作为学习主体的学生通过与教师、学校及其他教育资源的互动获得知识，促进身心全面发展的认知和实践过程。学习是教育机构和学生的首要任务，学生的学习受个人、家庭、教师、同学、学校环境等多种复杂因素的影响，及时而有效的回应学生在学习过程中产生的与学习相关的各种需要是学习活动顺利进行的重要保障。学生的学习需要主要可以分为预防及发展性需要和治疗性需要两大类，其中预防及发展性需要包括学业辅导、学习适应、职业规划等，治疗性需要包括矫正学习偏差行为、消除或消减学习障碍等。

一、预防及发展性学习需要

(一)学业辅导

学习不仅可以丰富科学文化知识，更是增强能力和建立自信心的重要途径，学校社会工作有责任引导和帮助学生更好地学习，对学生的学习动机、学习策略进行训练和辅导是学校社会工作的重要内容。学生在学业辅导方面的需要主要包括学习动力的激发、学习兴趣的培养、学习方法的掌握、学习时间的合理安排、学习效率的提高以及良好学习习惯的养成等。

(二)学习适应

学校学习是一个从小学、初中、高中乃至大学的阶段性过程，学习适应性是指学习个体主动进行自我调整，使之与学习阶段和学习环境相适应的过程。大多数学生会随着时间的推移和通过自我调整适应新的学习阶段和学习环境，但也有一部分学生几个月甚至一、两年都存在学习不适应的问题，不适应的时间越长，对学习的负面影响越大，越不利于学生的身心成长。学习适应可以分为两类：一是单纯因学习环境的改变而导致的适应问题；

二是由于学习阶段和学习环境的双重改变而带来的适应问题。转校生属于第一种情况，他们面临的问题有能否被新的同辈群体所接纳、如何理解和遵守新学校的规范与要求，还有对新学校学习的适应，例如，尽管各中小学的教材基本是通用的，但不同地区、不同学校的教师讲授的重点以及所采用的教学方法，往往有所不同，加之地区及学校间在教学条件和教育水平上的差异性，转校生可能需要相当长的时间才能够逐渐适应。对于升学生来说，学习阶段和学习环境都发生了变化，例如，大学的培养目标、教学体制、教学方式、学习方法以及生活环境等都与中学明显不同，不少大学新生往往面临一系列的适应问题，能否尽快地适应大学生活，特别是学习生活，直接影响四年的学业和今后的工作、生活。

（三）职业规划

职业与个人生活密切相关，它是个人物质生活的重要来源，也是个人获得社会身份，参与社会生活的重要途径。在职业生涯的理论研究中，帕森斯的特质因素论指出个人特质与职业选择之间的相关性；罗伊的人格理论重视个体早期经验对以后职业选择行为的影响；鲍丁的心理动力论强调个人的好奇心、精确、权利、表达以及是非价值观等在职业选择上的功能性作用；霍兰德的人格——职业匹配理论认为职业选择与个体的人格类型、兴趣爱好等密切相关。[1] 因而，学校有责任协助学生认识自己的气质、性格、兴趣、特长及能力，培养学生正确的职业价值观，结合学生的职业方向制定学业计划，以确保学生顺利完成学业，成功实现就业或开辟事业。

学生的职业规划需要呈递进式发展，小学阶段，主要是了解个人兴趣、志向以及两者之间的关系，懂得兴趣、能力等是将来学业以及职业选择的基础；中学阶段，主要是进一步了解自己的兴趣、能力、价值观并开始接触不同的职业领域，发掘较合适自己的职业，了解自己喜欢的生活方式与想从事职业的生活方式是否一致，分析个人现有能力，根据未来选择，制定和实施有针对性的能力提升的行动计划；大学阶段，主要是进一步明确自己的职业选择，合理安排时间、精力，学习相关知识技能，积累实践经验，为实现个人职业理想做好充分准备。

（四）特长生学习需求

特长生可分为学习特长生和文体特长生，学习特长生指学生在某一特定领域或某个特定科目上具有天赋，学习表现特别突出；文体特长生指学生具有体育或艺术方面的特长。对于学习特长生来说，要解决好两个方面的问题，一是不偏科，各科目均衡发展；二是充分发展在特定领域或科目上的优势，学有所长；对于文体特长生来说，他们常常忙于训练、比赛或演出而忽略了学习，因而要合理安排好时间和精力，处理好专业特长和学业之间的关系。

---

〔1〕 沈之菲.2000. 生涯心理辅导[M]. 上海：上海教育出版社，28.

二、治疗性学习需要

（一）学习偏差行为

在社会学中，偏差行为是指在一定的社会中，社会成员不同程度地偏离或违反了既有的社会规范的行为，也被称为越轨行为、离轨行为或差异行为等。学习偏差行为是指在校学生不同程度地偏离或违反了既有的学校教育目标和学校管理规范的行为，也称学习差异行为，具体的表现主要有学习动力不足、学习习惯不佳、厌学、逃学等。

（1）学习动力不足　学习动力系统由学习动机、学习兴趣和学习态度组成，三者密切联系、互相促进，贯穿于整个学习过程，明确的学习动机、浓厚的学习兴趣和端正的学习态度是学业成功的前提和保障。一项研究证实，学习动机与学习成绩的关系密切，内在动机与学业成就呈显著正相关，外在动机与成就呈负相关。[1] 而所谓的学习动力不足，是指学生对学习缺乏内在的驱动力量，缺少学习兴趣，对学习采取应付了事的态度等。

（2）不良的学习习惯　学习习惯是在学习过程中经过反复练习形成并发展成为一种个体需要的自动化的学习行为方式。良好的学习习惯有利于激发学生学习的积极性和主动性，有利于提高学习效率，有利于培养学生的创新精神和创造能力，使学生终身受益。不良的学习习惯则影响学业成就的取得，使学生的自我效能感下降，陷入学习困境。不良的学习习惯主要有注意力差、缺乏学习策略、懒惰行为等。其中，“缺乏学习策略”具体表现为不积极寻求适合自己的学习方法、依赖性强、缺少创造性、满足于死记硬背、应付考试、时间计划性差等；“懒惰行为”具体表现为平时不愿看书、不愿动脑筋、怕吃苦、学习拖拉散漫、为自己的懒惰行为找借口、没有压力和紧迫感、缺乏持续一贯的努力等；“注意力差”具体表现为注意力容易转移、不能专心读书、不能集中思考等。

（3）厌学　厌学一般分为两种情况：一是厌学情绪，这种厌学是短期的，能够在短时间内得到改善且不容易复发；二是严重的厌学症，即厌学已经上升到心理及行为层面，并需要采用综合性干预措施才能得到改善。学生可能因为兴趣、情绪、认知、学习基础等主观因素，也可能因为学校或教师、家庭、社会风气等客观因素，亦或者因为主客观因素的交互作用而产生厌学症状，其行为可以分为课堂上的厌学表现、上学态度上的厌学表现、身心方面的厌学表现等。那些有厌学情绪但程度尚不严重，仍能在学校学习的学生常常会出现如坐针毡、烦躁、漠然、发呆或违反课堂纪律、做与课堂无关的事情、迟到早退等行为表现；厌学情绪逐步发展，会出现排斥学校，拒绝上学的情况，如每天上学前紧张、焦虑、称病等。厌学在身心上的表现有头痛、失眠、心悸、情绪低落、抑郁、焦虑、情绪波动大、植物神经紊乱等症状。[2]

（4）逃学　逃学是指学生在上学期间未经老师允许擅自离开学校的行为。逃学行为往往具有反复性和持续性，在一段时间内会多次出现。青少年的逃学行为不但影响其在学校的正常学习，而且逃学青少年在社会上的闲散游荡增加了他们被不良团伙引诱的可能性，易引发违法犯罪等行为。逃学行为与学生个人、学校、家庭和社会四大因素有关，学生本

---

〔1〕 梁淹梅，郭德俊，张贵良．1998．成就目标对青少年成就动机和学业成就影响的研究［J］．心理科学（5）．

〔2〕 李晓凤．2010．学校社会工作［M］．北京：中国社会出版社，166－168．

身的因素主要有生理和心理方面，如身体有缺陷，感觉受到歧视；性格孤僻，缺乏朋友等；学校的因素包括教学方法枯燥、学习压力过大、师生关系紧张、学校规范僵化等；家庭因素主要有家庭发生变故、父母管教不当等；社会因素主要有社会风气不正、社区环境欠佳等。

(二)身心障碍学生学习需要

身心障碍，是指生理上或心理上的某种缺陷，以致造成学习上或适应上的障碍。1985年，我国台湾《特殊教育法》将身心障碍分为智能障碍、视觉障碍、语言障碍、肢体障碍、身体病弱、严重情绪障碍、学习障碍、多重障碍、自闭症、发展迟缓和其他障碍等。1997年美国《身心障碍者教育法案修正案》将自闭症、全聋、盲聋、听力损伤、智能低下、多重障碍、肢体损伤、情绪困扰、特殊学习障碍、语言障碍、外伤性脑伤、视觉损伤和其他健康问题等界定为身心障碍。[1] 身心障碍者所面对的困难主要包括：长期照顾的问题；社区的偏见和排斥；障碍儿童未来有关“性”方面的问题；接受康复训练的问题；独立生活的问题；障碍儿童的家庭的经济问题以及父母的情绪问题、障碍儿童的学前及学龄教育等。[2]

我国 1994 年颁布的《残疾人教育条例》规定了身心障碍人士的学前教育、义务教育和职业教育的安置形式。近年来，随着“回归主流”“融合教育”“赋权增能”等理念的普及，身心障碍学生开始进入普通学校就学，这无疑给学校提出了更高的要求和更大的挑战。学校社会工作为身心障碍学生的特殊需要及所遭遇的困扰问题，尤其是学业低成就的问题，提供必要的协助。虽然身心障碍与学业低成就没有必然的因果关系，但身心障碍学生因为受到生理或技能上的限制，可能影响其学习成就，至少在学习过程中通常比一般学生遭遇更多的困难，有更多的不适应状况。因为身心障碍的类别众多，且个体可能存在多重障碍，生理和心理因素的交互作用，使得身心障碍学生之间的个体差异性很大，不同障碍类型的学生面临的学业问题各不相同，即便是同一类型，也会因受损程度及其他因素而有所差别。此外，一些特殊的学习障碍，如学生因知觉障碍、脑部受伤、轻微脑部功能丧失、阅读障碍及发展性失语症等引起的在倾听、思考、说话、阅读、书写或运算上的能力不足，常常会被教师和家长误解为是脑子笨、学习不努力、精力不集中或故意的“调皮捣蛋”，这类学生不仅没有获得特别的帮助及支持，反而沦为被教训和嘲笑的对象，使得他们的学习成绩难以提高，自信心饱受打击。

第二节　社会工作介入要点

一、相关理论模式

学校社会工作重要的工作内容之一，就是运用社会工作的专业方法帮助学生解决或减轻学习上的困难，使他们更好地完成学习任务。行为主义理论、认知理论，建构主义理论和人本主义理论都对学习的性质、过程、动机以及方法和策略等进行了系统的论述，成为

[1] 李晓凤主编. 2010. 学校社会工作[M]. 北京：中国社会出版社，195－197.
[2] 林胜义. 1998. 学校社会工作[M]. 台北：巨流图书公司，123－215.

社会工作实施的理论依据。

（一）行为主义学习理论

行为主义者认为，学习是刺激与反应之间的联结（S→R），其中 S 表示来自于外界的刺激，R 表示个体接受刺激后的行为反应。他们认为个体在不断接受特定的外界刺激后，就可能形成与这种刺激相适应的行为表现，即学习就是刺激与反应建立联系的过程。

行为主义理论应用在学校教育实践上，要求教师尽可能在最大程度上强化学生的合适行为，消除不合适行为。在教学过程中，教师要积极应对学生的每一个反应，并对学生作出的正确反应予以正确强化。例如，使用正强化和负强化的方法塑造和矫正学生的行为，正强化是指学习者受到强化刺激以后，加大了合适的学习行为发生的概率；负强化是指消除了某种讨厌刺激以后，学习者的某种合适行为发生的概率增加。班德拉接受了认知理论的有关成果提出了社会学习理论，他认为任何有机体学习的过程都是在个体、环境和行为三者相互作用下发生的，儿童社会行为的习得主要是通过观察、模仿现实生活中重要人物的行为完成的。他指出行为的强化方式有三种：一是直接强化，即对学习者作出的行为反应当场予以正或负的刺激；二是替代强化，指学习者通过观察其他人实施这种行为后所得到的结果决定自己的行为指向；三是自我强化，指儿童根据社会对他所传递的行为判断标准，结合个人自己的理解对自己的行为表现进行正或负强化。

（二）认知主义学习理论

20 世纪 60 年代以后，随着认知心理学的发展，学习理论开始重视研究学习者处理环境刺激的内部过程和机制，用 S→O→R（O 即学习的大脑加工过程）模式取代简单的没有大脑参与的 S→R 模式，强调有机体的学习是在大脑中完成的对于人类经验重新组织的过程，主张人类的学习模式不应该简单地观察实施刺激以后的有机体的反应方式，而应该重视学习者自身的建构和知识的重组，主张在教学中要加强学习者有意义学习的比重，运用同化与顺应的方法有效地促成学习者知识结构的建立。

布鲁纳指出学习过程是一种积极的认知过程，他非常重视人的主动性和已有经验的作用，重视学习的内在动机与发展学生的思维，提倡知识的发现性学习。他认为学习的实质在于主动地形成认知结构，每个知识的学习都要经历获得、转化和评价这三个认知阶段。奥苏贝尔提出了“有意义学习”理论，即“认知同化说”，新知识的学习必须以已有的认知结构为基础。学习新知识的过程，就是学习者积极主动地从自己已有的认知结构中，提取与新知识最有联系的旧知识，并且加以“固定”或者“归属”的一种动态过程。

（三）建构主义学习理论

建构主义是当代社会科学中一种具有很大影响但也极具争议的思潮的统称。建构主义的理论源头相当复杂，包括社会学的现象学社会学与常人方法论、心理学的社会建构运动、后现代主义的解构取向和女性主义的性别建构等。建构主义强调知识的政治、历史、文化特殊性而非其普遍性和核心性，即知识是社会建构的，理论具有相对性，事物的价值和意义也是文化的和历史的。

（1）建构主义的学习观　建构主义指出，学习者会基于以往的经验，依靠他们的认知能力，形成对问题的解释，由于学习者的经验以及对经验的信念不同，学习者对外部世界的理解也是不同的。因此，他们更关注如何以原有的经验、心理结构和信念为基础建构知识，更强调学习的主动性、社会性和情境性。

(2)建构主义的教师观　建构主义认为教学不仅仅是知识的传递，而是知识的处理和转换。教师不单是知识的呈现者，也不是知识权威的象征，教师应该重视学生自己对各种现象的理解，倾听他们的看法，思考他们这些想法的由来，并以此为据，引导学生丰富或调整自己的解释。

(四)人本主义学习理论

人本主义是20世纪50年代末60年代初在美国出现的一种重要的心理思潮，主要的代表人物有马斯洛、罗杰斯等。人本主义强调爱、创造性、自我表现、自主性、责任心等心理品质和人格特征的培育，对现代教育产生了深刻的影响。

(1)人本主义的教学目的观　人本主义认为学习的本质是发展人的潜能，教育的根本目标是帮助学生认识到他们自己的独特价值并最终实现其潜能。因而，教师在教学中应重点帮助学生明确学习的目标和学习的内容，营造能促进学生学习的良好的心理氛围，保证学生在充满关爱、支持和安全感的情境中通过教师安排的合适的学习活动，发现学习的价值、意义，使学习者成为充分发展的人。

(2)人本主义的教学过程观　人本主义认为，在教学过程中，应以“学生为中心”，让学生成为学习的主人。人本主义强调在教育教学过程中重视学生的认知、情感、兴趣、动机、潜能等内心世界，尊重每位学生的独立人格，保护学生的自尊心，帮助每位学生充分挖掘自身潜能、发展个性和实现自身的价值。因而，教师在教学过程中尤其要重视学生的情感体验，帮助学生了解学习的意义，建立学习内容与学生个人之间的联系，培养学生自发、自觉的学习习惯，实现真正意义上的有意义学习。

二、社会工作介入的工作取向

学校社会工作与教育专业都实施于学校，都以学生为主要对象，两者之间有许多结合点，在学生学业方面，学校社会工作者和教师都希望通过自己的工作有助于学生的学习，但因专业上的差异，两者的侧重点有所不同，学校社会工作的工作取向有如下特点：

(一)坚持个别化原则，重视学生个别化需求

所谓个别化原则就是将学生看成独特的个体，重视他们对待困难和问题的个人感受与看法，根据每个人的实际情况，运用不同的方法和策略帮助他们达成更好的适应。尽管学生的问题看上去很相似，社会工作者也很可能会把他们分类和组合，然后以一定的模式去处理，但是，个别化的原则仍是非常重要的，因为只有依靠个别化原则才能确保社会工作者对每个个体作出适当、精确的介入。相比之下，教育工作则相对较重视团体利益和团体规范。例如，建明在国外出生长大，三年级时随父母一起回国，转学到一家省级重点小学做插班生。老师发现建明经常在课堂上与同学说话，不举手就回答问题，有时不能按时完成作业。尽管老师了解建明的成长背景，但考虑到学校的纪律和其行为对其他学生的影响，还是当着全班同学的面批评了他。建明感到很委屈，对上学产生了抵触情绪，建明的

爸爸妈妈质疑老师如此做是否伤害了孩子的自尊心？此案例显示，教育工作注重团体纪律，这与社会工作强调个别化的原则，有一定的差距。老师将建明转介给学校社工，学校社工与建明建立了良好的专业关系，在全面评估的基础上，制订了辅导方案。首先，社工采用角色扮演、情景模拟等方法，在轻松的气氛中让建明逐渐理解并接受新的行为规范；接下来，社工与建明的班主任和父母约定，当他能做到遵守课堂纪律或学习取得进步时，老师和父母立即给予表扬和肯定，以巩固他的适当行为，没过多久，建明就完全适应了新的学习环境。

（二）建立平等、尊重的合作关系，充分发挥学生自主性

教师与学生之间的地位与角色差异是不可回避的事实，在传统儒家文化“尊师重教”的情境下，我国的师生关系更多体现为以教师为主导的权威关系，一项调查显示，[1] 尽管中学的新课程改革要求学校将学生视为独立的个体，与教师具有同等的地位，但大多数中学生仍然认为老师处于权威地位，在教学过程中起着主导作用。学校社会工作则重视与学生建立平等的合作关系，强调学生的自主性。在学业问题上，学校社会工作者承认每位学生的价值，相信每位学生都有发展的潜能以及改变的能力，以真诚、开放的态度营造一个关怀、接纳的学习环境，充分发挥学生学习的主观能动性。例如，晓雯从小喜爱唱歌，小学时就加入了市里的“小百灵合唱团”，升入初中后，老师担心晓雯参加合唱团影响学习，认为她应该在学习上投入更多的时间，晓雯陷入了两难，一方面不想让老师失望；一方面又舍不得放弃合唱团的活动，上课时常常走神，学习成绩大幅下降，这样一来，更加坚定了老师的主张。晓雯满腹心事，又不敢和老师诉说，学习和生活都受到了很大的影响。晓雯找到学校社工寻求帮助，社工倾听晓雯的心声，与晓雯交朋友，和她一起制定计划，规划时间，尽量协调学习和业余爱好之间的关系，并鼓励晓雯主动找老师交流，大胆讲出自己的想法，使晓雯能够自己解决问题。

（三）重视过程，关注学生多面向的改变

教师较重视学生的学习成绩，通过定期举行月考、期中考、期末考等考察学生的学习情况，通常那些学习成绩突出、遵守学校纪律的学生就是教师眼中的“好学生”。而学校社会工作者则更注重学习的过程，结合每一位学生的智力、能力、性格特征、学习基础以及家庭环境等实际情况，致力于促进学生在学习过程中认知、态度和行为的正向改变以及其他方面的改善。有些学生在接受了社工的辅导后，学习成绩并没有明显的变化，但这不能说社工的介入是无效的，因为在社工看来，学习成绩仅仅是评量成效的一个方面，学生的心理健康和社会功能方面的进步更为重要。例如，嘉良的父母常年在外经商，他从小和祖父母一起生活，养成了内向、胆小的性格。上小学时，爷爷奶奶还有能力辅导他的功课，到了中学，爷爷奶奶就帮不上忙了，嘉良在功课上越来越吃力，成绩始终徘徊在班级的最后几名。嘉良变得沉默寡言，独来独往，很少参加学校的活动，老师让学习成绩好的同学帮助他，也被他拒绝了。刚开始来见社工时，嘉良几乎不敢与社工进行眼神的接触，说话声音小到几乎听不到，社工与嘉良交朋友，用真诚和关怀打开了他的心扉，社工对嘉良进

---

[1] 周文莉，王军. 2009. 新课改背景下的中学生师生关系调查[J]. 教育测量与评价(理论版)(4).

行人际关系脱敏训练和自信训练，创造机会和有利的环境让嘉良迈出与人交往的第一步，渐渐地嘉良变得开朗了许多，尽管学习成绩尚不如人意，但他开始接受老师和其他同学的帮助，有时还能够主动向老师同学请教问题。

三、社会工作的介入策略

学校社会工作应对学生学习需要的策略可以概括为与学生一起工作、与家长一起工作、与教师及学校一起工作、与社区一起工作四个方面。

（一）与学生一起工作

学生是学校社会工作最重要的介入点，与学生一起工作就是社会工作者秉承“助人自助”的基本理念，运用专业理论与方法，协助学生解决及预防问题，强调学生的参与、自决和能力建设。学校社会工作者在开展工作时应遵循自愿的原则，一般来说，接受学校社会工作服务的学生有两种来源：一种是学生自己主动找到学校社工寻求帮助；一种是由老师、家长或其他机构的社工转介而来。如果学生不愿意，不可以强迫，即使老师、同学都认为某某学生需要接受社工的辅导或服务，也要尊重学生本人的意愿，可以通过建议、提醒、沟通和协商等方式使学生自愿接受辅导或服务。社会工作者不是替学生做决定或“包办代替”，而是充分调动学生的主观能动性，协助处于困境的学生了解和接纳自己的长处与不足，挖掘自身的潜能，提升他们解决问题的能力，以有效适应学校生活和社会环境，满足其需求与期望。

在与学生一起工作时，社会工作者应避免“德育化”“心理化”和“形式化”三个问题。“德育化”是指学校社会工作混淆了与德育教育的区别，成为学校德育教育的翻版；“心理化”是指狭隘地理解学校社会工作，简单将其等同于心理咨询或心理治疗；“形式化”是指学校社会工作没有落到实处，仅仅作为一种展示而存在。

（二）与家长一起工作

家庭是社会化最基本的单位，是培养孩子的重要场所，对孩子的生活及人格发展有重要影响，同时，家长也是学校社会工作最好的资源。学生的学习成就受家庭的教育方式、家庭关系、家长的观念与行为、家庭文化氛围等因素的影响，一项调查结果显示，[1] 家庭因素与学生的学习效能高度相关，学习困难青少年的父母受教育程度和职业层次都低于对照组；父母的情感温暖和理解因子以及家庭在亲密度、情感表达等方面的评分也都明显低于对照组。因此，在回应学生学习需要方面，学校社会工作的策略包括与家庭建立同盟，通过约见家长或家庭访问，进一步收集家庭的有关资料，以便做出更准确的诊断和处置；与家长一起分析孩子学习问题产生的原因，引导和协助家长对家庭教育方式、家庭沟通方式等进行反思和改变；与家长签订“帮助孩子学习契约”，促进家长帮助孩子有效学习；请家长密切关注孩子在家时的行为变化，及时与社工沟通；督促家长为孩子创造安静、舒适的学习环境；与家长一起协助孩子养成良好的学习习惯；帮助孩子调整不良情绪，保持良好的心理状态等。此外，学校社工还为家庭链接资源，例如，当发生学生因家庭经济窘

---

〔1〕 汪翠兰，陶芳标，樊嘉禄．2008．学习困难青少年学生的家庭因素调查研究[J]．卫生研究(2)．

困，无力缴纳学费而中途辍学的情况时，学校社会工作者及时介入学生的家庭，协助他们寻找社会资源，改善不利的条件，使学生重返课堂。

学校社会工作还特别关注那些来自特殊家庭的学生，包括来自单亲家庭、继父母家庭、贫困家庭、残疾人家庭、服刑人员家庭、药物滥用者家庭、流动人员家庭的学生以及家庭发生突然变故的学生等，预防不利的家庭因素对孩子的成长可能造成的负面影响，为有需要的孩子及家庭提供物质和精神层面的支持与帮助。

（三）与学校及教师一起工作

学校是学生学习知识的重要场所，也是开展学校社会工作的主要阵地。安全舒适的校园环境、良好的校风、民主开放的校园氛围令学生对学校产生认同感和归属感，有利学生的学习。学校社会工作者与学校有关部门积极沟通，与学校一起建设优良的学习环境，包括减轻学生课业负担，提倡体验式学习和快乐学习；建立学生评价的多元指标体系，鼓励学生全面发展；积极催进教学改革，提高学生的参与度；改革学校不合理的规章制度，维护学生权益；营造平等、尊重、民主的校园文化，让学生在支持性的环境中学习知识，健康成长。

一般而言，教师与学生的接触时间最长，也最清楚学生所遭遇的困扰，教师是学生个案的转介人，可以为学校社工提供有关学生个案的详尽资料，教师的积极参与是学校社会工作者的服务方案得以顺利实施的重要保障。因此学校社会工作者必须主动与教师沟通，与教师达成共识，共同制定介入目标，并进行分工合作，例如，在对学业低成就学生的辅导中，学校社会工作者一方面协助教师实施有针对性的教学策略，一方面对学生进行心理建设、行为改变和环境改善，学校社会工作者与教师通力合作，实现学生持久性的改变。

（四）与社区一起工作

社区是学生长期接触并身处其间的中观环境，社区文化、社区环境和社区治安等都会对学生的价值观、认知态度和行为举止产生潜移默化的影响，中国古代就有“孟母三迁”的典故。社区秩序井然、居民关系和谐不仅有利于青少年的成长，也为学校社会工作的开展提供了更多的环境资源。与社区一起工作是指学校社会工作者跨越学校地理位置的限制，把学校和社区连接起来，一方面将对学生的工作扩展到社区中；另一方面也将社区资源引入到学校。一般来说，社区的资源包括人力资源、财力资源和组织资源等，人力资源方面，学校社工通过社区宣传、社区教育等方式，动员居民群众关心和参与青少年事务；财力资源方面，学校社工鼓励社区居民、企事业单位对困难家庭的学生进行捐助；组织资源方面，学校社工与社区相关机构合作，向他们咨询或者转介，建立学校—家庭—社区的支持网络，形成合力，共同促进学生的成长。

第三节　案例分享[1]

一、个案基本情况

文辉，男，16岁，轻度智力障碍，语言表达能力较差，但不影响交流。文辉自小体弱多病，身体协调性较差，发育迟缓，经有关部门的智力测验被认定为轻度智力障碍儿童。他一直在普通小学就学，但学习能力差，跟不上同龄人。后进入普通中学学习，由于学习吃力，一年后转入现在就读的某初级职业技术学校。

文辉的的家庭经济情况较好，父母离异，文辉和母亲一起居住。文辉的父亲是经营娱乐场所的商人，因为工作时间的关系，父亲与文辉相处的时间不多，后来父亲成立了新的家庭，父子见面的次数就更少了。出于愧疚，父亲经常给他大笔的零花钱。母亲虽然照顾文辉的起居饮食，但一直忽视他的感受，当文辉犯错误时就用打骂惩罚他。

文辉常常感到孤独和寂寞，他养成了无休止反复给同学打电话的不良习惯，同学不堪其扰，对他的行为很反感，同学的拒绝令文辉感到自己在班级里受到了孤立。父亲的某些言行让文辉认为工作是件很轻松的事情，就和玩一样，从而产生了学习无用的思想，后来他又迷恋上打电子游戏，从而更加无心向学，表现为经常无故不来上课，多次要求退学，打算到社会上工作。虽然经家长和老师的劝说后，又回到学校上课，但他的注意力经常不集中，情绪不稳定，常常在课堂上发脾气。

二、社工介入过程分析

个人、家庭和学校三方面的因素导致了文辉的问题，因此，学校社会工作者从这三个方面入手改善文辉的状况。

（一）改善案主家庭环境

文辉的家庭缺少温暖和关爱，他不愿意呆在家里。学校社工介入文辉的家庭，首先以其母亲为突破口，开始时，文辉的母亲认为自己是无能为力的，只能靠学校老师的教育。经过社工与其母亲多次的沟通后，她逐渐转变了思想，愿意与社工合作。社工要求母亲延长在家陪伴文辉的时间，多聊一些他感兴趣的话题，多关心他的学习与生活，当文辉犯错误时尽量耐心地教育而不是采用打骂的方式。文辉比较崇拜父亲，认为父亲没读过什么书，也能赚大钱，解铃还须系铃人，社工让其父亲一有机会就对他进行学习重要性的教育，社工鼓励其父亲多抽出一些时间陪文辉做作业，和他聊天，做游戏。家庭教育环境得到一定改善以后，文辉外出打游戏的频率少了，在家的时间长了，随意给同学打电话的时间和次数也减少了。

（二）改善案主人际关系

文辉由于随意打电话影响了与同学的关系，在学校得不到同学的认同和接纳，就更不

---

〔1〕 本案例改编自何晓莹，张福娟，周颖芳.2005．轻度弱智少年厌学情绪辅导的个案研究[J]．中国临床康复(8)．

愿意上学，社工针对这一情况对班级的同学进行了教育。首先，社工与班上的同学一起分析文辉的行为背后的原因，频繁的打电话是因为他很孤独，他其实是很想和大家进行交流的，只是方式不对，大家应该理解和关心他；其次，社工号召同学帮助文辉，建议大家多和文辉交流，让他感受到集体的温暖。社工鼓励同学们放学后给文辉打电话问候他，但要求每个同学给他打电话时控制时间和次数，让他既感到集体的温暖，又让他有机会向其他同学学习正确的行为方式。

（三）对案主进行情绪疏导

文辉从小缺乏安全感，情绪常常不稳定，但又缺少表达情绪的正确途径与方法。学校社工鼓励文辉每当心情不愉快时就利用班里的“心情调色板”将自己的真实想法写出来，以便及时对他进行心理疏导。心情调色板分为“开开心心”“平平淡淡”及“心事重重”三个板块，文辉常在“心事重重”里留言，如“今天我的心情很差，我不想回家了”“我不想读书了，我想去爸爸的公司做服务员，我觉得还是工作比较舒服，还可以有钱赚。”，诸如此类的话。每当看到这样的留言，社工就及时找他谈心，关心他，帮他出主意，并教他疏导不良情绪的方法如自我暗示、书写发泄、运动发泄等。经过一段时间的心理疏导，文辉慢慢喜欢上了这种方式，遇到不顺心的事情就在“心情调色板”上写下来并告诉老师和社工，让老师和社工一起帮他想办法解决。

（四）矫正案主不良行为

针对文辉乱花零钱，随意打电话，痴迷电子游戏等不良习惯，社工敦促家长与文辉签订“行为契约”，其内容为：每天打电话给同学的次数不超过 2 次，每次限制在 3 分钟以内，坚持一星期就奖励他周末做自己喜欢的事情，如打电子游戏或外出游玩，做不到就撤销这些活动；让父亲每月控制给他零花钱的数目，文辉必须记账才能得到下个月的零花钱；在他上学期间，严格限定他去游戏厅或父亲的工作场所玩耍的时间和次数，这些情况由其母亲记录，并尽量由其父亲对他进行奖惩；契约实施的第一周，文辉基本能按规定完成任务，且他的情绪也比较愉快。但在第二周和第三周执行时，文辉的行为出现了反复。经过社工、文辉、文辉父母三方的讨论与协商，在第二份契约中，社工加强了老师的作用，同时加大了文辉的参与度，给予他更多的自主空间，内容修改为：如果文辉一周内能按规定完成任务，周末可获得额外奖励，奖励形式和内容由文辉自己提出；若不能坚持按照契约去做，出现长时间打电子游戏或多次逃学现象，就由老师进行惩罚；如连续四周表现良好，老师会在课堂上表扬文辉。第二份契约的执行总体上较为理想，中间虽然也有小的反复，但通过文辉本人、社工、家长、老师的协商都得到了较好的解决。

（五）树立案主自信心

社工从优势视角出发，挖掘文辉的优点，因势利导，树立他的自信心，使他重新对学校产生兴趣。社工发现文辉比较喜欢体育活动特别是篮球，就鼓励他多参加学校篮球队的活动和比赛。渐渐地，他越来越喜欢篮球，在家时也会找时间和场地练习投篮。随着兴趣的转移，他进游戏厅的次数也少了。文辉喜欢画画，社工与老师商量，让文辉负责每月班报的美工。文辉每次都能较认真的完成工作，老师在班会上表扬他，令他非常开心。有一次，文辉去了父亲的工作场所玩，回来后又产生了离开学校，到社会上找工作的念头，社工与他谈心，“在学校你可以和同学一块学习、打篮球、出班报，如果去工作就不能像在学校里一样了，你愿意选哪一种呢?”第二天，文辉准时回到学校上课。

三、介入效果

经过社工近一年的介入服务，文辉与父母及同学的关系都有了明显的改善，他逃学的次数大大减少，已经能基本正常地投入到学校生活，情绪状态也明显好转，很少表露出过去的“再也不想读书了”的厌学情绪。尽管目前学习比较紧张，但他能较好地适应，在最近的几次职业测验和考试中，他的成绩比以前进步了，这又大大增强了他学习的积极性和自信心。

四、反思与讨论

厌学问题的产生是个人与环境交互作用的结果，因而介入服务可以从两个层面着手：一是改善环境。例如，社工发现文辉厌学的主要原因之一是亲子关系紧张及不良的家庭教育方式，因此社工从家庭入手，改善亲子关系和家庭教育环境，争取家长的配合，为文辉行为的改变创造一个积极的家庭环境和氛围。同时，要改变厌学学生对学习的认知和态度，还需要学校环境的改善，老师和同学的帮助，使文辉感受到学校的温暖，产生了上学的信心和兴趣。家长的关怀、老师的重视、同学的友好，营造了一个想学、乐学的氛围，消除了厌学学生被抛弃、被歧视的感觉，使厌学学生对学习由厌恶感、恐惧感变为愉悦感、舒适感。二是促进厌学学生自身的改变。例如，社工在纠正文辉的不良行为的同时关注他的感受和情绪变化，采取积极倾听，引导宣泄和表达同感的辅导策略，运用认知行为疗法帮助他认清头脑中的错误信念，建立正确的信念和行为模式，并不断予以强化，让他在前后比较中接受自我，树立信心，相信自己是一个有能力、受尊重的人，改变自己无能的观念，增强自我效能感，从而克服厌学的心理障碍。

本章小结

本章首先对学生的学习需要进行了分析，将学习需要分为预防及发展性需要和治疗性需要两大类，其中预防及发展性学习需要包括学业辅导、学习适应、职业规划等；治疗性学习需要包括学习偏差行为、学习障碍等；然后对社会工作介入学生学习需要所依据的行为主义学习理论、认知主义学习理论、人本主义学习理论和建构主义学习理论等相关理论一一进行了介绍；接着阐述了社会工作在回应学生学习需要时的工作定位以及“与学生一起工作、与家长一起工作、与教师及学校一起工作、与社区一起工作”的介入策略；最后，通过一个轻微弱智少年的厌学辅导案例，说明了开展社会工作的基本思路和主要做法。

思考题

1. 学生的学习需要主要有哪些？
2. 学校社会工作者与教师在对待学生学习需要上的差别有哪些？
3. 学校社会工作回应学生学习需要的基本策略是什么？
4. 学生的学习需要与其他需要之间的关系是什么？

第九章

学生心理需要与社会工作介入

【案例9.1】

走出焦虑情绪的困扰

刘某，男，16岁，高一新生，生在三口之家。父亲是一个私营企业的老总，母亲协助父亲，两人均初中文化，经常出差在外，家庭基本和睦。求助者性格内向，文静，不顽皮。父母对其管教比较严格，从小学习认真，小学和初中成绩一直很好，在父母和老师眼里是个聪明的“乖孩子”，爱好数学、地理，喜欢篮球运动，但平时与同学交往不多。中考前某天得到奶奶过世的消息，请假回家一周。中考时发挥失常，成绩一落千丈。初中毕业后勉强进入吴江一所重点高中。中考成绩比录取分数线低很多，父母出了不少赞助费才使他进入这所学校，因此他觉得自己很差。入学后不愿和同学交往，没有什么朋友；暗自下定决心调整自己，刻苦学习，坚持了一段时间，但成绩上不去。开学两周内英语默写多次重默；一天语文课开小差受到老师严厉批评，他为此心烦意乱，课堂上提不起兴趣，注意力不集中，做作业效率低下，临近月考经常思考“考不好怎么办”之类的问题，坐立不安，闷闷不乐，晚上心慌，入睡困难，醒后觉得不解乏。

（根据2010年第21期《中小学心理健康教育》辅导个案改写）

【案例9.2】

越来越“愤怒”的我

不知道从什么时候开始，我发现自己越来越像所谓的“愤青”了。以前的我是个特别单纯、特别善良的好孩子，从小父母疼，老师爱，学习成绩也一直不错。我有很多梦想，除了偶尔厌恶学习、厌恶班里的某个同学，基本上还是非常乐观的。我喜欢我所处的环境，也习惯了我所处的环境。我一直觉得自己是个幸福的孩子。也许，是上网上多了，或者，是随着年龄的增长，知识面、眼界都开阔了，现在，我总觉得这个社会、这个世界变得不再美好。对周围发生的一些事儿，我的内心也开始产生一种说不出的反感。不说别的，就说在学校吧。前两天，期末考试成绩排名出来了，我觉得很不爽，那几个作弊的同学，竟然排到了我的前面。我不认为老师会不知道他们的所作所为，事实上，全班都知道。可是，他们的排名还是没有改变。看到他们那种得意的神情，我很愤怒。五一假期，我去参加了初中的同学会。我们一帮老同学基本上半年聚一次，吃吃饭，唱唱歌，打打牌，说实话，也没什么太大意思。如果我想跟大家好好探讨些有意义的话题，反而会被嘲笑。本该很有思想的中学生却变得这么世故又这么无聊，到底是因为什么？我很愤怒，却也很无奈。班里很多同学疯狂地迷恋郭敬明，而我却喜欢看韩寒的东西。因此，在班里我总是显得有点格格不入。我纳闷的同时也很愤怒。2008年四川地震我捐了10元，而这次玉树地震，我却一分钱都没捐。我不是缺钱，只是在看了很多报道之后，怀疑自己的爱心能不能真正帮到灾区的同胞……还有最近在网上爆出的一系列残忍伤害学校儿童的案子。看了这些报道，我感觉毛骨悚然，后背一阵一阵地发凉。这些让人摸不着头脑的人和事，到底都是怎么了？也许，这个世界本就没这么美。

（根据2010年第Z1期《中学生天地（B版）》个案改写）

【案例9.3】

如何解决孩子嫉妒的问题

小明升入小学后的一天，爸爸发现他回家后很不开心，他说："爸爸，我明天不想上学去了。"爸爸好奇地问道："是不是同学对你不友好啊?"结果他说："不是，我觉得老师不喜欢我，喜欢小芳和小兰。"原来，那天他们上教学观摩课，别的班级的老师、学生参加了这堂课。课堂上老师点名提问，小明多次举手老师却很少让他回答问题。他觉得自己没有受到重视，因为嫉妒，所以对老师和同学产生了排斥的心理。为了开导孩子，爸爸问道："小芳和小兰她们回答得好不好?"他说："挺好的，可是我也会啊!"爸爸又问："今天听课的老师和同学夸奖你们班了吗?"他说："嗯，夸我们班可棒了!"爸爸说："你们班得到夸奖，这里面也有你的功劳。老师提问小兰她们，一定是因为她们更能体现出你们班的优秀啊！难道你不为此感到光荣吗?"小明想了想说："原来是这样啊！我还以为老师不喜欢我呢。"

（根据2010年第02期《家庭教育(中小学生家长)》个案改写）

近年来，国内的心理学和教育工作者对中小学生的心理健康状况做了大量调查研究，发现当前我国中小学生心理健康状况不容乐观。小学生有心理和行为问题的占总数的10%左右；初中生占15%左右；高中生约为19%。[1] 他们普遍存在着嫉妒、自卑、任性、孤僻、焦虑、逆反心理、情绪反常、神经衰弱、社交困难、学习不良、学校恐怖、吸烟酗酒，乃至自杀、犯罪等心理行为问题。尽管调查采用的量表和问卷各不相同，得到的数据也有较大差异，但中小学学生存在着较明显的心理行为问题是客观事实。因此，要预防、减少和解决青少年学生心理健康问题，提高他们的心理素质，就不能忽视学生的心理需求。

第一节　学生心理需要概述

随着我国社会变革的纵深开展，社会竞争日益加剧以及家庭教育和学校教育某些功能的相对滞后，许多学生出现了不同类型、不同程度的心理与行为问题，如厌学、焦虑、抑郁、攻击、任性、自卑等。[2] 中国人口宣传教育中心2010年对部分省市大中小学生人格状况的调查研究显示：我国有近3000万青少年受情绪等问题困扰。其中，有84%的受访初中生表示会有难过、压抑和焦虑等不良情绪；有近半数的小学生近期都感受到愤怒、羞愧、委屈和丢脸等不良情绪[3]。情绪困扰不仅严重影响青少年的学习和生活，还时刻威胁着他们的身心健康。

---

〔1〕俞国良.2001. 我国中小学心理健康教育的现状与发展[J]. 教育科学研究(7).

〔2〕韩仁生，李传银.2008. 教育心理学[M]. 济南：山东人民出版社，365.

〔3〕中华人民共和国中央人民政府网：http：//www.gov.cn/jrzg/2010-12/12/content_ 1764090.htm.

一、学生常见情绪困扰

压力，是指刺激引起的伴有躯体机能以及心理活动改变的一种身心紧张状态。[1] 在大多数情况下，有压力就会有情绪反应，反过来，有情绪变化，即使是积极的情绪，通常也会导致压力，因此，压力和情绪其实是同一现象的不同方面。[2] 青少年的压力根源可归纳为三大类，即日常困扰、人际困扰和学校生活压力。在我国主要表现为校园压力。[3] 校园压力源与其他压力源交互作用引起青少年学生种种情绪困扰：[4]

（一）焦虑

焦虑，是指一种复杂的综合性的负情绪，是青少年在社会生活环境中对可能造成心理冲突或挫折的某种事物或情景进行反应时的一种不愉快的情绪体验，即预期到一些可怕的、可能造成危险或需要付出努力的事物或情景将要来临，而又感到对此无法采取有效的措施加以预防和解决时心理上产生的期待情绪。表现为不明原因的焦虑和不安。有严重焦虑反应的青少年会突然感到害怕，仿佛有什么不幸的事情即将发生。他们会变得心神不宁、烦躁不安、容易受惊，还会出现诸如头昏眼花、头痛恶心或呕吐等症状，注意广度受到限制，还可能出现精神错乱。被焦虑所困扰的青少年内心感到紧张、着急、惶恐害怕、心烦意乱、注意力难以集中、思维迟钝、记忆力减弱等。引起焦虑的压力源包括：功课多又难，考不好又受到老师批评、体罚，父母的责骂、恐吓，失去同伴的支持，未来目标迷失等。

（二）抑郁

抑郁，是指一种持续时间较长的低落消沉的情绪体验。处于抑郁状态的青少年，其视线中的一切仿佛都笼罩着一层暗淡的灰色。他们常常感到精力不足，注意力难以集中，思维迟钝，伴有痛苦、羞愧、自怨自责、悲观抑郁的情绪体验，自我评价偏低，对前途悲观失望。青少年抑郁有两种表现形式：一是缺乏感情，有一种空虚感，仿佛是遗忘了儿童期的自我却未能以发展着的成人自我取代它，这种空虚酿成高度焦虑和抑郁，而处于类似悲观的状态；二是以长期的、反复的体验挫折为基础的抑郁，很难消除。引起抑郁的压力源包括：考试压力太大，挫折不敢让人知道，心中有委屈不敢发泄，遭人误解，受同学排斥，认知不协调、不一致等。

（三）自卑

自卑，是指轻视自己或对自己不满意，认为自己什么都不行的情感体验。其外显形式表现包括：不愿谈吐，很少交往，情绪阴沉。过度自卑会引起自我否定、消沉。引起自卑的压力源包括：在学校无特殊表现，在功课、才艺、运动等方面不如人；个人的相貌、智力不如人；父母地位低，家庭经济困难等。

---

〔1〕 郑照顺. 2003. 青少年生活压力与辅导[M]. 广州：世界图书出版公司，34.

〔2〕 李虹. 2004. 压力应对与大学生的心理健康[M]. 北京：北京师范大学出版社，161.

〔3〕 贾文华. 2006. 青少年情绪困扰的压力与认知根源[J]. 教育探索(8).

〔4〕 许莉娅. 2009. 学校社会工作[M]. 北京：高等教育出版社，186 - 188.

（四）沮丧

沮丧，是指向自我的一种痛苦、无助的情绪体验。情绪沮丧的青少年看上去很悲伤。他们常说自己很伤心、高兴不起来、容易哭、感到孤独和悲观、有一种无助感，又觉得无力控制自己周围的世界，尤其是一些消极不利的事情，其外显形式主要表现为自我退缩、回避外界。他们不愿意参加活动，不敢与人交往，缺乏自信，总认为自己不如别人，总认为自己什么事也做不好，总怕别人耻笑，特别害怕在公共场合说话或做事。沮丧源于害怕被抛弃和孤立，是社会性嫌弃的内在化，是对自身的嫌弃，有了问题过分自责，对生活和前途感到渺茫。引起沮丧的压力源包括：长期的功课压力，或学习上成为永远的失败者，追求的目标屡屡遭挫；青春期感情发展受到重大打击；同伴冷漠、疏离，个人永远无法融入集体。

（五）愤怒

愤怒，是指个体在自己的欲求和意图遭到妨碍和阻止时产生的情绪体验，引起愤怒的压力源包括：受到老师不尊重的惩罚，受到父母的误解与冤枉，无缘无故地失去自己认为有价值的东西，受到同学嘲笑、轻蔑，被同学恶意攻击、欺骗、欺辱等，都可能导致愤怒。

（六）烦恼

烦恼，是指青少年常见的不良情绪，即一种长时间影响他们言行的心境，有损于学习和生活质量。引起烦恼的压力源主要包括：学校环境差，不喜欢上课，老师给予过多的负担，同伴竞争压力大；不知道如何使自己的功课进步，时间不够用，理想目标不能达成，自己无法专心学习而父母期望又太高，家庭不和睦等。

（七）冷漠

冷漠，是指个体受到挫折后的一种自我保护性的消极情绪反应，表现为对外界刺激不关心，冷淡，退缩。冷漠往往是个体压抑内心情感与情绪的一种表现，他们表面冷漠，内心却备受痛苦、孤独、寂寞、不满、愤恨情绪的煎熬，有着强烈的压抑感。引起冷漠的压力源包括：长期被人忽视或瞧不起，受同学歧视，父母讨厌，心中的愤恨不能宣泄等。由于缺乏与他人互动，往往容易产生与同学疏离、被同学孤立的生活形态。

（八）嫉妒

嫉妒，是指一种既羡慕又敌视的矛盾情感状态，源于与他人的比较。培根说：“没有比较的地方就没有嫉妒。”嫉妒是一种企图缩小和消除与他人的差距，恢复原有平衡关系的消极对应方式。它包含着焦虑、忧惧、悲哀、失望、愤怒、敌意、憎恨、羡慕、羞耻等不愉快的情绪，是一种错综复杂的情绪体验。嫉妒情绪在青少年中普遍存在。有的嫉妒情绪强烈，容不得别人比自己强。当看到别人在学习成绩、处事能力、人缘、荣誉、衣着方面超过自己时，就感到愤怒、痛苦、愤愤不平，甚至采取不正当手段，进行报复。当别人遭遇不幸或灾难时，不是伸出援助之手，而是幸灾乐祸。嫉妒者往往期望着别人失败，因此不仅影响人际交往，而且使自己生活在负累之中。嫉妒情绪的产生主要源于与他人的不恰当比较。

二、情绪困扰根源

青少年的每一种情绪困扰都有其独特的成因，但由于篇幅有限，在这里，仅仅分析其共同的根本原因。[1]

(一)自我同一性缺失

自我同一性，是指确信我就是我本身而非其他这样一种心理过程，其中包括“我”的持续性和统一性两个方面。前者是一种连续性意识，即认识到现在的“我”是由过去的“我”长大的；后者是一种同一性意识，即认识到从自己的身体、精神特征来看，自己确实是具有相同特征的人。[2] 由于自我意识的发展，青少年对自己的外貌、能力、自我价值、个性品质等各个方面，以及别人对自己的评价有了更多的关注。同儿童相比，他们更倾向于重新评价自己，寻求别人的认同，更关心自己是一个什么样的人，每个人都应该是包含理想自我和现实自我两部分，这使他们面临着自我同一性的确立，通过修正理想自我或改变现实自我混淆的人对自己的认可也会提升，能够同包括异性在内的他人建立亲密的关系。而自我混淆的人对自己的过去、现在和将来缺乏适当的认识，缺乏自信，难以与他人建立密切关系，从而陷入孤独。表现为时常为“成长变化中的自我心理肖像”模糊不清而烦恼，表现为现实中的自我与理想中的自我的差异很大，同成人相比，他们的理想自我与现实自我的一致性程度很低。这就是说，青少年对现实中自我的评价往往不能达到所期望的理想自我的标准。因此，当两者发生矛盾时，就容易产生消极的自我意识和与丧失达到理想自我的信心相联系的情绪体验。

(二)闭锁性心理

闭锁性心理，是指青少年心理发展历程中的一种特殊性，是青少年独立意识的发展与自我意识的发展共同作用的结果。独立意识是一种外向的力量，自我意识是一种内向的力量，外向的力量使“自我”扮演旁观者，而内向的力量又使“自我”关注自己，二者交互作用，产生心理冲突，极易导致青少年产生特殊的闭锁心理。“闭锁性”心理是青少年学生成长过程中表现出来的一种正常的心理现象，但是，当他们面对挫折、失败、学习压力、同学关系不善等问题而又无法自我解决时，这种“闭锁性”心理就会带来消极的影响，把遇到的问题沉积在心里，长此以往，不仅加重其心理负担，造成心理压力，严重者甚至会导致心理障碍，进而诱发心理疾病。[3]

(三)亲子关系

家庭是青少年社会化的最主要也是最早的基地，父母则是青少年社会化过程中的第一位老师。心理学研究表明，健全完整的家庭对子女的身心发育有着积极重要的作用，父母

---

〔1〕 贾文华．2006．青少年情绪困扰的压力与认知根源[J]．教育探索(8)．

〔2〕 [日]荫山庄司，邵道生译．1985．现代青年心理学[M]．上海：上海翻译出版公司，14．

〔3〕 黄勇．2001．高中生“闭锁性”心理的认识及辅导[J]．现代中小学教育(2)．

的教育方式、亲子关系对子女的身心健康及行为塑造无疑起重要作用[1]。关颖通过研究指出亲子关系出现的四大新特点：家庭结构变化，亲子互动不同以往；生活节奏加快，导致亲子关系淡漠；孩子的自主意识增强，渴求亲子之间的平等交流；亲子交往中双向影响趋向日益突出[2]。风笑天等人撰文分析了亲子关系对独生子女教育的影响。他指出独生子女家庭的亲子关系具有哺育过程过分呵护、教养方式无意倾斜、赡养成为家庭和社会突出矛盾等特点[3]。同时，亲子关系对青少年心理发育、人格形成、情绪完善等方面都有非常深远的影响。

（四）师生关系和学习压力

随着独立意识的增强，青少年已有“主见”，从“顺从型”过渡到“批判型”。教师在他们心目中的“权威”地位动摇了，他们不再全盘接受教师的评价，而是批判地看待教师的评价。如果教师评价学生不客观、不公正，处理事情不客观、不公平，他们就会产生对立情绪。这种对立情绪又因教师的“威压”而不能合理地宣泄，造成压抑。由于自我意识的迅速发展，青少年的自尊心越来越强，他们对老师的批评很敏感，常常心烦意乱或记恨在心。在升学压力之下，教师关注的是学生的学习成绩，偏爱学习成绩好的学生，很少有机会与大多数学生进行沟通，不能了解学生的内心世界，一些学生认为“老师对我们不了解，大多只关心我们的成绩”“老师只关心个别同学”“有许多老师都不认识他们的学生”。[4] 上海市教育科学研究院副院长顾泠沅教授说，中小学师生关系状况，用一句话概括，是指导传授的渠道在拓宽，感情沟通的大门在缩小。师生之间仅以知识传授为纽带，很少有感情的交流，造成师生关系紧张。对师生关系的满意度的调查显示，满意的仅占27%，比较满意，但认为不足的占34%，不满意的占24%，认为一般的占2%，拒绝回答的占13%。[5] 师生关系紧张是青少年产生负情绪的重要原因之一。

（五）社会适应不良

青少年对周围环境的变化非常敏感，关心社会现实生活，对未来充满憧憬，社会责任感和参与感明显增强。但由于社会阅历短浅和社会经验缺乏，对社会发展过程的复杂性和艰巨性估计不足，缺乏相应的心理准备，在某些暂时的社会丑恶现象面前感到苦闷和彷徨。特别是在当今社会转型时期，青少年所接受的价值观、道德观教育与所遭遇的社会现象发生冲突，社会理想与社会现实反差太大，他们感到茫然，不知所措，产生焦虑和消沉。

（六）认知偏差

认知偏差是情绪困扰的重要根源。美国心理学家艾里斯的ABC理论认为，一些负性情绪体验如自卑、抑郁、焦虑等都是个体对事物的不合理的观念造成的。虽然人们可能意

---

[1] 翟静，刘金同，陈修哲．2001．中学生家庭因素与行为问题的对照研究[J]，中国行为医学科学(3)．
[2] 关颖．2000．社会学视野中的家庭教育[M]．天津：天津社会科学院出版社，258．
[3] 风笑天，陈漩．2002．亲子关系对独生子女成长的影响[J]．华中科技大学学报(社会科学版)(6)．
[4] 郁景祖．1995．大学生心理与调适[M]．上海：复旦大学出版社，33．
[5] 翟博，金志明，李伦娥．1999．9．1．今天，学校的师生关系怎么样？[N]．中国教育报．

识不到这些观念的存在，但它们可能对人的心理和行为产生影响。而事实上很难满足这些不合理的期望和要求，如“我必须是最完美的、最出色的”“我要超过所有的同伴、同学，否则我便是一个毫无价值的人”等。当现实与之发生矛盾时，便会产生某些以偏概全的、消极的、不合理的自我评价，或把问题看得过于严重，某一件事的失败常常导致对自我价值或整个人的否定，这便引起消极体验。

（七）自我中心主义

弗洛伊德认为儿童期的早期经验对青少年的个性和情感发展有重要影响。儿童的自我中心随着自我意识的发展而逐渐形成。在当今时代，父母有意无意的娇宠使儿童的“自我中心观念更加凸显和得以强化，许多青少年缺少合作、谦让、体谅、理解等优良品质。南开大学心理系教授袁欣说：“大多数独生子女非常‘自我’，不懂得顾及他人，生活上往往不会照顾自己，更谈不上照顾别人。”[1]一些青少年在与人交往时，常常表现出清高、孤傲、盛气凌人，而往往受到群体孤立与排斥，出现人际关系障碍，易产生紧张、激动、焦躁不安的情绪。

第二节　社会工作介入要点

学校社会工作是把社会工作的理念、方法和技巧运用到学校环境中，促成“学校——家庭——社区”三者间的良性互动和协作，通过营造良好的教学氛围，同时引导学生正确认知，健全人格，习得适应社会的能力。

一、工作思路[2]

（1）给予情感支持　学校社会工作者可以通过个案会谈给予情绪支持，通过适当的感情介入和情感支持，协助案主表达心声，宣泄情绪。通过接纳、尊重、理解等工作技巧，帮助案主增强自信，发现自己的能力与资源。通过必要的互动练习或行为演练，使案主提高与人沟通、人际交往的技术技巧，恢复勇气，开始行动。

（2）发展支持系统　学校社会工作者可以采用社会团体工作方法，把有情绪困扰的学生组成一个互助或成长小组，让他们互相支持，互相学习，共同探讨解决问题的方法。在小组中，积极挖掘学生的内在潜力，鼓舞他们的生活勇气，使他们看到家庭和自己的资源，学会以积极心态面对生活。要充分利用小组资源，形成社会支持系统。

（3）学习具体技术　情绪是人在特定的外界刺激作用下的心理反应，人们出现这样那样的情绪反应是很正常的，引导学生接受自己的情绪，特别是负面情绪，只有敢于面对自己的情绪，才有可能采取积极主动的办法处理情绪。学校社会工作者可以在日常的教育中引导学生，有意识地教会和训练学生掌握一些处理情绪的方式和方法，如理性的思维方式、放松训练、有建设性意义的宣泄方法等，使学生成为自己情绪的主人，面对情绪能够分辨，能够化解，能够处理，不会使自己被情绪击倒。

---

〔1〕 伊萨贝尔·拉马罗．2004，12.24．独生子女冲击传统家庭观[N]．环球时报．

〔2〕 许莉娅．2009．学校社会工作[M]．北京：高等教育出版社，84－89．

(4)开发案主潜能　帮助案主以积极心态看待自己，在艰苦困难的环境下，发现并发展自己的优势，应该成为社会工作的重点。情绪困扰是挑战也是机遇，困难将这些孩子推到了困境乃至绝境，会激发他们的生命动力，点燃生命中最旺盛的生命力量，反而能够鼓足勇气，超越自己，成就一番大事业。从优势视角入手，开发生命的内在力量，是学校社会工作可以着力的地方。

二、工作模式

社会工作者在介入学生心理需要的过程中，主要采用个案工作、小组工作和社区工作等三大方法。我国学校社会工作在借鉴国外，以及我国台湾、香港的运作模式和经验的基础上，结合本土学校和学生的实际情况，也正积极探索行之有效的社工模式，采取的实务工作主要包括了个案辅导、小组工作、综合性社区活动及咨询服务四类。基于目前我国学校学生人数多，基数大等特点，目前主要采用“以小组工作为介入点，以社区为介入的辅助平台，以个案工作为深入的手段”[1]的工作模式。目前，该实务模式已取得初步成效。

(一)以小组工作为介入点进行情感教育，培植情感智力

小组社会工作是社会工作的基本方法之一，是一种以两个或两个以上的个人组成的小组为实施对象，由社会工作者通过有目的的小组活动和组员间的互动，帮助小组成员共同参与集体活动，从中获得小组经验，处理个人、人与人之间、人与环境之间的问题，使参与小组的个人获得行为的改变、社会功能的恢复与发展，并达成小组目标以及社区的发展，进而促进社会整体的进步与成长的一种社会工作服务方法。小组工作又分为治疗小组、发展小组、学习技巧小组及社交小组等。在情绪困扰的学生群体中，可以根据不同的目标建立与之相应的小组，通过游戏互动，经验分享等过程，发挥小组优势，帮助青少年在小组中获得成长体验。之所以在情感教育中采用以小组工作为介入点，是由中国集体主义文化倾向性、青少年对朋辈群体的渴求及学校以行政班级为学习单位等方面决定的。同时，也由临床个案工作必须满足以下三个假定条件所决定的：“①社工必须具备心理咨询与治疗的专业技能，对什么是心理疾病及相关因素有深入的了解等。②学生的心理障碍必须足够普遍等。③在学校中开展心理咨询与治疗还必须假定，心理疾病是能加以解决的。”[2]上述三个假定在现实中都难以实现，而且，在学校心理健康教育比较发达的国家，它们早已完成了从临床个案模式向教育模式的转变。如 1954 年美国学校心理学会成立大会上，对学校心理学的服务所作的规定为：“由有教育经验训练的心理学家，应用心理测评、学习理论、人际关系的专业知识，辅助学校工作人员，去促进所有儿童的成长，丰富他们的经验，并识别与帮助特殊儿童”。[2]由此可见，心理咨询与治疗(特别是心理咨询与辅导)只能是其中一个有机组成部分。

目前，情感教育是我国教育教学体制的薄弱环节。运用小组社会工作方法对青少年进行情绪管理教育，首先，利用小组互动和分享让他们正确认识和对待生活中遇到的各种挫折和困难。其次，着力于培养青少年学生的情感智力。情感智力包括自我觉知的能力、用

---

〔1〕 许莉娅. 2009. 学校社会工作[M]. 北京：高等教育出版社，188.
〔2〕 刘翔平，周俊华. 1999. 学校心理学的服务模式[J]. 北京师范大学学报(5).

情绪促进思维的能力，移情能力、调控情绪及促进情绪和智力发展的能力等，其中自我觉知能力是核心。[1] 自我觉知能力强的人对自己的情绪具有敏锐的洞察力，能有效地调控自己的情绪。对学生进行有关情绪管理方面的小组工作，其目标就是为了能够让学生提高自我觉知能力，同时也能够提高自我认知的能力，使学生能够辨识不同的情感表现，并能理解自我的思维与情感感受和行动反应之间的相互关系；能够清醒地认识到自己是在理智地做出决策还是非理智的任由情绪摆布；能够认清自己的优势与缺陷，积极而现实的看待自我。同时，利用小组工作技巧(如角色扮演)，训练青少年学生的移情能力。使他们能够感同身受，换位思考，能敏锐体察他人的情绪，学会理性地处理负性情绪。

(二)以社区为介入的辅助平台

社区工作是专业社会工作的一种基本方法，它以社区和社区居民为案主，通过发动和组织社区居民参与集体行动，确定社区的问题与需求，动员社区资源，争取外力协助，有计划、有步骤地预防或解决社会问题，调整或改善社会关系，减少社会冲突，培养自助、互助及自决的精神，加强社区的凝聚力，培养社区居民的民主参与意识和能力，发掘并培养社区的领导人才，以提高社区的社会福利水平，促进社区的进步。长期以来，我国受到“应试教育”和教育教学评估体制等方面的影响，教育者往往过分重视学生的智力教育，而忽略了学生的情感教育，因此，在解决学生情绪困扰层面不能纯粹追求学生个体改变，而是应着力于改善学校周围社区的环境和氛围，改变不合理的教育体制和政策。纯粹的个案辅导只能治标不治本，而应该将社区的家长、居民群众和教育者三者关系拉近，使社区居民更多地关注到目前社会过分关注智力教育而使情感教育缺位的社会现状，从而改善社区环境，营造情感教育的环境和氛围。同时，社工也可以借助学校社区这个辅助平台，设计内容广泛、种类繁多、形式多样的社区活动，其对象主要是学生、家长和老师，活动的目的也主要是以情感教育为主。社区活动的形式包括展览、聚会、研讨会、演讲、辩论等。通过社区活动的开展，让青少年学生、家长和老师都能够明白情感教育在学生成才中的重要性，让学生情感情商教育得到全社区居民的关注和参与，为青少年学生营造轻松自由的成长环境。此外，良好的亲子关系、师生关系也是父母与子女、教师与学生互动和交流的基础，也是将外在教育内化为自我教育的前提。父母的榜样效应和教师的人格感化只有在良好的亲子关系和师生关系前提下方能真正实现。通过对社区环境的营造，让父母的爱、教师的爱转化为一种情感教育的环境因素之一，扎根于每位学生的心中，从而成为推动学生积极向上、健康发展的内部动力。平等、友好的亲子关系和师生关系，同样有利于为学生营造一种轻松愉悦的社区氛围。

(三)以个案工作为深入手段

个案社会工作是社会工作的基本方法之一，它以个人或家庭为服务对象，运用有关人类行为与社会环境的各种科学知识和专业技巧，通过专业关系的建立和发展，针对个人的特殊情况和需要，了解个人内在的心理特性和问题，以激发个人潜能，协助其改变态度，调整其与外在环境的社会关系，并运用社会资源改善或恢复其社会生活功能，以解决他们

---

[1] 李铮，姚本先. 2003. 心理学新论[M]. 北京：高等教育出版社，87.

的问题，增强和发展个人或家庭的社会适应能力。在小组工作和社区工作辅助的基础上，学校社会工作者可以充分了解学生的心理诉求，在评估了学生的心理需要以后，如果工作人员觉得有必要，可以采用个案工作的方法作进一步深入。学校社会个案工作也称为学生个人辅导，是以各种有困难的学生为对象，主体是在校的中小学生，服务的范围包括与学生需求有关的各类服务。从我国实际情况来看，学生在校期间的主要需求包括[1]：学生学习方面的困难；学生身心成长的适应性困扰；学校生活的适应性困扰；学生行为上的偏差或情绪上的困扰；学生人际关系的不和谐(包括家庭关系、交友和恋爱)。

本章节主要探讨的是学生情绪上的心理困扰。伴随着意识的发展，青少年的自我意识常常带有矛盾性和局限性。例如，一方面表现出独立意向和自主诉求，但很多问题上又诸多依赖，同时，还会把各种盲目性、逆反性和轻率行为当作“有见地”“勇气可嘉”等。他们既能够开始客观地肯定和否定自我，又容易因为挫折和失败变得自卑和自负，并且，往往自我肯定过程中伴随着自负心态，在自我否定中伴随着孤僻和固执。因此，可以通过运用个案工作技巧，引导青少年学生客观工整地自我评价、确立自我形象、形成自我意识的连续性和统一性，实现自我接纳和自我意识的前面发展。

第三节　案例分享[2]

学生情绪管理小组是致力于发展大学生情绪管理能力的成长性小组。将有同质性问题的大学生组织起来，以小组为单位，在专业社工的带领下，运用小组工作的理论和方法，通过一系列有目标的小组活动，帮助组员学会觉察情绪，了解情绪的内涵和表达的重要性，掌握情绪管理的技巧和方法，学会合理宣泄各种不良情绪，并能学以致用，在日常生活中不断巩固和提高情绪管理的能力。

情绪作为一种复杂的心理活动，影响着个体认知的角度、行为的选择、人格的形成及人际关系的处理。青少年学生正处于情绪两极性与矛盾性并存的阶段，更加迫切需要学会如何管理情绪。西南财经大学在针对学生个人发展心理训练意向调查中发现，420 名参加调查的同学最感兴趣而又最觉无力的问题是“如何提高自己管理情绪的能力”[3]；另有研究表明，青少年学生负性情绪正呈日益增加的趋势，学生自杀行为也与情感智力有着密切的内在联系[4]；如果青少年学生不能理智地调控情绪不适，任由情绪肆意发展，并且不断受到消极的心理暗示，就会产生各类躯体化、焦虑、人际关系敏感、抑郁、偏执等各类心理症状[5]，对青少年学生的心理健康有着非常重要的影响。亚里士多德曾说：“问题不在情绪本身，而是情绪教育本身及其表现方法是否适当。”情绪管理小组工作作为情绪教育的范畴之一，有助于大学生科学、合理地应对各种负面情绪，有效防止情绪异常的出现，对提高大学生心理健康水平具有重要的现实意义。

---

〔1〕许莉娅. 2009. 学校社会工作[M]. 北京：高等教育出版社，87.

〔2〕曾永辉. 2010. 小组社会工作在大学生情绪管理中的应用与实施[J]. 社会工作(4).

〔3〕杨婧岚. 2005. 7. 13. 启动情绪管理的神奇按钮[N]. 中国青年报.

〔4〕刘媛媛. 2009. 高校学生情绪管理探析[J]. 教育科学(12).

〔5〕杜继淑. 2007. 大学生情绪管理能力与心理健康关系研究[J]. 当代青年研究(10).

一、理论基础

美国沙洛维和梅耶(P. Salovey & J. Mayer，1997)认为情绪智力是一种与认知运作有关的心理能力，其中包含了四种能力：正确觉察、评估及表达的能力；激发与产生情绪以促进思考的能力；了解及分析情绪，并能运用情绪知识的能力；调整情绪以提升情绪、智力成长的能力。上述四种能力是从感觉、知觉和基本情绪反应等较低级的心理过程向较高级的心理过程转化。由此可知，情绪智力包括不同的情绪能力，而不同的情绪能力还有本质上的高低差别。根据上述情绪智力理论，本小组采用“情绪初识——情绪界定——情绪使用——情绪了解——情绪管理”的理论脉络进行五个次单元小组活动的设计与实施。

二、小组方案

(1)小组对象　根据大学生的情绪智力存在着一定的性别、专业和年级差异等特征,[1] 通过“申请→挑选→入围”的方式择取20名有情绪困扰的大学生。其中女生占10人，男生占10人；理工科占12人，文科占8人；大四占4人，大三占8人，大二占4人，大一占4人。

(2)实施方式　小组训练、课堂讲授、小组分享、课堂作业及课程检核。

(3)频率次数　每周一次，每次三个小时，共五次。

(4)小组性质　结构性小组、成长性小组。

(5)实施原则　真诚、尊重与接纳的原则；保密性原则。

(6)小组目标　建立良好的小组氛围；学会认识和觉察情绪；了解情绪内涵和表达的重要性；掌握情绪管理的技巧和方法；学会合理宣泄不良情绪。

(7)单元大纲　具体内容见表9-1。

表9-1　单元大纲

次序	次单元名称	目 标
第一次	情【关】导览	小组破冰；了解小组内容及目标；制定小组规范
	情绪瞭望台	认识情绪形容词；辨识情绪强弱及差别
第二次	情绪绿色隧道	认识情绪与行为的关系；了解情绪对生理的影响；透过生理讯息觉察情绪；运用生理变化创造良好情绪
	无形的情绪网	了解情绪与认知的关系；从固有经验觉察和解决情绪带来的影响
第三次	心灵码头	感受和分享情绪，体验倾诉和宣泄的感觉；认识他人的支持力量对情绪处理的作用
	情绪喷水池	学会适当表达而非隐藏情绪；能够合理宣泄不良情绪
第四次	情绪万花筒	了解情绪表达在人际沟通中的功能；系统梳理情绪相关知识；掌握情绪本质和内涵
	情绪面对面	认识面对他人情绪的常见因应方式；学会正确面对他人情绪
第五次	做情绪的主人	掌握情绪管理的技巧；了解情绪的诱因；学会转换和舒缓情绪；掌握情绪宣泄的方法和技巧
	照相留念	处理离别情绪；表达小组未尽事宜；检核评估

[1] 张进辅. 2004. 大学生情绪智力特征的研究[J]. 心理科学(2).

(8)单元设计与实施原理　具体内容包括以下5个方面。

①第一次小组：小组破冰、建立契约、制定规范及初识情绪　小组进入工作探索阶段，沉默和退缩是这个阶段的主要特征。通过小组破冰的方式，让组员突破心理防御，形成信任互助的小组氛围是初期的首要任务。其次，在开始一种经验前，越是清晰了解，就越能够明智投入其中，价值也就越大，因此，需要让组员了解小组内容和目标，表达对小组的“期望与担心”，共建“真诚、接纳、尊重、保密”的小组契约。许多人掌握的情感词汇不多，无法正确描述自己情绪体验，所以最后可以借助轻松活泼的方式提供多种情绪词汇的刺激，让组员了解情绪的多样性，学会辨识情绪的强弱，使组员的情绪表达更加贴切，从而达到初识情绪的目的。

②第二次小组：情绪知觉、鉴赏和初步表达　小组进入工作熟悉阶段，熟悉和信任是这个阶段的主要特征。在情绪状态下伴随产生的生理变化与行为反应，当事人是无法自我控制的；沙赫特和辛格亦认为当生理唤醒来源不明时，人们很难确定自己的真实情绪。因此，可以通过对一周以来情绪的回顾，让组员了解情绪产生的生理变化和行为反应，帮助组员觉察情绪的存在，并学会透过语言、声音、外表与行为辨识情绪的差异。在情绪鉴赏环节中，引导组员认识情绪对于激发行为、塑造行为、协助人际互动、直接影响生理健康及对人的心理发展等方面的影响。最后，进一步促使组员间的交流和开放，引导组员吸取他人情绪处理的经验和方法，提升情绪表达的能力。

③第三次小组：对情绪的感悟和使用能力　小组进入工作亲密阶段，竞争和控制是这个阶段的主要特征。围绕冲突的处理实现小组凝聚力的提升是该阶段的工作重点，而凝聚力的产生在于人们能够坦诚相待并敢于冒险。有研究表明，以平静、非批判的方式叙述情感的本质，能达到最有效的情感表露效果，因此，设计现场感受情绪的环节，通过非批判式的分享，引导组员运用情绪知识的能力，感受他人的支持对处理自己情绪的作用。更进一步的开放和信任能让小组自然过渡到情绪宣泄阶段，引导组员学会适当表达而非隐藏情绪则显得尤为重要。通过练习“我讯息”的表达，增加组员情绪表达方式的多样性，引导乐观或悲观的思考角度，形成多元化的情绪思维。

④第四次小组：对情绪的理解、分析及表达能力　小组进入了工作成熟阶段，客观和联合是这个阶段的主要特征。有所侧重地从感性向理性延伸来理解和分析情绪是该阶段的工作重点。通过运用操作法(如游戏、小测验等)、集体讨论、角色扮演、主题联想、视频解析等方法，对情绪的本质，功能的构成、分类、特性及内涵(愤怒、忧郁、焦虑、恐惧等)作深层次的讲解，全面提升组员对情绪的分析和理解。最后，让组员认识面对他人情绪常见的因应方式(给建议、安慰、教训、质疑、批评等)，并训练“积极倾听”和“表达同理”这两种有效的因应方式。

⑤第五次小组：促进心智发展的能力　小组由成熟阶段向结束阶段过渡。大学生的情绪困扰多源于认知偏差，要学会情绪管理，首先要帮助个体了解、纠正非理性想法，再以理性思维取而代之，就可以达到消除情绪困扰的目的。通过情景的设计，引导组员认识非理性信念带来的影响，逐步导入合理情绪疗法——“A－B－C－D－E”模式，掌握驳斥非理性信念的思维模式，从而促进心智发展的能力。在小组结束阶段，主要处理离别情绪；维系小组经验，巩固组员已做出的改变；提供平台让组员表达小组未尽事宜，并让组员提

供有建设性意义的反馈等。

三、小组评估

学生情绪管理小组评估主要从小组氛围、小组认可和组员留言三个维度进行。在对小组氛围的评估中，所有组员都感受到轻松、愉快的氛围；85%以上的组员认为小组充满活力，组员之间信任度高，合作非常融洽。而对小组认可度的评估中，让组员回答5个问题，用“1～5”表示不符合到符合的程度。其中，在“是否觉得跟组员彼此更加认识”的检核中，95%的组员打了4分以上，可见组员已从表层认识升至情感认识；在“是否了解情绪”的检核中，50%的组员打了5分，1位组员打了3分，其他均为4分，可见组员对情绪有了更深的认识和体会；在“关于察觉情绪”的检核中，所有组员都打了4分以上，其中5分的占45%，可见组员较小组前能更好地觉察情绪，明白自我的感觉；在“是否知道如何适当表达情绪”的检核中，组员打了4分的占30%，打了5分的占50%，可见大部分组员在情绪表达方面都显得更加自信；在“关于小组活动的作用性”检核中，80%成员打了5分，其余均打4分，可见这次小组价值性较大，对组员有根本性的帮助。

最后，在组员留言维度上，所有组员都给予了积极正向的评价。“谢谢每次陪伴我们的几位工作人员，让我觉得每次培训都很愉快，很容易参与进来。老师让我对情绪有了新的认识，新的了解，未来日子里，我会用在小组所学的知识更好地处理以后的情绪，老师，thank you！辛苦了！”“老师，希望将情绪管理小组扩大化，最好辐射全校，那么学生的情绪问题就不会那么严重了！”

从以上三个维度的评估来看，学生情绪管理小组不仅建立了良好的小组氛围，而且也让组员对情绪有全面的认识、理解和掌握，很好地达成了小组终极目标。

四、反思与讨论

现代大学对学生情商的教育和培养严重缺乏，大学生的情商教育已经迫在眉睫，在社工的作用和地位日益受到重视的今天，专业的社工方法不仅能帮助大学生提升情绪管理的能力，而且也有助于拓宽高校情商教育的渠道，值得在高校社工领域大力推广和实践。

本章小结

青少年学生的心理需要包罗万象，本章主要根据本书章节安排，重点探讨了学生常见的几种情绪困扰及其表现形式，如焦虑、抑郁、自卑、沮丧、愤怒、烦恼、冷漠、嫉妒等情绪，并从“自我同一性缺失、心理的闭锁性、亲子关系、师生关系和学习压力、社会适应不良、认知偏差、自我中心主义”七个方面对情绪困扰的根源进行了分析和探讨。根据社工模式的本土化情况，提出了介入的工作思路和“以小组工作为介入点，以社区为介入的辅助平台，以个案工作为深入的手段”的工作模式。在最后案例环节，提供了小组社会工作在青少年情绪管理中的应用实例，此案例经过不断实操探究后，发现是行之有效，值得推广的小组工作模式。

思考题

1. 学生常见的情绪困扰及其表现形式有哪些?
2. 学生常见的情绪困扰根源有哪些方面?
3. 在运用小组社会工作模式介入时，学校社会工作者主要注意什么?
4. 如何完善社会工作三大方法在学生情感教育中的作用。

第十章

学生人际关系需要与社会工作介入

【案例10.1】

人际关系和谐——学生的迫切需要

——问题：宿舍关系不和引发冲突

闫黎刚上大学时，还是个开朗的女孩。可由于她的骄横自私、不讲卫生、不做值日，同宿舍的人都逐渐疏远她。大二上学期她就一个人独来独往，不跟舍友交流。到了大三，跟变了一个人似的，沉默寡言，脾气暴躁，没有人知道她想什么。

“闫黎已患有轻度心理疾病，这与她紧张的宿舍人际关系有很大关系。”中国石油大学心理学范教师介绍说。

宿舍作为大学生活的基本单元，不仅是大学生住宿的场所，也是学习、娱乐、交流交往的重要场所。由于成员相对固定，朝夕相处，相互之间频繁接触，很多私密袒露其间，舍友之间产生不愉快甚至冲突是在所难免的，这些鸡毛蒜皮的小矛盾如果得不到及时化解，日积月累，就会导致舍友间的误会和不和睦，直至爆发“战争”，严重的还会诱发心理疾病。

大学生从小一直局限在家庭和学校这些单纯的生活环境中，埋头于学业，没有闲暇和精力顾及人际交往，还有一部分独生子女大学生，在家里娇生惯养，养成了以自我为中心的意识，不会替别人着想，他们对人际交往的艺术和技巧、人际冲突和矛盾的应对知之甚少，往往凭直觉、凭情绪、凭经验处理各种人际问题，以至于弄巧成拙，导致各种人际冲突的发生。

——原因：差异是产生冲突的根源

“大家来自全国各地，有着不同的生活习惯，持有不同的价值观念，对待同一件事的态度往往不同，一块儿相处摩擦总少不了。”中国石油大学机电学院2006级学生王大雷说。

大学生在性格、生活习惯、价值观念、成长环境、经济状况等方面存在的差异以及大学生之间存在的利益竞争，是导致大学生宿舍人际冲突的主要原因。

过生日或宿舍集体消费时，家庭经济条件较好的学生花钱不在乎，而经济条件较差的学生则要精打细算，即使碍于情面服从大家，心里也会有些不快；有的学生特别爱讲卫生，而有的学生总是脏衣服、脏袜子堆在一起；有的学生喜欢在宿舍里安安静静地读书，而有的则喜欢在宿舍聊天、听音乐。

宿舍环境的自由度使大学生的个性更加彰显。有些大学生说，反感某个同学的原因，往往就是源于一些生活细节，例如，有人总是喝别人的开水，有人喜欢将异性朋友带到宿舍，有人不喜欢值日，有人作息时间不规律等。

同一宿舍的人共同生活在狭小的空间里，朝夕相处，一旦习惯或观念产生冲突，矛盾也就不可避免。另外，大学生心理上的不成熟、不健全，大学生匮乏的人际交往知识也成为宿舍人际交往的重要障碍。

——建议：营造和谐的宿舍文化

“打开水时，不妨多提一个暖水瓶；晚上睡不着闲聊，勇于发表一下自己的意见，不要把一些话闷在心里；遇到棘手的事，搞一下民主投票，少数服从多数；舍友过生日，大家一起庆贺；小事上多一点宽容，友情上多一些珍惜，这样很多宿舍人际冲突都会迎刃而解。”被称为“老大”的2004级学生刘强，关心舍友，处事随和，带领舍友把他们的宿舍搞得和睦温馨。

“大学四年，宿舍生活占据了我大学生活回忆的大部分。”中国石油大学数学学院2003级张烁说。该校一项调查显示，很多学生认为，在大学生活中，对自己影响最大的就是宿舍文化。

生活空间的共同性、年龄的相似性，使得同一宿舍的成员往往会在某些方面达成共识并形成该宿舍的特殊文化。宿舍成员之间的这种互感性、“同一个屋檐下”的趋同性，是大学宿舍文化的一个重要特征。一个和谐美好的宿舍文化，是大学生身心健康成长的主要环境。中国石油大学(华东)宣传部部长张军说，一天紧张的学习之后，回到温馨的宿舍，或畅谈自己的生活趣事，或倾吐心中的苦闷，每个成员都会从中得到家的温暖，得到拼搏的动力

“我已经把宿舍当成了我的第二个家。我们的大部分时间都花在宿舍里，宿舍越来越深刻地在我的心灵打上烙印，它是一个心灵栖息的场所，一个装载着许多梦想和幸福的家园。”中国石油大学(华东)经管学院尹成波对宿舍充满深情。

物理学院的翟丽娜说，宿舍是大学生的“避风港”，是大学生的心灵驿站。大家携手才能让它天天沐浴在阳光里。

(根据《中国教育报》2007年7月7日2版案例改写)

从上述案例中可以看出，由于求学时期是个体成长发展的主要时期，学校是学生社会化的主要场域，这一阶段学生的主要任务除了学习，还包括其他很多内容，其中适应家庭、适应他人、适应学校、适应社会、处理各种人际关系是很多学生迫切需要解决、但一直无法妥善解决的难题之一。在现实生活中，大部分学生仅仅靠自己的心理调适是无法彻底摆脱人际关系紧张失调的，如果人际关系问题再交织贫困、学业落后等其他问题，甚至会引发极端严重的社会问题。因此，学校社会工作者的重要任务之一就是满足学生的人际关系需要，帮助学生建立和谐、融洽的人际关系，本章将对此展开探讨。

第一节　学生人际关系需要概述

一、人际关系概要

有人说人际关系是指人和人之间的关系，这不完全对，因为人和人之间的关系有很多种，政治关系、经济关系、劳动关系，还有职业关系。我们这里所说的人际关系是指人和人之间由于沟通而产生的一种心理关系，它主要表现在沟通过程中人与人之间的心理距离，反映着人们寻求爱和归属等需要满足的心理状态。知、情、意构成人际关系的要素，良好的人际关系表现为认知上彼此肯定价值，情感上彼此喜欢接纳，行为上彼此接近、愿意沟通和交往。人际关系不好是指认知上相互否定，情感上相互厌恶，行为上互相远离。

学生从走进学校的那一天起，就面临中许多方面的人际关系：同学关系、师生关系、亲子关系甚至恋爱关系等。大部分学生对人际关系有过美好的想象：友爱、真诚、互助、和谐、融洽……然而，人际关系紧张、敏感等种种问题已经成为困扰学生的一个不容忽视的现实。学生们时常发出感叹：做人怎么这样难。

二、人际关系建立过程

人际关系的建立与发展一般要经过定向、情感探索、情感交流和稳定交往四个阶段。[1]

(1)定向阶段　包括对交往对象的注意、选择及初步沟通等方面的心理活动。

(2)情感探索阶段　在此阶段，双方探索彼此在哪些方面可以建立感情联系。随着双方共同的情感领域的发现，彼此沟通越来越广泛，有一定程度的情感卷入。

(3)情感交流阶段　人际关系发展到这一阶段，双方关系的性质发生重要的变化。双方的信任感、安全感开始建立；沟通的深度和广度有所发展，并有较深的情感卷入。此时，双方会提供评价性的反馈信息，进行真诚的赞许和批评。

(4)稳定交往阶段　在此阶段，交往的双方在心理相容性方面进一步拓展，已允许对方进入自己的私密性领域，自我暴露广泛而深刻。

三、人际关系相关理论

有的学生看到人与人之间有相互支持、相互帮助的一面，就片面的认为人际关系是一种相互利用的关系，会相互利用就搞好了人际关系。他们把庸俗的关系学和健康的人际关系学简单的划上了等号。那么究竟该如何理解人际关系，学者们提出了不同观点。

(一)人际需要三维理论

在日常生活、学校和工作中，每一个人都需要和别人建立一定的人际关系，这就是人际关系的需要，需要是人际关系的核心。社会心理学家舒茨提出了人际需要三维理论，他认为个体在人际互动过程中，都有三种基本的需要，即包容需要、支配需要和情感需要，它们的形成与个体早期成长经验密切相关。包容需要是指个体想要与人接触、交往、隶属于某个群体，与他人建立并维持一种满意的相互关系的需要；支配需要是指个体控制别人或被别人控制的需要，是个体在权力关系上与他人建立或维持满意人际关系的需要；情感需要，指个体爱别人或被别人爱的需要，是个体在人际交往中建立并维持与他人亲密的情感联系的需要。这三种基本的人际需要决定了个体在人际交往中所采用的行为，以及如何描述、解决和预测他人行为。

舒茨认为,[2] 上述三种基本的人际需要都可以转化为行动动机，使个体产生行为倾向，从而形成三种基本的人际行为：包容行为、支配行为和情感行为。如果人的包容需要没有得到满足，他就会在人际关系中产生低社会的或超社会的行为。低社会行为的特点是内倾、退缩、避免与他人建立关系，拒绝加入群体之中。超社会行为的特点呈外向，经常

---

[1] 樊富珉、费俊峰. 2006. 青年心理健康十五讲[M]. 北京：北京大学出版社，153 – 154.

[2] 张厚粲. 2002. 心理学[M]. 南京：南开大学出版社，15 – 16.

向外与他人进行接触，其行为是表现性的，例如，大声说话，吸引他人注意等。支配行为可以归结为人们之间进行决策的过程。它分为拒绝型、独裁型和民主型三种。拒绝型的人倾向于谦逊、服从，在与他人交往时拒绝权力和责任。独裁型的特点是好支配、控制他人，喜欢最高的权力地位。民主型是理想的类型，能顺利地解决人际关系中与控制有关的问题，能根据情况适当地确定自己的地位和权力范围，能够顺从上级，又能自己掌权。舒茨认为双亲与儿童在情感上不适当的关系可能产生低个人行为或超个人行为，而理想的情绪关系则产生个人行为。低个人行为表现为避免亲密的人际关系，这种人尽管表面上表现得很好，但却与人保持一定的情绪距离并希望别人对他也这样。产生这种行为的原因在于他担心自己能否引起别人的好感，以能否博得他人的喜欢。超个人类型希望与别人有密切的情绪联系并试图建立这种关系。个人型的人在童年时代就顺利地解决了与情感有关的问题，无论亲密与否，他都能恰当地看待自己。

（二）社会交换理论

社会学家霍曼斯通过采用经济学的概念解释人的社会行为，提出了社会交换理论，他认为人和动物都有寻求奖赏、快乐并尽少付出代价的倾向，在社会互动过程中，人的社会行为实际上就是一种商品交换。人们所付出的行为肯定是为了获得某种收获，或者逃避某种惩罚，希望能够以最小的代价获得最大的收益。人的行为服从社会交换规律，如果某一特定行为获得的奖赏越多，个体就越会表现这种行为；而某一行为付出的代价很大，获得的收益又不大，个体就不会继续从事这种行为，这就是社会交换。

霍曼斯指出，社会交换交往中，如果付出的少，得到的多，个体虽然会希望这种社会交往继续保持，但同时也会产生内疚感，只有当个体感到自己的付出与收益达到平衡时，或者自己在与他人进行社会交往时，自己的报偿与代价之比相对于对方的报偿与代价之比是同等的时候，个体才会产生满意感，并希望双方的社会交往继续保持下去。

当然个体在进行社会交往时，他们对报偿和代价的认识并不是固定不变的，也不一定根据物质的绝对价值估计。所以，当个体认为自己的报偿与代价之比大于他人的报偿与代价之比，但别人不这么认为时，就可能出现不同的看法。这就是为什么在社会交往中，有些人看了根本不值得做的事情，却被当事人认为很有趣；而有些时候在别人看来值得做的事情，却被另一些人所不齿。可见，社会交往过程中，包含了深层的心理估计问题 。

四、影响人际关系的心理因素

（一）首因效应

首因，即最初的印象，或称第一印象。在人际交往中，人们往往注意开始接触到的细节，如对方的身材、容貌、表情等，而对后来接触到的细节不太注意。这种由先前的信息而形成的最初印象对后来信息的影响就是首因效应，即我们常说的“先入为主”。

第一印象赖以产生的信息是有限的，因而不一定真实可靠。由于认知具有综合性，随着时间的变化、认识的深入，人完全可以把这些不完全的信息贯穿起来，用思维填补空缺，形成一定程度的整体印象，所谓“路遥知马力，日久见人心”。

（二）近因效应

近因，即最好的印象。近因效应，是指最后的印象对人们的认知所具有的影响。最后留下的印象往往是最深刻的印象，这也就是心理学上所阐释的后摄作用。

首因效应和近因效应不是对立的，而是一个问题的两个方面。在学生的人际交往中，第一印象固然重要，最后的印象也是不可忽视的。在对陌生人的认知中，首因效应比较明显；而对熟人的认知中，近因效应比较明显。这就告诉我们，在与他人进行交往时，既要注意平时给对方留下的印象，也要注意给对方留下的第一印象和最后印象。

（三）光环效应

光环效应又称晕轮效应，是指在人际交往中，人们常从对方所具有的某个特性而泛化到其他有关的一系列特性上，由局部信息形成一个完整的印象，即根据最少量的情况对别人作出全面的结论。所谓“情人眼里出西施”说的就是这种光环效应。

光环效应实际是个人主观推断泛化的结果。在光环效应状态下，一个人的优点或缺点一旦变为光环被扩大，其他优点或缺点也就隐退到光环背后而被视而不见了。在人际交往中，人们往往对外表有吸引力的人赋予较多理想人格特征，或为之预测美好的未来，例如，“那个人第一次见面彬彬有礼，对我关心备至，令我难忘”“你气质好，将来求职一定没有问题”等。

（四）投射效应

投射效应，是指在人际交往中，形成对别人的印象时总是假设他人与自己有相同的倾向，即把自己的特性投射到其他人身上。所谓“以小人之心，度君子之腹”，反映的就是投射效应的一个侧面。投射可以分为两种类型。一种是指个人没有意识到自己具有某些特性，而把这些特性加到了他人身上。例如，一个对他人有敌意的同学，总感觉到对方对自己怀有仇恨，似乎对方的一举一动都有挑衅的色彩。另一种是指个人意识到自己的某些不称心的特性，而把这些特性加到他人身上。例如，在考场上，想作弊的同学总感觉到别的同学也在作弊，倘若自己不作弊就吃亏了。通过这种投射，重新估价自己的不称心的特性，以求得心理上的暂时平衡。

（五）刻板印象

刻板印象，是指社会上对于某一类事物或人物的一种比较固定、概括而笼统的看法。主要表现包括：在人际交往过程中主动、机械地将交往对象归于某一类人，不管他是否呈现出该类人的特征，都认为他是该类人的代表，进而把对该类人的评价强加于他。刻板印象作为一种固定化的认识，虽然有利于对某一群体做出概括性的评价，但也容易产生偏差，造成“先入为主”的成见，阻碍人与人之间深入、细致的认知。例如，男生认为女生心细、胆小、娇气，女生则认为男生心粗、胆大、傲气。农村来的同学认为城市来的同学见多识广，但狡猾、小气；城市来的同学则认为农村来的同学孤陋寡闻，但忠厚、老实。

第二节　社会工作介入要点

一、学生人际关系的基本类型

学生人际关系主要包括：家庭关系、同伴关系、师生关系以及网络人际关系。

（一）家庭关系

家庭关系，是指居住在一起的家庭成员之间的关系。它是人际关系中最基本和最稳定的关系。对独生子女家庭来说，父母是青少年人际交往的重要对象，因为他们与子女间人际接触的频率高、聚合性强，但接触频度高、聚合性强并不等于“凝聚力”强。

家庭气氛是家庭人际关系的结果和影响力因素。家庭气氛主要从两方面产生影响：一是从心理层面上；二是从家长的影响力上。不良的家庭气氛容易使青少年产生心理损伤，出现不良人格特征(如暴躁、抑郁、反社会倾向等)，也易导致离心力增强，从而使家长的正面教育不能为子女所接受。此外，不良的家庭气氛还会伤及家长对子女的积极关注，导致父母对子女的发展不管不顾，家庭气氛的不同取决于家庭人际关系运作的方式，及家长的教育态度或方式，研究证明，民主性教育方式较易形成良好的家庭气氛。过度关心或者过度冷漠都容易导致本身已经较敏感的青少年产生逆反心理。

（二）同伴关系

学生处于一个对父母的依赖不断减少的年龄，他们在心理上要求摆脱对父母的依赖，故朋友关系在他们生活中所占的分量越来越重。不同年龄段的学生在结交朋友方面有明显不同。童年期交友的特点是通过游戏与同伴之间进行互动，表现为若干位儿童经常在一起交往、玩耍。进入青春期后，随着生活领域的不断扩大，他们与同伴相处的时间已经超过了家庭以及别的一切社会关系，同伴在衣服、兴趣、交友等方面的影响力甚至超过了父母。他们需要能够倾吐烦恼并保守秘密的朋友，往往选择与自己志趣相同、烦恼相似、性格相近、能相互理解的若干位同伴作为知心朋友。一方面非常希望得到同伴的接纳和尊重，渴望找到知心朋友；另一方面又不知如何确立自己在同伴中的地位，这是许多学生在交友中最容易遇到的烦恼。如果不能正确认识或归因，很可能会成为他们在交友中的一种心理障碍。

（三）师生关系

师生关系，是指师生之间在教育过程中所发生的直接交往和联系，是教师和学生通过相互影响和作用而形成和建立起来的一种特殊人际关系，是教师与学生之间以情感、认知和行为交往为主要表现形式的心理关系。师生关系主要包括以下几个方面：①教学关系，以教学内容为媒介的“教”与“学”的工作关系；②社会伦理关系，即以社会道德规范为基础的师生共同遵守和学习的道德经验以及各自履行的道德义务；③人际关系，以心理交往为基础，包括因情感的交往和交流而形成的师生之间的心理关系、教师和学生个体之间由于情趣相投而形成的非正式个人关系。

20世纪90年代以来对儿童社会关系的研究发现，师生关系不仅影响学生的学习、情绪以及自我等方面的发展，而且对学生的社会化、同伴关系都有重要影响。研究表明，师生关系与小学生的自我概念发展密切相关，教师对学生的支持、关心、鼓励和期望有利于促进儿童自尊的发展；中学生对师生关系的知觉与其学业成就存在显著性相关；青少年师生关系与其幸福感、利他行为有显著正相关而与不端行为有显著负相关。一些研究者指出，学生的年级、性别、学业表现等因素影响师生关系。师生关系的质量与儿童的学习心理之间具有相互影响、互为因果关系的密切联系，良好的师生情感关系和平等的师生地位关系有利于提高学生的学业表现。因此，师生关系是学生人际关系的重要一环，甚至有学者认为“教育的全部意蕴包含在师生关系中，教育过程甚至可以看作是师生关系形成和建立的动态过程”。

（四）网络人际关系

作为一种新的人际互动方式，网络人际交往给青少年的生活方式、价值管理带来的挑战和改变是前所未有的。聊天、交友、游戏、娱乐等多种形式为社区青少年缓解现实生活的压力，寻求解脱或满足好奇心，寻求一种角色转换，提升了一个巨大的空间。简单地说，网络人际交往具有以下特点：

（1）交往角色的虚拟性　用户只要随便注册或者登记一下，就可以获得一个相应的身份，并以这个身份在网络上进行人际交往。这种虚拟的角色，使交往双方都没有任何心理负担，从而容易产生一种为所欲为、肆无忌惮的心理。

（2）交往主体的平等性　网络是一个“自由、平等”的世界，无论你在现实生活中的身份如何，到了网络上，你只不过是一个网名而已，同别人一样无任何不良记录，大家都是平等的。

（3）交往心理的隐秘性　网络上的人际交往虽然可以通过文字传情达意，但这种文字交流大多是经过刻意加工的信息，交往的心理也是经过包装的，网友之间也很难明白对方的“真心实意”。

（4）交往过程的弱社会性和弱规范性　在现实人际交往中十分看重的身份、职业、金钱、容貌、家世等交往主体的社会特征和社会地位，而在网络上的人际交往中可以全然不顾；在现实交往中要遵守的一些社会规范，而在网络交往中也不必遵守，只要按照网络技术要求去操作，就可顺利完成网上人际交往。这种弱社会性、弱规范性的网络人际交往，容易使一些人暂时摆脱现实社会诸多人伦关系的束缚和行为的约束，甚至放纵自己的道德行为规范，从而造成非人性化的倾向。

（5）交往动机多样性　异性间的情感交往是学生网上交往的“主旋律”。异性效应在网上交往中不仅存在，而且表现得很明显。不少人上网聊天、浏览的潜在动机在于寻找异性，在追求休闲娱乐和心理享受的同时，也有很多人抱有相机觅友和调情的目的。

正如上面提到的，网络人际交往是一把“双刃剑”，对学生的健康成长既有正面效应，也有负面效应。如何帮助他们正确处理好虚拟与现实的关系，将是学校社会工作的一方面重要内容。

二、不同类型人际关系社工的介入要点

（一）家庭关系介入要点

（1）科学诊断　很多学校对亲子关系的辅导往往采用讲大课方式，而对每位学生亲子关系究竟存在什么问题，缺乏了解，更缺乏科学的诊断，因而影响亲职教育的针对性与实效性。要建立良好的亲子关系，首先，需要对亲子关系进行科学的诊断。而在中国，受传统家庭文化影响，亲子关系被视为家庭隐私，有些父母认为"家丑不可外扬"，怕真实谈出问题对子女有影响，防卫机制很强，因此社工介入家庭时要做的第一件事便是科学诊断。要向亲子双方说明诊断的意义，理解、尊重并真诚的帮助亲子双方，使诊断成为他们自己的迫切要求，取得他们充分的合作，是诊断成功的必要前提。社工可灵活运用测验法、谈话法、作业法、家访与个案工作等方法综合进行诊断。

（2）双管齐下　父母是教育者、监护人，在亲子关系方面，应负有主要责任，但亲子关系是双向的关系，特别是学生进入少年期，其独立性，自我意识显著发展，绝不能忽视他们的主体作用。特别是有的父母改进管教态度较困难时，教育学生能正确对待，减少消极影响尤为重要。

经研究发现，父亲对青少年社会化的作用在一定条件下比母亲相对更大些。可是目前很多父亲往往忙于工作挣钱，把教育子女的重任推给母亲，因此要强调父亲的角色与职能，并发挥父母各自的优势，克服各自的弱点，协调一致教育子女。如果只是一方参加教育，往往会造成父母教育不一致的问题。

（3）亲职教育　建立良好亲子关系的关键是提高家长的思想道德和科学文化素质，帮助家长更新教育观念，了解教育规律，掌握教育方法与艺术。其中根本的问题是帮助家长转变教育观念。教育观念决定对子女的期望值，期望值决定管教态度，管教态度直接影响亲子关系。要帮助家长破除"父要子亡、子不得不亡""棍棒底下出孝子"等封建观念和"学好数理化，走遍天下都不怕"等落后观念。为此必须加强亲职教育——如何扮演为人父母，成为成功的父母。

（二）同伴关系介入要点

（1）分类处置　学生的成长离不开同伴，同伴是学生身心发展的需要，同伴关系是学生获取社会技能的基础。有研究表明，不同类型的同伴关系对学生的影响和作用不同，如安全型的同伴关系具有高水平的信任、承诺、关系满意度和更为开放的沟通等特点，回避型的同伴关系则与低水平的相互依赖和信任相联系，焦虑矛盾型的依恋则与忌妒、低水平的信任和满意度相联系。还有研究考察了 13 ~ 19 岁青少年的同伴关系、情绪调节及适应之间的关系，结果发现，安全型和回避型的青少年其风险性（学校成绩差、犯罪、吸毒、性行为）都比焦虑矛盾型的少。因此，针对学生的同伴关系，社工不能一棍子打死，而要深入了解和鉴别群体类型，有针对性地分类处置。例如，对于积极型群体，要热情支持，为其活动提供机会以增进同伴友谊；而对于消极型同伴群体，要积极疏导，做好群体中核心人员的工作，利用其威信带动其他成员，发挥该群体特长，开展有意义活动，变消极为积极。

（2）培养亲社会行为　亲社会行为又称为积极的社会行为，是指个体在社会活动中展

现出来的一些有益于他人的行为，如分享、同情、关心、谦让、互助、合作等。亲社会行为不仅对同伴接纳有重要的影响，也是改善和提高学生人际关系的重要因素。在学校学生之间的交往，随时都能体现出亲社会行为，社工应该学会观察，及时给予帮助和指导，主要有以下几个方面：

①培养协同合作精神　在学校中学生间相互交往、接触的机会很多。社工应设法在学习之外围他们提供、创造与同伴一起协作、合作的学习与游戏机会，让学生在实践中学会协调合作，并对学生的合作行为给予鼓励、评价或指导，通过强化学生的合作情感体验，深化其协同合作品质。

②培养“心理置换”意识　“心理置换”是把自己与对方进行“位置”交换，设身处地地用对方的情感、思绪和观点来考虑和解决问题，以期探索对方的行为动机，寻找对方与自己的共同语言。社工要通过多种形式如游戏、团体活动、角色扮演等引导学生转换位置、转换角度设身处地为他人着想，体味他人的困难与心情。

（三）师生关系介入要点

（1）以教师而非学生为介入重点　教师在与学生交往时应注意以下几点：

①平等　教师应将学生作为平等的个体来对待，加强与学生的情感沟通和交流，重视学生的情感体验，不随意贬损和伤害学生的自信、自尊和人格；全面了解学生，真诚的帮助每一位学生、不忽视、歧视学习成绩落后的学生，使每一位学生都能感受到教师的关注。

②鼓励　教师应对学生取得的进步给予及时地鼓励和肯定，增强学生的自我效能感，促使学生的学习活动更加顺利而有效进行。教师应对学生充满期待，相信他们经过努力会获得知识、技能、能力和人格的长足发展，这种教师对学生所持有的期待被称作“罗森塔尔效应”，它会促进师生关系的密切与和谐。

③减负　在教学过程中，教师应不断改进教学方法，提高课堂教学效率，减轻学生的学习负担，调动学生的学习积极性，激发学生的学习兴趣。尤其是对高年级学生，应重点教会其有效的学习方法，同时转变教育观念，将为“应试”而教转变为为学生的健全发展和成长而教。

（2）创造多元的沟通渠道和交流途径

①沟通渠道制度化　和谐的师生关系是在活动和交往中建立起来的，因此要从制度上保证师生之间有一定的交往频度，使师生的思想在交往中交流、碰撞和整合。如在校园网上建立“师生交流论坛”，学生可在论坛上与教师进行自由交流，开辟“第二课堂”也是不错的选择。总之，社工要帮助学校建立专门的师生课后交流制度。

②直接交流和间接交流相结合　李泽民对广州市 7 所高校的调查显示，[1] 40.5% 的学生希望与教师进行直接交流，30.55% 的学生选择了“发电子邮件或 QQ 聊天”的间接方式交流，说明学生对师生交往方式的多样化选择。间接交流提高效率、节约时间、方便交往双方受到广大师生欢迎。但这种交流也有负面作用，“见物不见人”的交往易导致情感联系

---

〔1〕 李泽民 . 2010. 高校师生关系现状与发展研究——基于广州地区 7 所高校的调查[J]. 教育导刊(7).

淡化、产生隔膜，导致互不理解、互相抱怨，带来信任危机；而促膝长谈、走访宿舍等直接交流则能弥补这些缺陷。可见，直接交流和间接交流必须有机结合，充分发挥各自长处，既能提高沟通交流的时效性，也兼顾到师生的情感需求。

(3)引导学生构建合理的师生关系诉求　从李泽民的调查来看，学生的老师的希望和要求很多，代表性的观点包括：[1]

①希望老师能叫出大部分学生的名字，多关注我们；②希望老师试着和学生交流，很多学生只是觉得害怕，只要有一方踏出一步，师生之间的交流就会变好；③希望老师把学生看成自己的孩子一样关怀；④希望老师对学生一视同仁，在老师心中应该无差生与优生之分，如果有，差生更需要关心。在当前学校师生人数比普遍失衡，学生多教师少以及应试教育等宏观背景下，学生期望有的也许永远也无法实现。因此，社工要引导学生建立理性诉求，对师生关系既不能要求过高，也不能操之过急，不更不能因师生关系未达到理想而失望，进而放弃，因客观分析现状，多从自身找原因，并努力创造条件。

(四)网络人际关系介入要点

(1)适应网络时代，提高网络运用水平　在现今的复杂形势下，社工不仅要有深厚的社会工作理论与方法，还要适应网络时代发展的要求，提高网络技术的运用水平。学生在网络中的言论往往是其思想的真实流露，很多学生常常将自己在现实生活中的不愿意或不方便告诉老师、同学的想法通过网络匿名的形式表达出来。社工如果拥有较高的网络技术水平，不仅可以通过浏览学生的QQ空间和博客，快捷、详细的了解学生的思想动态，以敏锐的思维迅速抓住问题，有的放矢的开展工作，而且可以运用QQ群或BBS发布相关信息，与学生平等对话和交流，及时反馈学生意见，解决学生的实际问题，拉近与学生的距离，提高社工服务的时效性和有效性。

(2)扬长避短　网络人际交往是对传统人际交往方式的重要补充，对学生具有多方面的影响。网络人际交往对学生的正面作用包括：网络扩大了学生的交往空间；网络促进专业知识的学习；网络交往为个体情感宣泄提供了良好的途径；网络交往提高了个体主体意识和参与意识。然而虚拟世界并不等同于真实的生活，过度的网络交往对学生产生了不良影响：网络交往弱化了学生人际沟通能力，导致现实人际关系的缺失；网络交往利用不当引发心理孤独与压抑；网络的虚拟性导致人际信任危机和双重或多重人格的出现。

据此，针对学生的网络人际交往，社工不能采取简单说教和粗暴禁止的方式应对，而要扬长避短，发挥其正面影响，规避其负面作用，使网络为其所有。具体而言有以下工作内容：首先，要了解学生选择网络交往的动因，是为了满足好奇心理，还是从众心理的驱使，还是摆脱空虚，还是放松压抑的心理，还是满足自我实现；其次，要评估学生对网络人际交往的依赖程度；最后，要引导学生做网络的主人，认识网络交往只是现实人际交往的补充，不能用网络关系取代现实生活中的人际关系。

(3)加强网络道德教育　把网络道德教育作为学校德育的重要内容，甚至有必要将其引入计算机等级考试之中，使学生将网络道德与网络技术至于同样重要的地位，认真学习

---

〔1〕 李泽民.2010.高校师生关系现状与发展研究——基于广州地区7所高校的调查[J].教育导刊(7).

并加以遵守。一方面要增强学生的网络交往自律意识，使学生明白网络虚拟世界并不是一个毫无约束、绝对自由的世界；另一方面要引导学生正确认识虚拟世界与现实世界的关系，现实世界是虚拟世界的基础，虚拟世界是现实世界的拓展，离开了现实世界，虚拟世界是无源之水、无本之木。

第三节　案例分享

一、学生社交恐惧与个案社会工作

社交恐惧，是指当事人在与人接触的过程中对某种不具有任何伤害性事物的不合理的恐惧和持续、显著的畏惧反应，即当事人明知不会受到伤害，但仍然无法控制自己的恐惧情绪。在这个定义中，需要特别强调两个词即持续和显著。具有社交恐惧的人的紧张恐惧远远超过正常的程度，这种恐惧很难控制，足以令他们逃离或不再进入社交场合。学生正处于身体迅猛发育和心理不断成熟阶段，情绪波动很大，关注自我，因此也是最容易患社交恐惧症的一个群体。

（一）学生产生社交恐惧的原因

导致学生产生社交恐惧的原因很多，主要分为外部因素和内部因素。

(1)外部因素　包括遗传因素、家庭因素、学校因素和社会因素四个方面。

①遗传因素　如果父母中有人患有社交恐惧症，则他们的子女患社交恐惧症的几率要比正常父母所生育的子女高。

②家庭教养方式　学生缺少或感觉不到父母的关心和情感温暖，会使他们在社会交往中缺乏安全感；另一方面父母的过分保护，阻碍了孩子个体独立性和社交能力的发展，也容易使孩子产生孤僻的性格，久而久之也可能会对社交活动产生恐惧。

③错误的学校教育理念和评价标准　长期以来的应试教育模式使人们认为只要学生成绩好，其他问题如人际交往、生活自理等都不是问题。这样会使学生基本生活自理能力、社会适应能力、情绪调节能力等方面十分欠缺。

④社会影响　当前的社会是一个不断变迁的社会。社会的发展速度相当快，这与一些学生成长环境相对保守之间形成了一定的落差，使他们在与一些新事物接触、互动的过程中找不到正确表达自己的途径和方法，因此对自己不自信，从而回避社交活动。

(2)内部因素　包括缺乏自我认同、过度自我关注、通过学习获得的和缺乏社交技能四方面。

①缺乏自我认同感　具有社交恐惧的学生，他们的自我认同感不强，对自己的能力做出的评价往往都是负面的，给予这种心态，他们总是回避与人交往。

②过度关注自己　学生处于人生中一个心理成长发育的特殊时期，对自我的关注度特别强，尤其是在公开场合，他们太在意别人的评价，这种对自我的关注反而会损害社交时候的表现，无法使自己在社交活动中表现最佳状态，长此以往会对社交行为产生恐惧。

③通过学习获得的　学习分为两种情况：a.“直接经验”。学生在交往过程中屡遭挫折、失败，就会形成一种心理上的打击或“威胁”，在情绪上产生种种不愉快的甚至痛苦的

经验，久而久之，就会不自觉地形成紧张、不安、焦虑、恐惧等情绪状态；b.“间接经验”。如看到或听到别人在某种交往情境中遭受挫折，陷入窘境，自己就会感到痛苦、羞耻、害怕，这种情绪泛化，导致了社交恐惧。

④缺乏社交技能　许多学生在社交场合中都因缺乏与别人交往的技能而导致社交失败。当个人在能力上无法应对社会互动的需求，不懂得在适当的时机做出反应时，就会感到紧张不安，因此产生恐惧。

（二）运用个案社会工作方法矫治学生社交恐惧问题[1]

个案社会工作是采用直接的、面对面的沟通与交流，运用有关人际关系与个人发展的各种科学知识与专业技术，对案主(个人或家庭)进行工作。通过心理调整和环境改善，协助案主解决困扰的问题，改善其人际协调能力，完善其人格与自我，从而增强其适应社会的能力，以维护和发展个人或家庭的健全功能，增进其福利。个案社会工作的主要方法包括人本治疗法、行为治疗法、理性情绪治疗法等。其中认知行为模式是行为治疗法中的一个方面，也是一种经常运用的矫治青少年社交恐惧问题的个案工作方法。

认知行为治疗是认知治疗和行为治疗的结合。认知理论认为，认知过程是情绪和行为产生的决定因素，治疗就是通过改变案主的认知过程，通过改变案主的观念纠正他们的情绪和行为。行为疗法则认为，行为是通过学习得来，异常行为也是如此。治疗则是通过一些实际操作来消退、抑制、改变和替代原来不良的行为。因此，认知行为治疗的着眼点在于帮助案主认清自己不健康的思想或信念，而采用更具建设性的思想或信念克服自己的困难。在用认知行为治疗模式对案主进行治疗时，常采用认知干预技术和行为矫正技术。

(1)认知干预技术

①认识自动思维　通常未意识到的一些习惯的思维活动称为“自动思维”。如案主一进入社交场合就产生恐惧，是因为在这个场合中他可能不自觉地就会产生这样的一些想法“我千万别结结巴巴讲不下去”“他们会笑话我”。认识自动思维就是为了帮助案主认识到这种不自觉地想法才是导致一进入社交场合就产生恐惧的直接原因。

②列举认知歪曲　有的案主容易主观臆想，即缺乏根据，主观武断推测。如某案主有项工作没做好，便推想所有的同事会因此看不起他。或者是乱贴标签，即消极片面的把自己毁于公式化。可能只是在一次社交活动中表现不好，于是就认为自己社交能力差，不会说话，从而避免参加社交活动。

③积极的自我对话　此技术实施方法有两种，一种是要案主坚持每天回顾并发现自己的优点或长处并记录；另一种方法是要案主针对自己的消极思想，提出积极的想法。

(2)行为矫正技术

①建立恐惧或焦虑的等级层次　这是进行系统脱敏疗法的依据。这一步包含两项内容：要深入了解案主的恐惧情绪是由什么样的刺激情境引起的；将案主对某一事件的恐惧程度由弱到强按次序排列出“恐惧层次”。以上两步工作也可作为作业由案主自己独自去做，但再次治疗时，工作者一定要认真检查，注意等级排列的情况。

---

[1] 李慧. 2010. 试论青少年社交恐惧问题及其个案社会工作矫治[J]. 黑龙江科技信息(28).

②放松训练　一般应用肌肉放松训练的方法对抗恐惧症中的焦虑情绪。训练时要求病人首先学会体验肌肉紧张与肌肉松弛间感觉上的差别，以便能主动掌握松弛过程，然后根据指导语进行全身各部分肌肉先紧张后松弛的训练，直至能主动自如地放松全身的肌肉。

③分级脱敏练习　在完成以上两项工作之后，即进入系统脱敏练习。系统脱敏在案主完全放松的状态下进行。这一过程分为三个步骤进行：放松，一般需要训练6～10次练习，每次历时半小时，每天1～2次以上，以达到全身肌肉能够迅速进入松弛状态为合格；想象脱敏训练。由工作者做口头描述，并要求案主在能清楚地想象此事时伸出一个手指头来表示。然后，让求治者保持这一想象中的场景30秒钟左右。想象训练一般在安静的环境中进行，想象要求生动逼真，像演员一样进入角色，不允许有回避停止行为产生。实在无法忍耐而出现严重恐惧时，采用放松疗法对抗，直到达到最高级的恐惧事件的情景也不出现惊恐反应或反应轻微而能忍耐为止。一次想象训练不超过4个等级。如果在某一级训练中仍出现较强的情绪反应则应降级重新训练直至完全适度；实地适应训练。这是治疗的关键步骤，也是从最低级到最高级，逐级训练以达到心理适应。一般均重复多次，直到情绪反应完全消除，方进入下一等级。这样循序渐进的、有系统的把那些由于不良条件反射而形成的强弱不同的恐惧反应，由弱到强一个一个的予以消除(即脱敏)。

二、新生人际交往与小组社会工作

人际交往健康与否直接关系到当代大学生心健康状况。一个人的幸福和才智来自人际关系，一个人的痛苦和不幸也常和人际关系的不协调有关。当人际关系和谐、融洽时，它会给人带来愉快、充实、幸福、成功、快乐，并能充分调动起人的积极性；而当人际关系紧张、失调时，它又会给人带来烦恼、痛苦、失望、忧伤和阴影。当代大学生中部分同学易陷入人际交往的困惑，尤其是新生。小组工作在提高案主处理人际关系和人际交往技能改变认知、建立和谐的人际关系等方面有很好的效果。本章通过组织一个新生成长小组的案例，试图用小组工作的方法干预并帮助他们形成健康的人际交往氛围。

(一)活动理念

在小组中，应用社会工作的专业方法——小组工作解决当代大学生存在的人际交往障碍，加速其对人际交往良性认知的发展，通过活动方案观察学习其他组员在处理困境时的方法、改变其交往技巧，形成健康的人际交往心态；另一方面，以组员的经验或者体验协助其他组员解决其正在经历的困惑，即组员利用小组资源达到自助的目的。社工在提供帮助的过程中，应考虑到人所处的环境中，把个体与环境——生活的群体环境、校园文化结合起来考虑其发生的生理、心理、社会的原因。小组活动的方案立足于结合人与环境，通过不同环境下人不同行为的对比寻找影响交往的障碍，例如，当初我是怎样对待(令自己苦恼的事)。整个活动方案贯串了认知理论，其中包括对友谊、对朋友、对冲突、对角色、对他人回应自己的态度等的认知。

(二)人员招募

(1)招募标准　大一同学，因文化差异所带来的交际困难主要体现为：性格比较内向；被忽视的人；只属于小群体；不关心同学、冷漠。

(2)评估组员的适应性 用组员自身特点表评估在老乡的推荐介绍下根据自愿的原则，社工对报名者进行深入访谈并客观评估他们的适应性，以确保小组活动的价值。最终有9名同学参加活动。这9名同学的人际适应性评分如下表所示[1]，每个项目的打分越高，说明小组成员对该项目的适应性越好(表10-1)。

表10-1 小组成员的人际适应性评估

项目/等级	1	2	3	4	5	6	3分以上
主动与人打招呼	3	3	1	1	1	0	33.3%
了解自己	4	3	1	1	0	0	22.2%
相信自己	3	3	2	1	0	0	33.3%
了解别人	3	3	1	1	1	0	33.3%
信赖别人	4	3	1	1	0	0	22.2%
与人相处感到自由自在	3	3	1	1	1	0	33.3%
能与朋友谈心	3	2	1	2	1	0	44.4%
喜欢交友	2	3	1	2	1	0	44.4%
喜欢参加活动	2	2	2	2	1	0	44.4%

(三)活动方案[2]

社工针对小组成员人际适应性项目的评分情况，总结出小组成员目前最迫切需要改善的人际交往技能包括：了解自己、了解别人、信赖别人，围绕这三个方面社工设计出一套小组活动方案(表10-2)。

表10-2 人际关系小组活动方案

阶段	次数	主题	内容	地点
分属期	1	通过游戏相互认识	1. 走场；2. 叠罗汉；3. 我眼里的你	一号教学楼
权利与控制期	2	关注相处、体味友谊	1. 破冰活动“007翻版”；2. 最令我兴奋、尴尬……的事；3. 角色互换，假如我是他/她	校园草坪
	3	培养成员合作意识增进小组凝聚力	1. 解人结；2. 果断训练；3. 故事接龙——讨论合作	校园草坪
亲密期	4	体味沟通的重要性，增强相互的信任度	1. 折叠沟通；2. 诉说误会；3.“当初我是……对待”(令自己苦恼的事)	校园草坪
	5	相互扶持共同发展	1. 我爱我家；2. 答记者问；3. 百位生活，体验冷淡	校园草坪
分辨期	6	以信任为载体助人自助	1. 体育竞技；2. 曾经的无奈；3. 形似我心	校园草坪
	7	端正认知彼此学校	1. 自照镜子，优缺点剖析；2. 有口难言；3. 真情告白；4. 回应他人的四种态度	校园草坪
分离期	8	巩固小组成果，回顾小组互动	1. 刘三姐唱山歌；2. 一路分享；3. 放飞理想，相互寄语	校园草坪

---

〔1〕 一个小组到底以多少人为佳，学者们一直有争论，但多数意见同意在3～50人。不同规模的小组具有不同的功能，5人的小组比较适合讨论，8人的小组最容易完成任务，而活动性、辅导性或教育性的小组规模则可稍大些。不过，超过25人的小组，成员之间的紧密性将明显降低。

〔2〕 王竹焕. 2008. Flying小组社会工作[J]. 社会工作(7).

(四)小组活动各阶段分析

依据卡兰德对小组活动过程的划分，将小组中组员的成长过程给予剖析：

(1)分属期

①阶段分析　在第一次活动中，组员怀着各种情感进入小组，在与素不相识的人建立初步关系时，他们只愿意分享一些个人的资料性信息，在不确定小组是否值得安全时，他们的交往很谨慎，在讨论互动的过程中，通常只停留在理性层面，大家相处很礼貌却不积极，乐意彼此支持却不够深入，这种看似“融洽”的场面，其实就暗示组员没有真诚地袒露自己，即小组是不安全的。此时社工首先要热情、真诚、尽量传达一种温暖而积极的态度。再者，要多运用支持、倾听等技巧，为小组营造自由、真诚、平等的气氛，降低组员的压力，使组员能尽快地融入小组活动中。

②案例分析　例如，小组成员“坏小孩”(在活动中通过不同的走路方式自己给自己取的一个代号)是一个不善于言谈的男生，喜欢以微笑表达自己心意，书法很好，喜欢足球、篮球运动，与球类有关的各种信息都了如指掌，他从不敢主动与人交流，担心自己被嘲笑，在众人面前表现自己时，他总是感到很不自在，总想退缩，潜意识中他很想被接受、认同希望有人注意到他的存在，欣赏他的优点。有趣的破冰活动“走场”营造了充满创意与展示个性的轻松、愉快气氛。“坏小孩”脸色通红、时不时抬头、低头，手里不停地玩弄着笔，看得出他很紧张，在很多组员展示不同走姿之后，社工鼓励他，他很犹豫，迟迟不愿意离开自己的座位，最终在组员热烈的掌声中“坏小孩”战胜了自己，羞涩地展示了很特别的走路姿势，事后“坏小孩”说他当时很没有勇气，怕被其他人嘲笑，不敢上台，社工的鼓励给是一剂催化剂，走场后他感到很轻松，觉得被认可很开心。

(2)权利和控制期

①阶段分析　在此阶段社工应该提供更为公开的交流模式，积极欢迎组员反馈意见，促进小组的交流。在组员彼此慢慢熟悉之后，他们开始发展在小组中如何得到安全感和回报，试着通过角色扮演获取自己的权利，形成了不同的地位、关系，形成小组初步的结构，社会工作运用果断训练培养组员的自我意识，纠正不良的人际行为。在此期间若个别组员不能够从小组中感觉到安全和满足就会退出活动，如“燕子”就是在此期间离开小组的。

②案例分析　例如，“燕子”说这个活动跟她预期的不一样，“我觉得对我没有什么意义”。燕子的离开，让社工反思，但要尊重案主自决，尽量去澄清、去挽留她、分析可能造成误会的原因，事实上只能惋惜地让她离去，社工依然感谢她曾经对小组活动所做的积极贡献。在下次活动中社工如实地将燕子离开的事实向大家坦白，希望大家在以后的活动中能够不断提供建议，改善活动促进组员共同成长。“燕子”的离去对组员没有造成大的影响，毕竟这是第二次活动，组员的熟悉度不太高，凝聚力不强。

(3)亲密期

①阶段分析　在此阶段，组员的关系更加密切、友好，小组的凝聚力也大大增强，组员更开放，交流的深度、广度均有所增进，愿意将自己尴尬的事情公布于众，他们嬉戏、逗乐，喜欢紧靠着坐。而不是向前一个阶段与他人保持一定的距离，他们会有勾肩搭背的举动，能够真诚的敞开心扉与他人交流，通过合作性游戏活动减少组员过去成长中的负面

情绪，放松心情并降低了防御心理，有效地促进了小组顺利发展，组员也开始承认小组工作在其转变中的重要性。

②案例分析 例如，小组成员“小强”，是一个很不信任他人的男生，认为别人不值得信任、交流，别人是否理解自己根本不重要，总是独来独往。经过前几次活动他深深地观察到其他组员真诚、友善，认识到同辈群体在校园生活中的重要性，他放弃成见，主动去理解他人，最明显的表现就是，在前几次活动中他发言比较被动，参与活动的热情也不是很高。现在，在讨论环节中他总是带头发言，很专注地聆听组员的发言，愿意讲尴尬的往事，期待大家的支持与理解，在合作性活动中，表现也很积极。

(4)分辨期

①阶段分析 在这一阶段小组活动走向成熟期，组员之间的关系是理性且客观的，组员在小组中学习尝试新行为，人际交往的一些基本技巧也都贯穿在小组之中，组员也切身体会并运用，角色扮演、情景设计等活动，有效地改变了认知。此时社工适时总结小组活动，以帮助组员清楚地意识到自己所学的东西和改进的地方；推进小组继续向前发展，此阶段组员均朝向自己的目标而努力；个人的倾诉需要以及组员之间的沟通关系均呈现良性的发展态势。

②案例分析 例如，小组成员“慕容”，她最先与组员打成一片，很受组员的欢迎，她能很好的理解别人，也很愿意主动去理解、帮助别人，可是她觉得自己生活的很累，她很看不惯周围人的不文明行为，她不明白他们的高中语文是怎么学习的，讲话从不注重场合，从不考虑别人的心情，有人说她是过于敏感，她自己却不这样认为。前几次活动小组为她提供了足够的倾诉时机，让其述说自己的情绪，大家很理解她，并发展各种方法帮助她，社工采用“曾经的无奈”“真情告白”等让她从中学会了许多技巧，她也慢慢变得轻松起来，不再那么苛求自己。

(5)分离期 小组工作接近尾声，小组目标基本上得到实现，小组走向解体。在这个过程中，有些组员会出现焦虑情绪，他们可能不愿意小组解体，希望小组活动能够继续进行，逃避解体这一现实事实。社工要在适当是时候提醒大家，小组活动的发展阶段，暗示小组活动的分离期，好让大家事先有个心理准备；并与组员分享小组活动的成就，鼓励大家在小组之外巩固在小组中学到的技巧；妥善处理好组员的负面情绪，缓解组员因为分离而产生的压力、紧张；总结活动，完成评估。

本章小结

在总结心理学、社会学、社会工作等学科研究成果的基础上，本章首先界定了什么是人际关系及其建立过程、人际关系的相关理论(人际需要三维理论和社会交换论)、影响人际关系的心理效应(首因效应、近因效应、光环效应、投射效应和刻板印象)。学生人际关系包括四个层面——家庭关系、同伴关系、师生关系以及网络人际关系，基于本国国情和学生的实际状况，分析了不同层面学校社会工作的介入要点。家庭关系的介入要点是科学诊断、双管齐下、亲职教育，同伴关系的介入要点是分类处置、培养亲社会行为，师生关系的介入要点是以教师而非学生为介入重点、创造多元的沟通渠道和交流途径、引导学生构建合理的师生关系诉求，网络人际关系的介入要点是提高网络运用水平、扬长避短、假期网络道德教育等。最后举实例说明个案工作方法和小组工作方法如何应用于解决学生人际关系需要的社会工作实务之中。

思考题

1. 人际关系建立的经历了哪几个阶段？试举例说明。

2. 什么是人际需要三维理论？

3. 人际关系中的我：每一个人都在一个人际关系网里，你周围一定有一些重要的人物，亲人、朋友、老师等。现在你尝试着变换自己的角色来看你自己。用五分钟时间，每一个项目用 3 ~5 个形容词。

妈妈眼中的我	亲戚眼中的我	朋友眼中的我	同学眼中的我
爸爸眼中的我	恋人眼中的我	老师眼中的我	自己眼中的我

4. 封父母写给子女的信内容如下：

(1)缺不缺钱？(　　)；

(2)天冷不冷，要不要寄衣服？(　　)；

(3)功课忙不忙，身体要不要紧？(　　)；

(4)有没有女朋友，要不要增加开支？(　　)；

(5)想不想家，想不想我们？(　　)。

在这封信里，只要他们的大学生儿女在括号里面打勾或打叉就行了。请问这封信反映了哪些问题？作为社工该如何面对和解决这些问题？

第十一章

学生就业择业需要与社会工作介入

【**案例**11.1】

学习与就业

阿林来到大学觉得自己的生活一下子失去了目标，没有老师的监督，似乎除了学习他找不到什么感兴趣的事情做，而且90分的成绩和60分没有什么大区别，所以学习没什么动力。偶尔想起未来的发展，有些迷茫和焦虑，但觉得那应该是毕业那年再考虑的事情。

（章案例皆根据工作记录和实务改写）

【**案例**11.2】

专业与兴趣

小健高考填志愿时，父母亲戚都建议他读计算机科学与技术专业，说将来好找工作。但进入大学后，随着对专业的更多了解，专业课程逐渐增多难度增加，小健愈来愈厌烦天天和数字符号、机器打交道。他乐意帮助同学，很爱群体活动，热衷于学校学生会的工作……可难道就放弃专业的学习和知识了吗？他在困惑。

【**案例**11.3】

付出与未来

开学，阿雅该上大学二年级了，随着对大学生活新鲜感的逐渐淡去，她成了校园里的老生，天天都很忙，上课，听讲座，参加社团活动，和同学逛街……但她不知道自己在忙什么？觉得很累，可想到要为将来的工作打个基础，就觉得这些付出值得吧，但有时很沮丧，因为忙得无头绪，不知道这样的付出对未来的发展有没有作用。

【**案例**11.4】

对就业信息了解甚微

吴霞到就业指导中心寻求帮助，她读的是法律专业，她很喜欢这个专业，但是不知道毕业后除了做律师、公检法公务员或者法律咨询顾问，还有什么工作可选择。这些相关职业的工作前景如何，需要具备哪些技能，她不是很清楚，也不知道能通过什么渠道了解，期望老师能够解答她的疑惑。

从上述案例中可以看出求学时期也是职业准备时期，大学、职业院校等更是学生步入职场的过渡阶段，这一阶段学生的主要任务除了学习，还包括其他很多内容，其中对就业择业的困惑是很多学生迫切需要解决，但一直无法妥善解决的难题之一。在现实生活中，学生仅依靠自己进行就业择业探索是很困难的事情。如果择业模糊，对未来工作迷茫会导致学生读书无动力，拓展素质无方向，最后陷入迷茫、懒散、就业焦虑、择业无力等消极状态。如果再交织家庭贫困、情感失败等其他问题，则容易导致学生走上极端的地步。人生的成功很大程度上依赖于职业生涯的成功。因此，学校社会工作者的重要任务之一就是满足学生的择业就业需要，帮助学生树立生涯规划意思，本章将对此展开探讨。

第一节　学生就业择业需要概述

一、就业择业概要

就业，是指一定年龄阶段内的人们所从事的，为获取报酬或经营收入所进行的活动。如果再进一步分析，就业可划分为三个方面：①就业条件，指在法定劳动年龄内，有劳动能力和劳动愿望；②收入条件，指获得一定的劳动报酬或经营收入；③时间条件，指的是每周工作时间的长度。在我国，16 周岁以上，特殊职业需要 18 周岁以上才能就业。所谓择业，就是择业者根据自己的职业理想和能力，从社会上各种职业中选择其中的一种作为自己从事职业的过程。任何已具备劳动能力的人，都要进入社会职业领域选择特定的职业。在职业选择过程中，择业者不仅要考虑到个人的需要、兴趣、能力等因素，还要考虑社会发展的需要。青年学生的择业问题更是关系到就业质量以及在学校的学习兴趣。在分工越来越细化的时代，就业择业已经成为青年人安身立命的大事，是进入社会的第一步。

二、职业生涯

职业生涯是一个人的职业经历，是指一个人一生中所有与职业相关联的行为和活动，以及相关的态度、价值观、愿望等连续性经历的过程，也是一个人一生中职业和职位的变迁，以及工作与理想的实现过程。职业生涯是一个动态的过程，它并不包含在职业上成功与否，每个工作着的人都有自己的职业生涯，当然每个人的职业生涯时间长短可能不一致。一个人的职业生涯的质量高低与人的生活质量密切联系，人生的成功常常依赖于职业生涯的成功。青年学生的生涯规划能力尚未完善建立，甚至不少学生对未来存在着迷茫无助，对生涯规划完全无概念。这些将大大影响学生学习目标的建立。

三、职业生涯相关理论

(一) 帕森斯的特质因素理论

费兰克·帕森斯(Frank Parsons)的特质因素理论又称人职匹配理论。特质因素论是最早的职业辅导理论，1909 年，帕森斯在《选择一个职业》的著作中提出了人与职业相匹配是职业选择的焦点的观点。他认为，个体都有自己独特的人格模式，每种人格模式的个体都有其相适应的职业类型。个体在选择职业的过程中，涉及三个主要的因素：①对自我爱好和能力的认识；②对工作环境及其性质的了解；③以上二者之间的协调与匹配。

帕森斯认为，个人选择职业的关键在于个人的特质要与特定行业的要求相匹配，只有这样，人才能适应工作，并使个人和社会同时得益。

(二) 霍兰德的类型论

美国著名职业生涯辅导约翰·霍兰德(John L. Holland)假设，人的职业选择是其人格的反应，“职业选择反映了人的动机、知识、人格和能力。职业代表一种生活方式、生活环境，而不仅仅是一些工作职能和技巧”。霍兰德理论的基本观点如下：

(1)大多数人可以被区分为6种人格类型　即实用型(R)、研究型(I)、艺术型(A)、社会型(S)、企业型(E)和事务型(C)。通常用三个字母的代码表示一个人的职业兴趣，这三个字母的顺序表示了兴趣的强弱程度理论家的不同。例如，SAI和AIS的人，具有相似的兴趣，但是他们对同一类型事务的兴趣强弱程度是不同的。

(2)工作环境也有6种类型　工作环境类型亦即职业类型，其分类名称及性质与上述人格类型的分类一致。人们寻找这样的环境，可以施展才能，表达态度和价值观，解决愿意解决的问题，担当适当的角色。

(3)人的行为表现是由人格类型和其所处的环境相互作用决定　如果知道自己的人格类型和职业类型，就可以预测自己的职业选择、工作变换、职业成就、个人竞争、受教育机会及社会行为。

(三)金兹伯格职业发展理论

金兹伯格(Ginzburg)是职业发展理论的缔造者。他指出，职业决策是一连串过程，不是某一时刻一下子就能完成“决定”的。职业选择是优化决策，职业选择的实现是个人意识与外界条件的折中、调适。影响职业选择的因素包括现实因素、教育因素、个人情感和人格因素、职业价值与个人价值观因素。在金兹伯格的理论中，青年人的职业选择观念可以分为空想期、尝试期和实现期三个阶段。

(四)舒伯的生涯发展理论

美国著名的心理学家舒伯(Super)的职业发展理论比金兹伯格的更进了一步，他的主要观点包括：①人是有差异的；②职业选择与调适是一个连续过程；③职业发展过程具有可塑性。

舒伯对于个人生涯的分析围绕着职业生涯的不同阶段进行，这构成了他的职业生涯阶段理论。舒伯将个人职业生涯发展划分为成长、探索、建立、维持和衰退共五个阶段。

(五)各种职业生涯发展理论与社会工作的理论的同质性

各种职业发展理论依据自身原理对人的生涯规划进行了分析和指导，与社会工作高度一致的共同点是，基础为自我了解——尊重个人的独特性；发展过程中重视环境的影响作用；决策过程重视科学方法。

社会工作者在实际介入中，必须于建立平等、尊重的合作关系，充分发挥学生的自主性为重要基础。社会工作的理念强调并需要案主自决，在介入方案应用职业生涯规划理念的时候，需充分激发学生自我探索的能力，而不简单地依赖于各类职业生涯发展理论的测试，以便充分地调动学生在职业生涯规划中自我探索的欲望和不断探索的意识，达到学生助人自助的目标。

第二节　社会工作介入要点

随着高校扩招，我国每年毕业的大学生在逐年上升。据教育部统计，2015年全国高校毕业生总数将达到749万人，比2014年增加了22万人，达到历史的新高。而近年来全球经济形势放缓，大学生难以适应竞争日益激烈的市场，岗位供给和大学生就业需求之间的矛盾被激化，大学生就业难成为了一个亟需解决的社会问题。大学生职业规划教育与就业指导在此背景下方兴未艾，成为当前高校育人的重要部分。在我国大部分高校，均设有就业指导中心，目的是引导学生就业，为促进学生就业提供必要保障，恶劣的就业形势对大学生就业指导工作提出了更高的要求。社会工作者的介入将有力推动职业规划教育与就业指导向健康有效的路径发展。

一、当前大学生就业指导服务存在的介入需求

纵观各高校的就业指导服务，形式多样，各有千秋，但可总结为以下几种基本类型。常见的就业指导服务包括成立就业指导中心，开设职业素质培养课程，讲解相关政策，召开职业教育会议和讲座，举办招聘宣讲会，开展校友交流活动，参观企业，心理咨询等，貌似大学生的就业择业指导已经很完善了，事实上学生的就业择业指导仍然处于宏观层面，大量的学生个体的就业择业服务仍然相当匮乏。

（1）当前大学生就业指导服务大多局限在毕业环节的择业指导中，服务的延伸和扩展明显乏力〔1〕 从服务目标上看，成绩凌驾于成长之上，学校注重工作业绩，如只注重就业率的提高，而忽视了学生能力的持续增长，这种情况在大学生创业浪潮中表现得尤为明显。在“互联网+”的导向下，学校组织各种创业比赛，学生同一个项目反复参与多项比赛，参与的目的是获奖而非完善创业项目本身，功利色彩浓厚，对学生能力的提高帮助并不大。从学校与学生的互动来看，学生的参与度不高。经常是学校链接资源开展有用的讲座，可到场的学生却寥寥无几，这主要是校方所作的安排没有把握住学生的需求所致。

（2）职业规划能力弱和就业能力差的学生一直处于被忽略状态 目前，高校举办各类型的职业规划大赛、职场精英训练营和简历制作大赛等活动都只能引起原本就业能力较强的学生参与，而大部分就业能力弱的学生因各类型的问题，如教育成效慢、学生改变动力不足等原因处于被忽略状态。学校社会工作者价值理念和专业方法能恰好弥补这部分的薄弱。

二、以优势视角拓展职业规划教育与就业指导的纵深空间

针对弱势群体，使用优势视角，其效果是极为明显的。在传统的就业指导服务体系中，相对于校方，大学生便是弱势群体，在决定就业服务制度和服务形式方面，缺乏必要的话语权，导致学生在职业规划教育中处于被动位置及无力感，大大减弱了学生在教育过程中主动性和积极性。优势视角是20世纪80年代兴起于西方社会工作领域的一种新的实践取向，它用积极的视角看待服务对象，更关注服务对象的优势和内在力量，而不是被问题所蒙蔽。〔2〕 优势视角的应用将从学生的优点和自身资源发掘出来，充分运用学生的自身

---

〔1〕 池忠军. 2000. 大学生就业指导的理论与实践模式探讨[J]. 高等工程教育研究(2)：57－60.

〔2〕 侯童，王禾. 2011. 优势视角的学校社会工作辅导策略探析[J]. 首都师范大学学报(社会科学版)(2)：65－70.

动力解决就业职业过程中的问题和难点。客观上分析，就业服务已经从过去简单的就业指导向持续性发展的职业生涯教育转变，传统的问题视角已经不适用于当前形势的变化。优势视角对此却可以提供一些指导，注重挖掘学生优势，使其意识觉醒，协助确立目标，增强他们独立思考和自我帮扶的能力，而不仅是解决一时的就业问题。

大学生在就业服务方面，存在哪些优势？大学生有许多优良的品质，如坚毅、有活力、学习能力强等，此外，他们对所有事物都保有好奇，每个人均有一些兴趣爱好，他们背后强大的社会支持网络，以及带有个体强烈独特性的成长经验，均是大学生的资本和优势所在，都可以被运用于就业指导服务中。他们处于信息化高速发展时期，获取职场信息越发便利，处于高校资源圈内，便于求助校内的各类教育资源，他们善于把握时代发展节奏，对事物的追逐行动迅速有力。

三、优势视角下大学生就业指导服务对策

在优势视角的指导下，学校社会工作可从以下几个方面，介入到大学生就业指导服务中，挖掘学生潜能，协助他们解决就业难题，并进一步提升就业指导服务的水平。

(一)将决定权归还学生

学校在就业指导方面，除了必要的行政部门外，更多的就业服务应由学生组织提供。学校是引导而非教育和指定，是构建平台而非简单灌输，因为只有学生才最懂自己的需求。学校应塑造组织发育的环境，鼓励学生形成关于就业服务的各类组织，在保证调动校方资源顺畅的情况下，让学生自主商议活动的类型和方案，并落实到位。当学生就业服务组织强大行动有力时，就业指导服务体系能更好地贴合学生的需求。

(二)服务主题围绕能力挖掘

学生的积极参与，是就业服务成功的重要因素。学校应该唤醒学生的自我意识，推动自我觉醒，使他们主动参与和认识到自身的潜能。许多学生在参与过程中，呈现不自信的状态，认为个人的能力不足以讨论和参与就业事务，这是过往参与体验不佳造成的。学校应该接纳学生意见，让学生获得良好的参与体验。将服务主题定位为发现学生潜能，而不需要直接把就业当作最终命题。学生对自身职业发展有了科学的把握，才能使学生在就业择业过程中拥有竞争力。

(三)服务实现双向选择

就业服务的最终接受者是学生，他们是评判就业指导服务优劣的主体。可现实中经常会出现这样一种现象，学校辛苦地组织一场讲座，却少有学生捧场，学校吃力不讨好，学生埋怨学校的服务不到位，这种困境源于没有把握住学生的需求。学校组织各类型活动时缺乏需求调研，单向地向学生输入服务，效果可想而知。学校社会工作者可以在组织活动之前进行调研，建立双向选择机制，为学生提供一篮子服务选项，再由学生投票选出需求较大的服务。以学生的角度出发，让学生自主选择，只有学生真正参与其中的活动才有教育价值。

(四)强化学生间互助

优势视角强调每个人均有优势和能力，在就业指导服务中，除了学校为学生提供一些

服务外，强化学生间的互助应是就业工作的一个重要方面。每位学生背后，均有强大的人际关系网络，可以有效地运用起来。学生在就业过程中，可能会遇到一些同类型的问题，引导他们形成互助小组，通过小组氛围，组内分享等方式，互相传授解决的经验，将问题解决于学生内部之中。

（五）尊重学生个性化需求

学校人力、物力有限，推出的就业指导服务必然是普遍性的，是针对大部分同学的。在该背景下，实现服务的差异性，满足学生的个性化需求难度很大。但在优势视角的指导下，学校充分调动学生、老师、社会资源，满足学生的个性化需求，是切实和可行的。学校应尊重学生的独特性，注重发展学生的特殊能力和兴趣。要认识到各年级学生的资本和能力是不同的，对于低年级学生，可开展关于就业的基础课程，着眼于职业素质的培养，对于高年级学生，则要以实践为导向。

第三节　案例分享

一、个案工作方案运用

【案例 11.5】

小赵来自广东偏远山区，从小就刻苦读书，期望能替父母出人头地。父母看到当地医生的职业声望高，收入不错，就一直要求小赵大学读医，可惜小赵对学医没有兴趣，甚至看到血都害怕，父母就只能作罢。高考时，小赵因为精神压力大，考试期间未能休息好，导致最后只进了广州某农业大学。新生报到后，小赵对自己录取的专业陌生又不满意，父母也对她的大学感到失望，又因当年高考改革，不支持孩子复读。小赵自己因高考失利，不愿意再接触高中同学，又感觉大学同学成绩不如高中同学好，不愿意融入集体。又听说读农科辛苦又可能要回到农村，因而三番两次跟辅导员要求转专业或者退学，但每次说完又说好像不能确定必须转到哪个专业。逃过几次课后，辅导员对她进行了批评和教育，反倒使她的抵触情绪增大。于是辅导员转介这案例给学校社会工作者。

小赵的情况在大学新生中并不少见，由于家庭、自身对专业的认识并不充分，对职业生涯规划缺乏认识，又因高考失利导致失败挫伤感较强，在大学开学适应过程中就容易出现叛逆、逃避等情绪。学生的表象是复杂多样的，但主要的原因还是入学后未能及时设立目标所致。

学校社会工作者对小赵这样的个案可以提供以下帮助：

(1)对小赵的介入

①运用支持性技巧与小赵建立信任关系。

②运用舒伯的生涯规划理论让小赵有职业生涯规划的意识和理念。

③通过霍兰德理论和 MBTI 的相应测评工具，帮助小赵进一步了解自己的兴趣和性格。

④建议小赵采访毕业的师兄师姐、高年级的师兄师姐、专业老师等人，了解他们对职

业选择与个人职业倾向的经验和看法，了解专业发展方向和要求。

⑤运用影响性技巧帮助小赵了解一些职业选择的途径和方法。

⑥引导小赵对自我职业倾向与职业选择进行反思，形成行动计划。

⑦经小赵同意后，请家长和教师适当介入。

(2)对家长的介入

①运用支持性技巧与家长建立信任关系。

②运用引领性技巧帮助家长了解本阶段小赵的基本情况，使家长给小赵更多的支持和尊重。

③建议家长与辅导员沟通，共同给予小赵适时的支持与帮助。

(3)对教师的介入

①运用引领性技巧帮助辅导员了解小赵的基本情况。

②运用影响性技巧引导辅导员提供些该专业学生的就业和职业发展数据给班上同学参考。

③建议辅导员在新生中开展入学融入活动，使更多像小赵这样的学生能尽快适应大学生活和融入班集体。

二、小组工作方案运用

【案例 11.6】

某高校是全国重点大学，但其优势学科是冷门专业，大部分学生均是调剂过来的，不少学生一进来就抱着转专业的想法，上课敷衍了事，班级活动也不参加。一些同学进来后通过专业老师介绍，师兄师姐的引导，觉得这个专业师资强大，科研实力雄厚，但是不清楚毕业后能干什么？一些学生自己来到后觉得这个专业学起来挺有兴趣的，但是家长觉得没有什么前途，在新生入学报到时就对转专业的问题咨询地很详细。针对以上情况，该校社会工作者认为，通过设计生涯探索小组来对新生进行职业规划的启蒙很有必要。

小组名称：“我的青春我做主”生涯探索小组

小组对象：大学一年级新生

人数：8～10 人

(1)宣传招募方法　在既往服务对象中招募，通过 QQ、博客等宣传招募，在社区张贴宣传单招募构思理念：生涯发展论，代表人物 Super，他以差异心理与现象学的观点解释职业选择的过程，并将发展心理学与自我概念连结。Super 认为依年龄可将每个人的人生阶段与职业发展分期，且每个阶段各有其发展任务。他将之分为五个阶段：成长、探索、建立、维持、衰退，每个阶段又各有次阶段发展内容。生涯发展理论加入“时间”的向度，借由时间的透视，将过去、现在、未来都考虑在内，并将生命角色的观念融入其中，真正扩展个体生涯辅导的空间。青少年正处于生理、心理急剧发展变化的时期，因此，让学生明晰自己在每个阶段可能遭遇的困难及如何达成发展任务，并在困境挫折时，能够明确处理自己的情绪和找到解决问题的办法，对于促进其成长发展很重要。同时，青少年在团体生活中，可以学会澄清自己的价值观，了解自己的优势和限制，并能结合身边各种人力和物力资源，发挥个人潜能，规划个人近期和长期的人生蓝图。

（2）目的　协助成员整理过去经验，了解自我的学习能力、兴趣、性向和价值观，能知己知彼，表现出有效的抉择与行动，使成员能够学习如何调试自己，有效运用时间，确立自己的生活方式，并计划未来的生活。

（3）目标　30%以上的服务对象与参加活动前相比，对自己有更为清晰的认识和定位；30%以上的服务对象能够制作出自己的生涯规划图。

（4）小组活动计划　具体内容见表11-1。

表11-1　“我的青春我做主”生涯探索活动方案

节次	活动目标	活动主题及内容	所需时间	准备物资
第1节	1. 团体形成 2. 成员相互认识，建立互动关系 3. 澄清团体目标及成员参加动机 4. 建立团体规范	1. 暖身游戏：相见欢 成员在欢乐的音乐声中，以最快的速度与其他成员热情照面后，采访对方详细资料（姓名、性别、班别、血型、星座、个性）	5	歌曲、手机
		2. 团体形成：生涯花朵朵开 发给每个成员一张“五瓣花朵”。请成员在每片花瓣空白处，填写个人生涯花朵问题的答案。 （1）我是谁 （2）假如…，我将非常满足 （3）我希望别人说我是个什么样的人 （4）我加入团体的希望是什么 （5）我希望我们团体是什么	10	生涯花朵 （纸片） 彩色笔
		3. 认识团体：相知相惜 每人朗读自己的“五瓣花朵”答案，成员彼此熟悉及了解他人对团体的期望和参加动机。社工也借此说明小组的功能和小组的内容、目标，以澄清成员对小组的期待，并建立小组规范	20	
		4. 总结 分享：从活动中，对自我及团体的感受如何 爱的欢呼：集结团体一份爱的口号，于每次团体后呐喊作结束 发给每位成员一本《生涯探索团体心得分享手册》，以记录团体进行的活动内容、个人心得与收获	15	《生涯探索团体心得分享手册》

（续）

节次	活动目标	活动主题及内容	所需时间	准备物资
第 2 节	1. 增进成员彼此熟悉度 2. 促进自我认识、增加自我了解 3. 落实生涯概念，协助成员能对“生涯”“工作”“职业”有充分概念，理清生活方向，以肯定自我并实现自我理想	1. 暖身游戏 (1)丢抱枕：使成员彼此间更熟悉，并带动团体气氛。接到抱枕后，再丢给他人 (2)精神欢呼：围成一个圈，每个成员想一个动作及口号，让大家一起为自己欢呼，依次不断，以带动团体气氛	5	抱枕
		2. 成长过程是青涩的，唯有透过自我了解特质，更加认识自己，透过他人的回馈而肯定自己。请成员选一支自己喜爱的色笔，写出多项自己的特质，再从其中选出五项最具有代表性的，并说出自己最喜欢哪一项特质	10	彩色笔、圆形空白纸（直径约 5cm）
		3. 生涯/工作/职业齐分析，分组讨论，分别讨论出由这三个词联想出的词/情景/异同等	10	白纸，大头笔
		4. 家族职业树（写出对自己职业影响最大的三位职业成员即可） 目的：借由家族职业树的探索，认清自己对职业、生涯的期望及对未来发展的憧憬 〈分享与讨论〉 (1)请成员介绍自己家族职业树的特色 (2)请成员分享对自己的家有何看法 (3)请成员谈个人的家庭对自我生涯期望、职业选择有什么影响 (4)对自己未来的理想有何期许	15	家族职业树
		5. 总结 (1)讨论、分享对此活动的感觉和其意义，以及对自我认识的重要 (2)心手相连：请成员小指勾别人大拇指，互相围成一个圈，分享活动后感受及对未来导向的看法及相互建言	15	
第 3 节	1. 促进团体凝聚力，增加彼此信任感 2. 帮助成员自我认识、自我肯定 3. 帮助成员规划自己未来的目标与蓝图	1. 暖身游戏 (1)心心相印，找伙伴：请成员写出对自我体认的三句话，再由领导者念出，让伙伴猜谁是主角 (2)放松练习：播放轻音乐，由社工带领成员学习轻松技巧，舒展身心	5	音乐
		2. 激发潜能 (1)“信任跌倒大震撼”：人有无限的潜能，经由认识自我与环境产生的自信，克服万难。三人前后一组，后者站好位置，当领导者喊“倒”时，前者身体挺直向后倒，直直的倒下，前者到一半时，后者要很平稳的接住，第三人在接者后面起保护作用 (2)自我肯定训练 ①两人一组互相注视对方的眼睛 50 秒，很肯定的看着对方 ②每人面向对方，作 2 分钟的自我介绍 ③很肯定的说出三句有关我对“什么”有把握的话（如画画、跳舞等兴趣） ④肯定地给对方好评价（赞美），对方也肯定的接受	25	

（续）

节次	活动目标	活动主题及内容	所需时间	准备物资
第 3 节		3. 生活设计师 (1)发给成员空白纸，经领导者说明，请成员想象未来生活模式，如上班情景、性质或选择自己理想、执着追求的是什么，将之画出 (2)画完后，再将所有画放置团体中央排列，由成员选择对其他成员画中有兴趣的图案，一一分享	15	彩色笔、 A4 空白纸
		4. 总结 (1)回馈与分享：成功法宝 准备 20 个正向的词语，供组员自行选择 (2)分享：自己对未来目标与理想的构建，与他人有何差异	15	卡纸
第 4 节	1. 促进成员熟悉度，并开放彼此经验 2. 理清成员自我了解的程度 3. 人生价值观的澄清	1. 暖身游戏 (1)突围闯关 ①突围：由一位成员站在团体中央，其他成员手臂相互勾住，形成包围。受包围者可任意钻，跳，推，拉等方式力求挣脱突围。需注意安全 ②闯关：全体成员面向四周站立，互相以手臂紧紧勾住，请一位或两位成员站在圈外，设法竭力闯入成员圈内。为免于受骗，关卡成员可不理睬闯关者的甜言蜜语。需注意安全 (2)讨论 ①分享成员在活动进行中的心情 ②突围闯关令成员感受相似的生活经验为何 ③成员在竭力争胜或被拒团体外时，有何感受	10	
		2. 生涯年历 (1)目的：提醒组员思考自己在生涯当中走了多长？还有多长的日子？可以做什么？又做了什么？还有什么要做 (2)内容： ①请成员先画出理想生命年限 ②再画出今年的岁数，到今天前做了什么 ③请成员深呼吸后，一笔划去过往的岁月 ④请成员好好规划身下的生涯时间，并写下未来	15	A4 纸张， 彩色笔， 生涯年历
		3. 价值大拍卖 (1)目的：使成员了解自己所重视的人生价值，并珍惜与努力去追求，实现自我的人生。 (2)内容： ①以喊价拍卖的形式进行 ②每位成员皆有十万元的财产 ③需在二十项价值清单中，购买自己喜爱的人生价值：领导者以竞标、喊价方式开始，由价高者(喊价三声)成交	20	价值大拍卖清单 全开海报纸 假钞 (以百元、千元、万元钞为主)
		4. 心情驿站 (1)分享今天的心得与收获 (2)家庭作业：职业调查名单访谈内容。将“各行各业””工作世界查访单”等资料发予成员进行访查，于第五单元活动中使用	15	

（续）

节次	活动目标	活动主题及内容	所需时间	准备物资
		5. 天涯历险 事先做职业访查，访查后开始报告： (1)为什么会采访此职业 (2)此职业相关查访内容为何 (3)采访的心情是什么	2	工作世界 查访单 各行各业 （组后作业）
第5节	1. 理清自我抉择的盲点 2. 重新评估未来生涯选择方向，并确切付诸实践	1. 心电感应 (1)目的：测量团体的默契，了解团体沟通、共识的重要性 (2)内容： ①将成员分成两组纵列 ②让成员彼此互相按摩，消除些微的疲倦 ③领导者可和协同领导者分给各排尾一组号码，成员借由之前各组的默契，认可按摩部分(如头是1，肩膀是2，到小腿是10)互相传码代号，以达成共识 ④由排头公布得知的号码	10	
		2. 我的未来不是梦 (1)分发事先剪好的圆形卡纸，成员每人三张 (2)请成员写出： ①对自我与环境评估后的认识 ②写出未来是就业目标 ③要如何采取有效步骤 (3)将其写好的纸卡贴在状如大鸟展翅飞翔在蓝天白云中的全开海报上，祝福成员鹏程万里、展翅高飞	30	飞鸟造型 大海报、 圆形卡纸
		3. 分享与祝福 (1)每人分享在团体之后，如何勇敢地追寻自己的梦想 (2)请成员一一走入贴在地板上的飞鸟途中，并接受大家的分享与祝福 (3)在分享与祝福声中，为小组画下美丽的句点	15	

(5)小组效果评估　通过问卷测量和访谈的方法对“我的青春我做主”生涯探索小组进行服务效果评估发现，大部分的小组成员感受到了小组互助的力量，从小组中收获了自己生涯规划探索中的自我探索能力。社工离开小组后，小组成员还一同去相关就业单位进行职业生涯人物访谈，参加了行业招聘会的调研等。小组动力得到较好地维系。

三、反思与讨论

大学生的择业就业教育与服务虽然不少高校学工队伍在进行，但社会工作运用其助人自助、案主自决等理念，在优势视角指导下，能充分调动学生对自身生涯的自发探索和学生间互助互动的动力，达到持续提升职业规划能力的目的。当前不少大学对择业就业教育与服务大部分都在宏观层面进行，微观层面的更多是个别谈话，就业指导课堂虽然在时间上和内容上得到保障，但在学生自主性激发方面仍然存在很大的短板。在学生就业择业需要上，社会工作仍然有较广的介入空间，通过对学生自我探索和职业探索的能动性的激发，通过小组动力对学生自律性的稳定，均能较好地补充当前学校就业择业工作的不足之处。而社会工作的理念在实际高校工作中优势明显，主要体现在因社会工作的理念使部分缺乏动力的大学生能积极参与进来；使大学生能够敞开心扉，敢于将内心的憧憬表露，从而真正的探索自身所需，而达到职业规划指导的目的。

本章小结

本章结合职业生涯规划相关理论，在行动研究支持下，重点探讨了以优势视角为指导，在当前高校择业就业指导体系下嵌入社会工作优势和方法。在最后的两个案例中，提供了社会工作方法在当前学生职业生涯规划教育与就业指导中的应用案例。经过不断的行动研究，发现以社会工作个案和小组的工作模式是当前学校职业生涯规划教育外的有力补充，尤其对职业规划模糊的同学是较好的介入。

思考题

1. 如何理解“自我探索”，有哪些理论可以借鉴？
2. 什么是职业生涯规划，社会工作者介入主要优势有哪些？
3. 运用个案社会工作模式介入时，社会工作者应该注意什么？
4. 怎样加强小组活动结束后，小组动力的维系？

第十二章

学生社会实践需要与社会工作介入

【**案例** 12.1】

高学历不等于高能力

阿军，24岁，来自湖南长沙的一个中产家庭。他高考时以优异成绩考入了广州一所重点大学，就读计算机专业，前途本应无可限量。但在大学期间，他远离了家长的监督，开始放松对自己的要求，经常迟到早退，考试以60分万岁。良好的家庭环境以及曾经的优秀学习经历，让他自我膨胀，看不起别人，舍友、同学都不愿意与他相处。在别人积极参与勤工俭学活动，体验社会生活时，他却独自躲在宿舍玩电脑。在寒、暑假，同学们有的开展志愿服务，有的寻找专业实习机会，以增进社会阅历，他却跟朋友游山玩水。他基本没有社会实践的经验，他认为凭借自己的文凭定能简单地找到工作。在进入社会后，残酷的现实把他从美梦中唤醒，在毕业后1年多的时间内，他做过程序员、网管、文员等多份工作，但每份工作都做不长，前后被解雇了10次。用人单位表示，阿军有较强的理论基础，但做事过于理想化，不会灵活处理；经常作出工作承诺，但难以落实到位；在需要小组合作时，他自认为能力很强，做事不与他人商量，但最终成效并不好，同事并不喜欢和他一起做事；他受不了压力和挫折，容易情绪化，严重影响个人表现。阿军蓦然回首，发现自己除了文凭外，其他方面均不如别人，他很后悔当初没有积极参与社会实践，错过了提升各方面能力的机会。

（根据2012年5月8日《重庆商报》文章改写）

【**案例** 12.2】

大学生参与公益徒步，用奇招募捐万元

一年一度的“益动广州”又来了，该项活动融合户外和公益的元素，参赛队伍除了要挑战徒步任务外，还要在规定的时间内筹款1000元以上，筹集的资金将全部用于支持公益项目。广州某大学的学校社工刘老师将该消息转发到学生群体中，大学生小明对此很感兴趣，他发动身边的同学，迅速完成了组队，并邀请刘老师提供指导。在徒步当天，小明团队的队员按照计划，穿上了各种奇怪的服装，有的穿了婚纱，有的穿上中山装，他们希望用这种方式吸引更多的人关注公益，参与公益。当天虽然阴雨绵绵，但丝毫没有减退他们的热情，他们互相扶持，顺利完成了20公里的徒步距离。在筹款阶段，他们各抒己见，发挥所长，最终商议出“morning call”和“公益明信片”这两种极具创意的形式，每个morning call和每套手制的明信片均标价50元，他们通过微博和朋友圈，向身边的朋友、亲人推送他们的筹款活动，最终成功募集到1万多元。在“益动广州”活动结束后，学校社工刘老师组织小明团队进行内部总结，让他们反思计划、执行过程中的问题与收获。并在校内组织了一场分享会，邀请小明团队的成员分享自己的感受，也让更多的同学了解这场活动，体会活动背后的意义。

（根据2014年1月21日《羊城晚报》文章改写）

随着我国高校扩招，越来越多的具有高层次学历的人步入社会。但上述案例表明，高学历并不必然意味着高能力，许多学生由于缺乏社会实践经验，在工作中、生活中均陷入挣扎。学生除了课堂学习外，更要与社会保持接触，参与社会实践，有助于提高学生的合作能力、沟通能力、组织能力、抗压能力等，才能更好地学以致用，成为社会的栋梁。实习、勤工俭学、志愿服务是学生开展社会实践的主要形式，学校社会工作作为学校内部的新兴力量，可在满足学生社会实践需要方面发挥重要作用。

第一节　志愿服务概述

根据《远距离开放教育词典》，“社会实践”指学校组织学生走出校门，深入到一定社会领域中参与社会实际工作的一系列实践活动的总称。[1] 江泽民同志曾在《关于教育问题的谈话》一文中指出，“不能整天把青少年禁锢在书本上和屋子里，要让他们参加一些社会实践，打开他们的视野，增长他们的社会经验”。2014 年国家更是出台了《教育部关于全面深化课程改革落实立德树人根本任务的意见》，要求“探索将课堂教学与社区服务、研究性学习与社会实践相结合的途径和方法，充分发挥社会实践的养成作用，促进学生全面发展”。领导人的谈话和国家政策，逐步明确了学校在学生社会实践方面的责任。当前我国正面临社会转型，伴随着全球化步伐的加快，社会竞争将会愈加激烈，对学生综合素质的要求也将越来越高。为了适应新形势，学校不仅要丰富学生的理论知识，更要引导学生参与社会实践活动，增强他们的社会责任感，理论联系实际，将知识转化为能力。

学生参与社会实践的方式众多，但综合来看，主要有实习、勤工俭学和志愿服务这三种类型，它们存在一定的区别(表 12-1)。实习指的是学生为了实现专业能力的成长，到单位完成学校规定的实习时数，能获得报酬的实践形式。勤工俭学则更多是为了追求经济利益，一般表现为学生自主利用周末、节假日到单位进行兼职。志愿服务主要指学生利用自己的时间、技能、资源为邻居、社区、社会提供无偿的服务，以承担社会责任，实现个人价值。

表 12-1　主流社会实践方式的一般特性

维度 / 类型	实习	勤工俭学	志愿服务
目的	专业诉求	经济诉求	价值诉求
课业计划	课业内	课业外	课业外
报酬	有偿	有偿	无偿

本章将主要讨论志愿服务这种社会实践方式，原因有以下几点：①近年来国内兴起一股志愿服务热潮，志愿服务形式向多元发展，参与的学生人数也在不断攀升，需要重视学生这方面的需求。学生群体是我国志愿服务的重要主体，2010 年广州亚运志愿者中，学生志愿者将近七成。此外，据 2015 年 9 月《北京青年报》的报道，目前中国青年志愿者已突

〔1〕 谢新观. 1999. 远距离开放教育词典[M]. 北京：中央广播电视大学出版社，209.

破4000万人，其中以90后居多，青年学生参与志愿服务的热情可见一斑；②学校在组织学生参加实习和开展勤工俭学方面已经形成一套较为成熟的操作机制，有相应的机构设置和规章制度提供支持，而这些在志愿服务领域是欠缺的。学校目前对学生参与志愿服务的保障还存在不足，呈现的管理责任不明确、指导不深入等问题均没有找到有效的解决办法，学校社会工作者应该更多地关注该领域，为学生提供必要的帮助；③志愿服务与社会工作服务联系紧密，学校社会工作者指导学生开展志愿服务，有其先天的优势。社会工作起源于友善访问员机制和睦邻组织运动，可谓脱胎于志愿服务活动。社会工作作为一个行业，有一套价值理念和服务手法，相对于志愿者，社会工作者的服务水平更高，专业性更强。在全球范围内，普遍已经形成了"社工+志愿者"的服务模式，以社工带动志愿者提供服务。由于职业特性的要求，学校社会工作者与慈善部门、社会组织保持着良好的关系，能够为学生提供更多的实践机会或相关的资源，进一步提升学生的能力。因此，重点分析学生参与志愿服务的动机，解决服务过程中存在的问题，以及探索学校社会工作者介入学生志愿服务实践的路径，会更有理论意义和应用价值。

一、志愿服务界定

从全球范围来看，志愿服务已有上百年的历史，最早可追溯到19世纪初西方国家的宗教性慈善服务(religious charity)。而在中国，志愿服务事业发展的重要转折点是共青团中央从1993年发起的中国青年志愿者行动。志愿服务的英文是volunteer service，国内学界较为认可的定义指出，志愿服务是任何人自愿贡献个人时间和精力，在不为物质报酬的前提下，为推动人类发展、社会进步和社会福利事业而提供的服务。[1] 而为进一步推进学生志愿服务工作科学化、规范化、制度化建设，加强对各级各类学校学生志愿服务工作的指导，2015年教育部专门出台《学生志愿服务管理暂行办法》，其中提到学生志愿服务是指学生不以获得报酬为目的，自愿奉献时间和智力、体力、技能等，帮助他人、服务社会的公益行为。

志愿服务是一个开放的概念，不同国家的人对志愿服务的具体内涵有不同的理解，原则上任何人都可能成为志愿者，任何行业和领域都可能成为志愿服务介入的领域，但大家普遍认为志愿服务活动应该具备自愿性、无偿性、公益性这三个基本特征。[2] 自愿性强调志愿服务行为遵循自愿原则，实施主体非受到外力强迫。无偿性指志愿服务不以报酬为目的，这是志愿服务与逐利性的经济行为之间最明显的区别。需要明确的是，志愿者或志愿组织可获得津贴，用于支付在提供公共服务过程中的必要成本，以维持其正常运作，获得津贴并不违背志愿服务的无偿性。公益性表明了志愿服务的利他取向和终极目标，要为社会作出贡献，是一定公共空间内的互助和他助。

发展到今日，志愿服务的类型多种多样。从服务周期来看，可分为大型志愿服务和日常性志愿服务。前者指为国际会议、体育赛事、文艺汇演等提供临时性服务，后者通常指

---

〔1〕 丁元竹，本刊记者. 2008年第7期. 充分发挥志愿服务在构建社会主义和谐社会中的积极作用——访国家行政学院公共管理教研部教授、北京大学志愿服务与福利研究中心主任丁元竹[N]. 思想理论教育导刊.

〔2〕 穆青. 2005. 如何理解志愿服务与志愿精神[J]. 北京青年政治学院学报(3).

以社区和家庭为单位，采取“一对一”方式的常规性服务，服务周期一般较长。[1] 从介入层面的角度，可分为补救型志愿服务和预防型志愿服务。补救型志愿服务通过直接补救的方式介入，直面和改善迫切性问题和需求，如直接清理河道垃圾，预防型志愿服务则通过社会倡导的间接方式参与，以期形成社会认同，如开展“保护母亲河”的宣传工作，弘扬环境保护意识，号召更多的人参与。志愿服务按照专业性的程度分为专业化服务和非专业化服务。前者指具有某项专业知识和技能的人提供的服务，如法律援助、心理咨询等，而后者指技术含量较低的服务，如大型活动的后勤保障工作。随着社会问题的日益复杂，人们对志愿服务质量的要求逐步提高，志愿服务的专业化是必然的发展趋势。此外，以参与形式划分，无组织的志愿服务指以个人的方式回馈社会；有组织的志愿服务是个体加入到志愿者组织，在一定的规章和制度安排下参与志愿服务，这将成为适应志愿服务专业性要求的未来主流参与方式。

志愿服务面向社会，结合经济发展、社会建设等议题，发挥着社会动员、社会保障、社会整合、社会教化、促进社会进步的功能。《中国青年志愿者行动20年报告》显示，截至2013年11月底，全国各省(自治区、直辖市)、主要行业系统以及所有市(地、州、盟)、2763个以上的县(市、区、旗)和2000多所高校都建立了青年志愿者协会，经过规范注册的青年志愿者达4043万名，他们在帮助弱者、消除贫困、保护环境、维护社会秩序等方面作出巨大的贡献。

二、志愿服务需要的理论解释

为什么学生们愿意付出宝贵的精力和时间，积极开展志愿服务，由什么动机驱使，值得深思。深入分析学生参与志愿服务背后的原因，学校将更有针对性地满足学生的需要。

动机是在自我调节的作用下，个体的内在需求(如本能、需要等)与外在诱因(如目标、奖惩等)相协调，从而形成激发、维持行为的动力因素。[2] 因此，学生参与志愿服务的动机，也是综合自身内在需求和外在诱因的基础上建构出来的。一种行为可以由多种动机驱使，以内在需求和外在诱因作为区分维度，学生参与志愿服务的主流动机有三种，分别是价值型动机、学习型动机和社会型动机(图12-1)。[3]

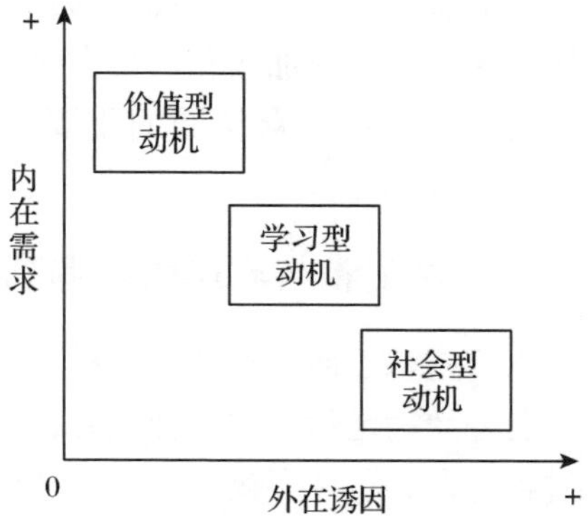

图12-1　学生参与志愿服务动机分类示意图

〔1〕冯博雅. 2010. 日常性专业化志愿服务的动员与参与——以H中学“学校社工站”志愿服务为例[J]. 广东青年干部学院学报(2).

〔2〕张爱卿. 1996. 论人类行为的动机——一种新的动机理论构理[J]. 华东师范大学学报(教育科学版)(1).

〔3〕唐杰. 2008. 北京公众参与志愿服务动机研究[J]. 北京社会科学(3).

（一）价值型动机

价值型动机几乎完全来源于内在需求的影响，着眼于自我价值的实现。马斯洛需求层次理论认为，人类的需求像梯级一样，从低到高分别为生理需求、安全需求、社交需求、尊重需求、自我实现需求。当低层次的需求被满足后，个体将追寻更高层次需求的满足。其中，自我实现的需求是最高的层次。学生参与志愿服务活动，是满足自我实现需求的外在行为表现，他们秉承公平和正义等信念，发挥最大的潜能，实现个人价值，收获因全力以赴、无私奉献而带来的快乐。

（二）学习型动机

学习型动机是内在需求和外在诱因较为均衡的结果，个体期望得到能力的提升和发展。当今社会竞争日益激烈，对学生的综合素质提出更高的要求，仅仅通过课本获取知识已经不足以应对未来的种种挑战。马克思主义实践观认为，人们只有通过实践，才能更好地认识社会，志愿服务便是学生走出校园，了解社会动态的窗口。结合库伯的体验式学习理论，学生参与志愿服务也是一种学习的过程，例如，与其他志愿者团结协作完成艰巨的任务，能提升学生的社会交往能力、合作能力和协调能力等，培养吃苦耐劳的品质，最终实现个人的成长。

（三）社会型动机

社会型动机几乎完全来源于外在诱因的影响，是符合社会规范和期望的应对行为。人的本质是一切社会关系的总和，人的行动受到社会的影响和约束。现代性的国家需要现代性的个人，学生作为社会的重要力量，被引导着往现代性的方向发展。而参与公共事务，开展志愿服务，是个体现代化的重要体现，学生因此产生了参与志愿服务的需要。此外，身边同学、朋友的加入和动员也促使了这种需求，提供志愿服务成为了一种新型的社交活动，是个人获得公众认同的重要途径。由此可见，社会型动机更多是外在要素激发而成的。

三、学生参与志愿服务遇到的问题

不管是基于何种类型的动机，学生参与志愿服务的热情日益高涨，这是不可否认的事实。更好地满足学生的这种需要，是学校不可推卸的责任。但从现实情况来看，学生在参与过程中遇到了许多挑战，学校在该方面的支持和保障工作仍存在诸多不足，常见的问题总结如下：

（一）管理难以形成合力

我国学校的志愿服务多为党组织直接领导，共青团组织实施，各部门共同参与，学生自主参加的组织模式。这种松散的组织模式很难清晰地明确各方职责，这给了各部门推卸责任的藉口，难以形成合力。校方内部各组织之间的联合参与和沟通机制仍不完善，如各级党组织有开展志愿服务的需要，他们应该怎么与校团委对接；学校各部门有丰富的服务资源，应该怎么互通，均缺乏制度上的指引，使合作受到阻碍。除此之外，随着学校管理体系的不断改革，传统的共青团工作不再对学生社团实施封闭式管理，允许学生根据兴趣、爱好成立社团，一些具备志愿服务性质的社团相继成立。带有官方色彩的志愿组织在与学生民间性服务社团合作时，遇到了身份隔阂、目标不统一、方法不认同等危机。在吸纳这部分力量方面，校方还有很大的进步空间。

（二）项目单一且形式化严重

管理层对志愿服务的认识较为狭隘，所开设的服务项目单一，内容大同小异，主要以到敬老院探访，清扫街道，扶贫助残，提供文艺演出，开展“三下乡”活动等毫无新意的方式进行，难以满足新时代学生的多元化需求。各类志愿服务项目大多是结合重大节日开展的，如“三五”学雷锋活动、“七一”党日活动，注重宣传面的扩展大于服务质量的提高，形式化严重。由此导致许多服务项目都虎头蛇尾，服务缺乏深度，几乎不能对服务对象产生实质的帮助。更有甚者，有学校名义上组织学生到偏远农村支教，实际上是让学生帮助老师完成调研，支教却放在了第二位，这种本末倒置的做法让当地村民以及学生志愿者感到心寒。

（三）指导不够深入

对于各个志愿服务项目和社团，学校基本配备有带队老师，为学生提供必要指导和协助，保证实践的顺利开展，但他们的指导并不深入。带队老师的学科背景大多是思政教育类，在学生面对服务对象的社会适应、心理疾病等专业性问题时，专业知识的缺乏使他们能为学生提供的帮助很有限。在指导环节上，他们更关注计划的制定和服务结果，主要把握志愿服务的大方向，忽略了在具体的操作实施以及细节问题上的指导。大部分指导老师不会跟随学生到达服务现场，而是通过出席内部会议提供指导意见，这种远距离的、非直接的指导方式难免会存在滞后性和不深入性，降低了学生参与的积极性。通过什么手段使老师能保持“在场”，值得深思。

（四）后勤保障不到位

学校各部门的积极支持，资源的灵活调配，为学生提供良好的物质、精神保障，解决学生的后顾之忧，是志愿服务良性运作的保证。可许多学校的后勤保障工作做得并不到位，学生缺少实践的机会和平台，他们强烈的参与愿望与有限的服务机会之间存在巨大的差距，学生需要自行寻找服务平台，从而浪费了大量的时间。学校财政一般会设立专项资金以开展志愿服务实践，但资金总量较少，一些好的服务项目常常因为经费断裂而腰斩，造成志愿服务项目经常变换的不稳定局面，服务的深度可想而知。在有机会获得校外资源时，僵化的制度使其难以成行。如某公司想给某服务团队提供赞助，但需要在校内进行层层的审核，最终错过了最佳的合作时机。

（五）服务能力不足

志愿服务是一门艺术，更是一门科学，学生仅凭一腔热血，缺乏相应的服务知识和技能，是做不好的。近几年在网上引起热议的《哥哥姐姐们，请你们不要再来支教了》一文，内容大概是山区儿童控诉大学生到山区义教只是为了奉献爱心和完成任务，匆匆数日的服务并没有给他们的生活带来切实的帮助。该文虽然不尽真实，但也给了我们一个警醒，服务方法的使用不当，可能会产生反效果。大部分学生志愿者没有系统学习过心理学、社会学、人类学等对志愿服务有增益的课程，受到服务知识的限制，以及服务经验的欠缺，导致他们的服务能力不高，难以实现志愿服务的最终目标。

(六)容易出现服务倦怠

学生是我国参与志愿服务的主力群体，但跟其他的参与群体一样，志愿服务的倦怠情绪在不断蔓延。服务倦怠是指在以人为服务对象的领域中，个体的一种情绪耗竭、去人性化和低个人成就感的症状。根据 2014 年的《宁夏高校大学生志愿服务状况专项调查报告》，在参与频率一题中，选“经常参加”的大一新生有 36.5%，大二学生则下降为 7.9%；在参与时长一题中，选“一年至两年”的占 16%，选“两年以上”的仅有 15%，这表明大学生的参与行为集中在低年级期间，而且服务周期较短，参与的积极性随着时间被消磨，服务倦怠的情况极为明显。缺乏社会认同，激励仅限于极少数精英分子，兴趣与服务内容不符，是导致志愿服务倦怠的主要原因。如何改善个体与组织、服务对象的关系，使他们的动机、能力与服务内容相匹配，是亟需解决的难题。

(七)服务成果转化不显著

如今形形色色的志愿服务活动相继开展，但往往热闹地实践过后，收获的成果却并不显著，如同黑夜的烟火，刹那间觉得美丽，可火光转瞬即逝。少数管理者目光短浅，将志愿服务活动与功利性目标挂钩，取得一些初步成绩便沾沾自喜，不再深入地探索。一些有潜质的服务项目则常常因为造血功能的不足而被迫终止，服务浮于表面。学生的能力和素质得到提高，是学校组织志愿服务活动的根本宗旨。实践是学生学习的重要手段，如果仅仅停留在操作层面，而缺乏对学生事后的引导，没有把握机会让学生反思服务过程中的问题和不足，那只是完成了一项机械的任务，学生的成长幅度将大打折扣。

第二节 社会工作介入要点

一、相关的介入理论

学校社会工作的重要工作内容是从学校、学生、被服务者等层面入手，满足学生的志愿服务参与需要，帮助他们更好地投身到服务中。学术研究领域已经有许多理论被用于解释志愿服务活动的问题和乱象，可作为社会工作介入的理论基础。下面将对主要的相关理论如服务学习理论、增权理论、场域理论等进行简要阐述。

(一)服务学习理论

美国于 20 世纪 70 年代开始流行“服务学习”(Service learning)，它是经验学习的一种类型，将社会服务和课程学习相结合，提高学生的知识和技能，并使其在关心他人、服务社会的过程中成长为一个富有社会责任感，并有能力为社会作出贡献的人。美国 1993 年的服务行动(Service action)这样定义服务学习：通过学校和社会的合作，将服务和课程紧密联系在一起，学生参与到有组织的服务行动中以满足社会需求并培养社会责任感，提高学生与同伴的合作、分析、评价、解决问题的能力。[1] 自“服务学习”被提出以来，得到了广泛应用和实践，形式和内容日趋完善，形成了一套科学的理论基础。

“服务学习”一般包括以下要素：①鼓励学生积极、主动的参与；②与学业课程结合，整合课程体系；③关注社会需要，与社区、政府、社会密切配合；④完善的组织和计划；⑤应用知识和技能的平台；⑥安排时间进行有效的反思，凸显反思环节的再认识；⑦培养负责任的社会公民。

目前学校组织的志愿服务活动与“服务学习” 的区别在于，学校将课程与服务分割开，认为服务是额外的任务，忽略了志愿服务这种实践体验对学生成长的重要性，没有针对性地引导学生反思。这浪费了将体验和知识进一步提炼的机会，从而导致学生体验不深刻，参与度不高。在某种程度上，志愿服务活动可以作为“服务学习”的一种重要方式，学校可遵循服务学习理论的一些要点，以课程学习带动学生参与志愿服务，以志愿服务促进学生对知识的体会。

（二）增权理论

增权也称为增能，增强权能和赋权。所罗门在 1976 年出版《黑人增权：受压迫社区中的社会工作》一书，标志着社会工作专业增权取向实践的诞生。增权理论通过改变权力结构，增进个体的自我效能与社会改革的力量，使服务对象从“无权”走向“有权”，改善面临的不良境遇。“有权”具体表现为拥有获得所需要东西的能力；影响其他人思考、感受、行动或信念的能力；影响资源在诸如家庭、组织、社区或社会等社会系统中分配的能力。增权理论往往与优势视角配合使用，优势视角用积极的眼光看待服务对象，更关注他们的优势和内在力量，而不是被问题所蒙蔽。优势视角认为，几乎所有事情在某种特定条件下都能被视为一种优势，包括个人品质、天赋、体验、感悟、故事、能力、资源、社会关系、机会等。

该理论视角在指导实践时，强调工作者要和服务对象建立合作的伙伴关系；尊重他们的独特性和个性化需求；挖掘优势和能力，鼓励正面因素；以个人增能和权力结构转变作为工作焦点；从“授人以鱼”到“授人以渔”，最终目标是让服务对象自行面对和解决问题。

志愿服务活动同样也是一种资源分配，具有决策和执行的过程。当前学生在参与中所产生的无力感和服务倦怠，症结在于被管理者排除在决策体系之外，是“无权”的一方，心声没有得到很好地聆听，只是盲目地遵从上层的决定，这也限制了服务的活力。学生是提供服务的主体，更应该是参与决策的主体，学生朝气蓬勃，富有创意，引导学生参与到决策讨论中，将他们的能力和优势与志愿服务活动相结合，有助于提高学生的参与积极性，扩展志愿服务的形式和内容，由此所迸发的能量将不可估量。

（三）场域理论

场域理论是布迪厄于 20 世纪五六十年代提出的实践理论，他构建出场域、资本、惯习三个核心概念，分别用以回应何为实践空间、实践工具、实践逻辑的问题。布迪厄认为，行动者凭借拥有的特定资本和特定惯习，在一定的社会场域中生活，同时创造和建构

---

〔1〕 赵希斌，邹泓．2001．美国服务学习实践及研究综述［J］．比较教育研究(8)．

自身及其生活的社会。该理论可用于解释生产劳动、经济交换、政治文化生活等人类实际活动。

场域不是简单意义上的物理空间，而是各种位置之间的客观关系的网络和构型。宫留记总结了场域的三大划分标准：①以利益作划分，不同的利益指向不同的场域，如艺术场域追求艺术感受；②以游戏规则划分，如经济场域以利益最大化原则为导向；③以行动者社会力量的性质划分，如政治场域是政治权力代表主导。[1] 而资本是场域中进行权力斗争的工具，也是争夺的对象，是场域变化的动力，具有积累性、竞争性、传递性。据布迪厄研究，有经济资本、文化资本、社会资本、象征资本(亦称符号资本)四种。经济资本由各种生产要素、收入、经济利益组成。文化资本体现为能力、资格、经验、品味、文化等。社会资本主要指行动者家庭内外的关系，特别是可以求助的权力关系和集体资源。象征资本则是表示仪式、声誉、或权威等象征性现象的概念。

依据场域理论，志愿服务追求价值实现，以公共利益最大化的奉献精神为准则，由社会公众力量主导，这些有别于其他空间的独特性使其可被视为一个场域。在志愿服务场域中，参与者需要拥有各种资本才能获得更好的表现，资本的欠缺使学生的服务水平低下。如学生到农村开展志愿服务，但不了解农村的基本特征，不懂得与村民沟通的办法，服务效果怎么会好呢？一个志愿服务组织和项目要想有所发展，同样离不开资本，一些优秀的组织和项目正是因为缺乏经济资本、社会资本而消亡。

二、社会工作介入的工作取向

引导学生组织和参与志愿服务活动，满足学生的志愿服务需求，是学校的应有之责，并最终要由明确的主体执行和实施。一般而言，学校社会工作者与教师是该项工作的主要承担者，学校社会工作者在其独特的专业理念指导下，工作侧重点跟一般教师存在不一样的地方。学校社会工作的工作取向有如下特点：

(一)重视学生的成长而非成绩

除了少部分供职于党委、团委的教师外，大部分志愿服务活动的指导老师是义务兼任的。他们的本职教学任务繁重，为了节省精力，更追求志愿服务活动的成绩，如提供了几项服务，有多少民众接受了服务，有多少学生参与了活动等，这些可量化成效也是学校考核他们工作的重要依据。在任务目标导向下，教师牢牢监控着志愿服务的计划和产出阶段，注重结果而不是过程，事后开展简单的表彰仪式，却缺少了引导学生进行多渠道的反思。相比之下，学校社会工作认为，学生获得成长远比最终的成绩重要，当学生获得成长后，好成绩是件水到渠成的事情。因此，学校社会工作者秉承过程导向，主张在志愿服务中学习，通过组织化的方式，创造实践平台，向学生传授批判式的思维模式，关注学生在服务过程中的进步和体会，如能力的提升，加深对社会的认识，对自我潜能的进一步挖掘等。这能使学生实现质的飞跃，这些进步虽然很难被衡量和外化，但却更富有意义。

---

[1] 宫留记. 2009. 布迪厄的社会实践理论[M]. 郑州：河南大学出版社，55－57.

(二)结伴同行，调动学生主观能动性

在尊师重道等传统观念影响下，教师与学生之间难免存在地位差异，有一定的心理隔阂。教师作为拥有权力的一方，经常不理会学生的感受，直接命令和要求学生完成某项工作。这种情况同样发生在志愿服务活动中，指导老师往往一言堂，自上而下地向学生布置服务任务，学生只能机械地配合，谈何热爱和创新。学校社会工作则强调要与学生建立伙伴关系，并发挥学生的主体地位。学校社会工作者在指导学生开展志愿服务时，以朋友的身份介入，运用人格魅力而不是地位、权威与学生沟通，陪伴学生克服困难，这样的指导将更容易获得学生的认同。过往教师与学生的权力关系是被建构的，学生并非没有能力或潜力，而是被排除在权力体系之外。因而学校社会工作者注重发挥学生的主观能动性，增强他们的话语权，激励学生依据兴趣、爱好、专业、能力设计服务方案，让他们知道要做什么，怎么做，以及为什么要做。倘若做到以上这些，志愿服务活动自然会百家争鸣、群芳斗艳。

(三)关注资本培育与增长

从离开校园的那一刻，学生能自主地运用所学的知识和技能应对未来的挑战，是学校培养学生的一个重要目标。过去在志愿服务活动中，当学生遇到困难时，教师一般直接替代学生解决问题，长此以往导致学生对教师产生了依赖，缺少独立思考和自我解决问题的能力。学校社会工作认为，要发挥学生的主观能动性，前提是他们拥有解决问题所需要的资本。学校社会工作者以资本为落脚点，通过服务进一步丰富学生的经济资本、文化资本、社会资本、符号资本的存量。具体表现为学校社会工作者协助学生申请项目资金，组织街头募捐等，提高志愿服务组织的造血功能；定期开展培训，将个案、小组、社区等手法与志愿服务活动相结合，更新服务理念，创新服务方法，引导学生根据服务对象的差异化需求作出针对性的部署；链接社会资源，促进学生与社区单位平等合作；定期组织反思活动和表彰大会，对学生的表现给予正面、肯定的回应，激励他们持续参与和进步。

三、社会工作的介入策略

如何满足学生志愿服务实践的需要，日益引起社会各方的关注和讨论，学者纷纷立足于各自的专业给予了建议。随着学校社会工作的普及，它逐步被视为解决该难题的良方，它从学校内部权力机构改革；服务组织与学生个体的关系；服务组织与社区的关系；服务开展过程等方面提供了介入的策略。

(一)打破路径依赖，创造各方新型合作模式

路径依赖现象广泛存在于官僚制体制中，它指现在做出的决定和选择要受到过去制度的约束。这种制度可以是成文的，也可以是由经验积累而成的内部独享的不成文规定，倘若人们选择了某种体制，会沿着原有的方向不断自我强化，无论产生的结果好坏，人们均可能对这种路径产生依赖，并很难被更优的方案替代。[1] 学校志愿服务管理部门作为类官

---

〔1〕 吴敬链. 1995. 路径依赖与中国改革——对诺斯教授演讲的评论[J]. 改革(3).

僚制体制，路径依赖情况显著，呈现出管理封闭，资源难以互通，不愿意接受新尝试等弊病。如今仅靠单个部门的碎片化服务，已经难以应对服务对象日益复杂的问题和多样的需求。随着整体性服务理念的崛起，“合作、共享”成为了新的时代主题，社会工作者作为学校的生力军，需扮演好协调者的角色，完善学生志愿服务管理机制，优化合作路径。学校社会工作者应该倡导建立校内多部门联席会议制度，结合当时期的志愿服务活动展开座谈，整合多部门的资源，发挥整体性优势。学校社会工作者还可筹建和管理校内志愿服务信息网站，志愿服务队伍在上面发布服务内容，公众作出服务申请，将平台资源与公众诉求直接对接，既降低信息成本，还能为公众提供一站式的服务。

（二）扩大自主权，鼓励学生自主组织志愿服务

在传统“教师——学生”权力体系中，学生始终处于弱势地位。但需要明确的是，学生才是提供服务的主力，教师理应倾听学生的意见，发挥学生的主动性。自下而上地推动志愿服务，能使学生目标和服务活动高度契合，迸发新的花火。面向官方志愿服务组织，学校社会工作者可给指导老师开展培训，传授倾听、沟通的技巧，让教师注意采集学生的意见，并拓展双方的沟通渠道，如设立“心里话”信箱、饭桌会议等，重塑指导老师和学生之间的关系。扩大学生的自主权，鼓励他们成立民间性服务社团，壮大志愿服务的队伍。初期由学校社会工作者担任指导老师，用小组工作手法培育，开展团建活动，提升成员的向心力，引导学生讨论和制定组织章程，明确组织目标、组织架构、服务内容等。待内部建设完成后，学校社会工作者将决定权归还给学生，让他们自主运作，逐步承担社会责任。学生活力无限，有许多奇思妙想，可举办志愿服务项目征集大赛，让学生结合兴趣爱好设计服务方案，同时为中选的队伍配置必要的资源，支持他们具体实施，这不仅能扩大志愿服务的影响力，营造良好的参与氛围，更能促进服务项目的多元化。

（三）结合区域特色，打造志愿服务品牌

可供学生选择的志愿服务活动有很多，他们虽然形式各异，但内容实则相差无几，缺乏鲜明的特色。想要从众多的志愿服务活动中脱颖而出，有所创新，必须结合区域特色，发挥所长，打造专属的志愿服务品牌。优势视角告诉我们，地方和学校有许多潜力、资源，等待着学校社会工作者深入挖掘。每个地区都有其民俗特色，生活在这里的人们在历史长河中形成了独特的在地经验，像一些特别的节日、有趣的庆祝仪式、古老建筑、社区记忆、历史故事、内生社会组织等，这些均是可利用的宝藏。如在广州坐落着著名的西关古屋，学校社会工作者可开发导赏服务项目，让学生志愿者给游客讲解西关大屋的建筑风格，或陪伴老人院的长者重游故地，缅怀过往。在这个过程中，学生近距离地了解本土文化，还能促进文化的传播，意义非凡。此外，学校一般有其优势学科和重点发展方向，如农林院校的学生对农作物种植、土地化验比较在行，学校社会工作者可组织他们到农村下乡，提高当地农民的农业技术；对于一些理工科学校，学校社会工作者可让学生教社区的老人使用高科技电子产品，为社区居民免费维修电器，将学生的专业能力完美体现在服务上。

（四）链接资源，搭建社会支持网络

公益性是志愿服务的基本特征之一，它相对于私人领域，属于公共生活的重要组成部

分，这决定着志愿服务必然要走向社会。由此，对待志愿服务活动，始终要保持开放的态度。社会工作专业讲究“人在情境中”，重视个体与社会环境各要素的关系，同理，学校离不开社会的大框架，学校社会工作者要学会采用社区工作手法，充分调动社会资源，为志愿服务活动的开展提供强有力的保障。学校社会工作者的首要工作是为学生寻找志愿服务机会，可与当地社会管理部门、社会工作机构、志愿者协会、非盈利组织等签订合作协议，扩展学生的服务输出渠道。人力、物力也是开展志愿服务必不可少的资源，学校社会工作者应该重点寻求校友和企业的援助。已毕业的校友分布在各行各业，有丰富的实践经验和行业资源，可给予许多指点和帮助。如今企业越来越注重承担社会责任，这为学校和企业的合作带来新空间，可把握契机，由企业提供物资赞助，联合举办志愿活动。学校社会工作者还可从以下几个方面为学生搭建社会支持网络，包括引导不同的志愿队伍交流服务经验；发动社区居民共同参与，扩大影响力；协助服务团队申请公益基金；与社区单位商议，免费提供社区活动室。

（五）教授个案、小组、社区工作方法，提高学生服务水平

助人是一门学问，需要运用一定的知识和技巧，怎样提升学生的志愿服务水平，是学校社会工作者面临的关键问题。社会工作专业的诞生，正是源于在慈善活动的摸索道路中，对服务深度和服务适用的追求，所以社会工作比志愿服务专业性更强。社会工作专业坚持个别化原则，针对不同的对象和问题采用相应的工作手法，常见的有个案工作、小组工作、社区工作。个案工作是社会工作者与服务对象或其家庭进行一对一辅导，协助他们走出困境，恢复个人和家庭的功能。小组工作将服务对象放在团体之中，运用团体间的互助、动力机制，让个体感受到团体的力量，共同成长。而社区工作手法将工作层面放在社区大环境，发动社区有利因素，促进社区往良性方向发展，同时培育有责任感的公民。学校社会工作者可通过设立志愿服务公共课、召开实践经验分享会等方式培训学生，让他们灵活运用这些工作手法。学生在开展志愿活动时，如果服务患重病的老人，可采用个案工作手法，与老人深入谈心，鼓励他们继续生存；针对残疾人，可组织残疾人小组，让他们分享处理同类型问题的经验，达致互爱互助的目标；对于环境保护议题，则可以进行社区倡导，发动大家签名，并挂在社区显眼位置，提升公众对该问题的关注度。总之，学校社会工作者用社会工作的专业方法武装学生，将深化学生的服务水平。

（六）以多元的激励手段强化参与动机

个体发起某项行动，必定是基于某些动机。一般认为，学生参与志愿服务，由追求实现个人价值的价值型动机，渴望提升知识和能力的学习型动机，或者受社会规范影响的社会型动机所驱使。而众所周知的是，人们难以在一项行动中持续保持兴奋的状态，动力会随着时间而消退，这也解释了为什么学生容易呈现志愿倦怠。针对这一现象，学校社会工作者要用多元的激励手段，强化学生的参与意向。学者普遍把激励手段划分为精神激励和物质激励两大类，在志愿服务领域，精神激励尤为重要。建议学校社会工作者从五大方面对学生进行精神激励，①促进了解和认同服务理念，这样才能快乐地开展服务；②不断让学生吸收新知识和面对新挑战，激发学习兴趣，并引导学生将旧活动搞出新意；③营造轻松平等的工作氛围，老师、学生、服务对象共同参与服务的全过程，保障知情权、决定

权，彼此尊重；④为学生提供心理支持服务，通过私下交流、电话谈心等方式及时消除负面情绪；⑤活用荣誉符号，除了将积极分子树立为典型，普通学生的些许进步同样值得表扬和鼓励。学校社会工作者还可以辅以一些物质激励手段，如发奖状，送小礼品等。

（七）建立督导机制，加强指导力度

督导制度是社会工作专业的一大特色，意指经验丰富的社会工作者，发挥管理功能（处理管理矛盾或障碍），教育功能（提供知识、技能类咨询），支持功能（资源链接、情感疏导），促进一线工作人员、实习学生、志愿者成长，同时确保服务质量的活动。[1] 将社会工作专业的督导机制植入学生的志愿服务体系中，形成全方位的“问与答”学习模式，学校社会工作者以个别督导、团体督导、远程督导等方式，解决老师不“在场”问题，弥补过去指导不深入以及过程指导缺失的弊端。学校社会工作者在给学生督导时，应该注重协助学生了解政策信息；强化过程指导，跟踪服务动态；协助认清和肯定志愿服务价值；培养思考能力，欢迎踊跃提问；鼓励尝试，在失败中总结经验，修正服务计划；调整服务目标和期望，使其与学生能力相适应，疏导不良情绪。要实现以上目标，前提是完善督导梯队建设，学校社会工作者的重点应放在挖掘督导人才上。可以搭建“教师督导——同辈督导——接受服务单位督导”的三级督导机制，同辈督导可由高年级的学生或毕业的校友担任，发挥传帮带作用，此外，还应该吸纳接受服务单位的力量，他们长期与服务对象接触，一些信息和工作经验对学生开展志愿服务也会有很大帮助。

（八）引导事后总结及反思，提升服务成效

站在学生成长的角度，学生完成某项服务工作，并不代表着实践过程的终结，这相反可能是他们真正成长的起点。古人早就论证过学与思的关系，在社会工作专业服务中，事后的总结和反思是必不可少的要素。学校社会工作者在指导学生开展志愿服务时，同样要重视反思的作用。在服务结束后，预留充足的时间，让学生自由地讨论、分享、交流，指导学生做好心得记录，协助重新整合新旧经验，引导学生以理论指导实践，再从实践反思认识。可以肯定的是，高质量的反思有助于提升服务成效。建议反思的内容涉及服务背景，服务设计，服务实施，以及服务成果。

（1）对服务背景的反思　例如，是否清晰地了解服务对象的问题、需求；是否充分考虑学生的兴趣；是否明确各个参与主体的关系和责任。

（2）对服务设计的反思　例如，是否针对服务对象的需求；是否具有一定的理论依据；是否有科学的测评方法；是否与学生的知识和能力相符；是否有足够的资源支撑服务的运作。

（3）对服务实施的反思　例如，执行过程是否还存在不足；遇到了哪些障碍，由什么原因导致，应该怎么解决；是否有值得继续发扬的工作经验；是否有表现优异的个人和事迹。

（4）对服务成果的反思　例如，服务结果是否符合原先设定的目标；服务对象的需求是否被满足；学生在其中学习到了什么；下一阶段应该如何深化服务。

---

〔1〕 彭华民. 2010. 论志愿服务的社会工作督导模式[J]. 中国青年研究(4).

第三节　案例分享[1]

一、案例介绍

【案例 12. 3**】**

在广州市民政局的资助下，广州某农业大学设立征程志愿服务队，负责组织校内学生到增城区的农村开展志愿服务工作。出资方希望借助大学生志愿者的力量，帮扶农村弱势群体，培育农村社区组织，提升村“两委”的管理水平，发动村民参与村务工作，推动农村社区发展。

成立半年来，由于指导老师缺乏相关的服务经验，对工作也不太上心，服务队呈现了许多问题。例如，没有建立良好的制度规范，团队较为松散；开展的多是探访老人、庆祝传统节日等基础性服务，缺乏一定的深度，对村民的生活没有起到实际的帮助；形式化的服务模式使学生产生挫败感，认为学不到东西，不知道该从哪些方面介入农村，工作欠缺活力，这也导致招新的困难。征程志愿服务队基本陷入停滞状态，出资方也在考虑是否要提前终止合作。

在这个危难时刻，学校社会工作者被任命为征程志愿服务队的指导老师，他采取了系列的改进措施，将服务队打造为心系三农，组织效率高，吸引力足，服务能力强的团队，向着既定目标不断前进。

（本案例根据《农村社会工作发展策略——来自三年服务实践的案例》中的内容改写）

二、社工介入过程

按照项目生命周期理论，该服务项目可被划分为内部建设阶段、需求分析阶段、服务实施阶段、总结反思阶段，下面将重点介绍学校社会工作者在各个阶段的介入手法，以期全方位的展现社工的介入过程。

（一）内部建设阶段

学校社会工作者通过课堂介绍、摆摊宣传等方式，在全校范围内招募团队成员，注意动员各部门资源，发挥各专业优势，组成一支高素质的志愿队伍。并建立一套行之有效的队伍框架，邀请党委办公室、校团委、学院相关领导等组成理事会，负责项目策划和监控；由社工系老师、校友、高年级学生担任项目督导，负责给予意见，解答疑难；下设项目管理办公室、行政部、人资部、策宣部、实践部等功能部门，执行服务计划。以团队骨干为主导，发动有意愿参与农村志愿服务的学生加入志工库，形成“骨干＋志工”的服务人才组建模式。

俗话说得好，无规矩不成方圆。学校社会工作者十分重视制度的建设，与学生商讨，

---

〔1〕 本案例改编自易钢，张兴杰，魏剑波. 2015. 农村社会工作发展策略——来自三年服务实践的案例[M]. 北京：科学出版社.

参考社会工作机构的管理方式，共同制定了包括人事管理、沟通管理、服务管理、风险管理、档案管理、财务管理等制度，并明确了执行人和责任人。团队成员均在详细的岗位说明和制度规章的指引下开展工作，保证了服务的质量和效率。

在团队组建初期，凝聚力的培育尤为关键。例如，学校社会工作者带领征程志愿服务队开展团建活动，用“解手链”“无敌风火轮”“信任坐”“定向越野”等别开生面的游戏，使他们相互认识，取长补短，理解服务目标和内容，形成共同的愿景，培养团结协作的精神，提高组织的向心力。此外，每位新加入的学生均需要接受基础培训，了解志愿理念，志愿者的权利和义务，学习一些关于按摩、手指操、手语等通用技能，使其具备成为合格志愿者的素质，其他专业技巧的培训将结合具体服务的实施而展开。

（二）需求分析阶段

社会工作专业提倡以服务对象的需求为导向，例如，学校社会工作者在指导征程志愿服务队时，要求学生充分把握农村特性和分析村民需求，以此作为服务设计的依据。学校社会工作者先后组织多批次的学生到农村进行广泛的社会调研，采用“问卷、实地考察、资料查阅、个案访谈、焦点小组”等方式，对各村的社区治理情况、文化风俗、服务供给、所利用的资源、特定人群需求等进行详细摸底，形成各村的走访报告。

引导学生用 SWOT 分析法剖析各村的优势、劣势、机会和挑战。在此基础上，开展头脑风暴会议，学生自行设定各村的服务项目、服务目标、操作方法等，发挥他们的创造力。方案初稿必须经过督导批准，与村两委干部商议调整后，才能被具体执行，这样的服务方案将更有针对性和可行性。

结合需求调研的资料，以及考虑学生志愿者的服务时间、服务能力问题，学校社会工作者制定出周末短期服务，寒暑假长期驻村，学生灵活运用个案工作、小组工作、社区工作、政策倡导等社工手法开展服务的项目运作模式。

（三）服务实施阶段

（1）服务开展

①组织社区活动　农村是一个熟人社会，环境比较封闭。例如，征程志愿服务队刚进入农村时，由于村民不了解该项目的内容，跟志愿者也不太熟悉，多年来缺乏社会参与的习惯，因此参与热情普遍不高，服务难以推进。为了改变这一境况，学校社会工作者引导学生以传统节庆为契机，开展多种多样的社区活动，激发社区活力，营造和谐氛围。如端午节组织村民一起包粽子，将做好的粽子送给孤寡老人品尝；在乞巧节邀请村里的老艺人教大家制作手工艺品，传承优秀文化；春节期间开展大型晚会，鼓励村民上台表演节目。传统节庆活动有广泛的群众基础，村民更容易接受和参与，在这个过程中，志愿者与村民建立良好的互动关系，趁机向村民介绍服务项目，逐步影响他们的社会生活方式，增强社区认同感。

在选择社区活动主题和形式时，要注意活动符合村民的需求，并正确评估村民的空闲时间，尽量排除他们不能参与活动的客观阻碍因素。还可通过适当派发小礼品，让村里的熟人帮忙宣传的方式，吸引更多的人参与。

②培育社会组织　例如，征程志愿服务队作为外来的推动力量，总有撤离的一天，因

此必须挖掘农村的内生力量，促进村民意识觉醒，承担提供公共服务的责任。特别是在项目的中期，要注重培育农村社区社会组织。如由当地中学生组成志愿服务队，清洁道路，探访孤寡老人、残疾人，辅导留守儿童功课等；将热爱二胡的村民组成二胡文化小组，教小朋友拉二胡，传播二胡文化；组织祠堂议事小组，定期针对村中事务向村两委干部反映意见。

可在多次的社区活动中寻找同质群体，慢慢将他们培育为社会组织，或先成立社会组织，再通过多次的社区活动强化小组的凝聚力。征程志愿服务队引导小组成员共同制定组织章程、名单，明确组织架构和服务内容，协助设计统一标识物，这些均是正式组织的必备要素。志愿者逐步将小组的决定权交给本土领袖，给予带领的机会，增强他们的信心，并引导社会组织从自娱自乐向承担社区服务方向发展。

③开展个案服务　一般认为，孤寡老人、受家暴妇女、留守儿童、残疾人、低保户等，属于农村的弱势群体，困扰着这部分群体的问题普遍比较复杂，且形成已久，很难通过参与一次社区活动或小组就能得到解决，必须通过一对一的个案服务加以介入。例如，在项目的后期，志愿者与村民已经建立良好的互动关系，积累了许多人脉，对弱势群体的信息把握得更到位，更容易发现和接触弱势群体，这为使用个案工作手法打下了坚实的基础。个案服务尤其能在精神支持、人际关系改善、家庭照料、教育辅导、政策法规咨询、寻找工作岗位等方面给农村弱势群体提供支持。

个案工作手法要求使用者具备较高的素质，学校社会工作者必须向学生言明注意事项，以防适得其反。志愿者要聆听案主的感受，学会换位思考，切身了解他的需求，给予精神支持，协助其重新树立解决问题的信心。协助案主分析当前可运用的资源，挖掘个人潜能，尤其要搭建沟通平台，改善案主与村两委干部的关系，因为村两委干部是村内的权力主体，也有丰富的工作经验，在他们的帮助下，工作将事半功倍。最后需要明确的是，个案服务是协助而不是替代村民解决问题，因此，焦点应该放在村民自我解决问题能力的增长上。

④提高村两委干部管理水平　村两委干部的文化程度一般较低，使用的管理办法简单粗糙，这打击了村民对他们的信心，造成干群关系的紧张，不利于村落的和谐发展。因此，有必要增强村两委干部的素质，提升他们的管理水平。例如，征程志愿服务队组织村两委干部学习社会工作服务理念，让他们懂得以村民需求为本，讲解个案工作、小组工作、社区工作服务手法，拓宽他们的视野，丰富服务手段。此外，学生志愿者教他们使用电脑、广播等高科技产品，改良他们的工作方式，使管理走向信息化、规范化。

除了言传外，更重要的是身体力行地给村两委干部作示范。在管理村务时，要学会动员广大村民的参与，以打破村两委干部精力不足的局限。如征程志愿服务队发现村内车辆行驶速度过快，对过往的儿童造成一定的危险，便组织家长成立出行安全巡逻队，在转弯位置摆放“减速慢行”指示牌，他们还建议村两委干部在安全隐患位置设立减速带，为村落安全作出巨大的贡献。管理也是一门科学，强制执行属于下策，要学会使用温和的方式，让村民信服。例如，政府为了改善卫生环境，要求村民将家禽圈养起来，否则要罚款。学生志愿者则在村内宣传该项政策的用意与好处，并且制作了相关的村规民约，邀请村民签名，最终获得许多村民得响应，大家都自觉执行，这充分表明了方法恰当的重要性。

⑤提供专项培训　农业依然是农村的核心产业，提高村民的农业技术，有助于提升经济收入，改善生活水平。例如，学校社会工作者发挥农校的优势，邀请相关的农业专家到村内给村民开展培训，教村民选取良种，改良土壤，防治虫害，增加农作物产量。

征程志愿服务队组织旅游管理专业学生进行生态旅游开发工作，培训村民成为合格的导赏员，带领旅客参观村内历史建筑，品尝地道美食，讲解特色农作物、动植物等，拓展经济发展空间。针对农村妇女普及防骗知识、健康知识、亲子教育方法等，促进农村妇女意识觉醒。将跟村民关联度较高的政策汇编，制作政策宣传册，免费派发给村民，让村民了解基本的政策信息。组织村内的社会组织相互沟通和合作，交流服务经验，实现资源互通。针对村民的需求链接相关资源，开展多类型的培训活动，村民的知识和技能储备将得到强化，更从容地面对未来的挑战。

(2)服务保障

①深度培训提升服务能力　例如，在真正进入某村后，学校社会工作者带领驻村学生重新走访农村，绘制乡村地图，优化之前制定的服务方案。在提供服务过程中，学生难免会遇到一些难以解决的问题，学校社会工作者结合现实问题，分享处理的经验，并实操演示社会工作专业技巧。许多学生没有在农村生活的经历，对农村是一知半解，为了促进学生对农村的认识，学校社会工作者要求学生阅读《乡土中国》《金翼》等专著，敦促阅读进度，组织读书会让他们分享各自的心得。

②配备督导跟进服务全过程　例如，学校社会工作者为征程志愿服务队配备三级督导，分别是老师督导、学生督导、村两委干部督导。校友、高年级的学生，以及村内的干部，拥有多种资源和丰富的工作经验，可作为教师督导力量不足的重要补充。督导组通过文案督导、会议督导、驻村督导、电话督导等方式，源源不断地向学生输送精神支持和细致的工作技巧。

③建立完善的信息反馈机制　例如，学校社会工作者邀请校内各部门领导担任征程志愿服务队理事，在每月的理事大会上公布服务情况，为未来的资源链接与合作埋下伏笔。学校社会工作者引导学生制作《工作月报》，通过邮件的方式发给各相关方，既能定期总结服务经验，还能让相关领导了解服务进展，增强对服务队的信心。此外，征程志愿服务队注册了微信公众号、微博、QQ 群，通过多媒体平台与志愿者和村民长期联络。

④充分调动资源　例如，学校社会工作者整合学校、社会、村落的资源，将征程志愿服务队打造为大学生社会实践新平台。如学院免费提供办公场地，配备办公用品；校团委为活动开展提供物资、实践证明；村两委干部大力宣传服务项目，并尽可能协助学生解决食宿问题。征程志愿服务队还与社会工作协会、社会调查协会、篮球协会、党务工作室、通讯社等组织建立合作关系，他们在志愿者招募、活动开展、宣传报道方面作出巨大贡献，吸引了大量学生加入农村社会服务实践。

⑤多类型的激励保持服务热情　学校社会工作者活用精神激励和物质激励手段，保持学生的服务热情。例如，给予学生更多的自主权，让他们结合所在村落的特色设计方案，鼓励克服挑战，让学生在不同的环境中历练。在农村社会服务领域，学生最大的满足感来源于服务对象的认可和赞扬，以及跟村民的深厚情感，因此学校社会工作者注重让学生跟村落固定配对，如此长期的相处和服务容易引发上述激励。

⑥规避安全风险　开展志愿服务活动，学生的安全总是被放在第一位。例如，学校社会工作者在学生下乡前，会组织专门的安全知识培训，教学生如何防狗、蛇、蚊虫等，以及学习心肺复苏等有效的自救方法。学校社会工作者还为所有学生购买意外保险，配备小药箱，每天向队长打电话询问队员的安全情况，规避安全风险。

(四)总结反思阶段

除了要用心地开展服务，总结与反思同样是不容忽视的。例如，所有参与征程志愿服务队的学生均要书写日记，时刻记录服务过程的点滴，最后形成服务感想，反思个人成长。学校社会工作者鼓励学生以项目为基础申请创新课题，或将所思所想作为毕业论文的素材，把实践经验上升为理论，锻炼学生的思维能力。

每次下乡结束后，征程志愿服务队均会举行总结暨表彰大会，让每组学生分享工作成果，引导同学们相互学习和借鉴。将根据服务对象评价、督导推荐、同组成员打分、自我测评的结果，评选出积极分子，加以激励。

对于整个项目而言，每半年、一年会开展服务评估工作。学校社会工作者邀请第三方机构从项目实施、项目结果、项目影响等维度，客观地给予评价。通过测评结果检视服务的优劣，继续发扬优良经验，对于不足的地方，将提出改良方案，尤其要让出资方看到项目的进步和潜力。

三、介入效果

经过服务后，农村氛围有了明显改善，村民拥有较强的参与意识和参与能力，社会组织相继成立，村两委干部、社会组织、村民精诚合作，共同建设美好乡村。村两委干部对社会工作专业手法有了深刻的认识，认为学生志愿者给他们带来了许多启发。村民纷纷表示服务符合他们的需求，丰富了他们的生活，让他们有所成长。

学校用该项目搭建了良好的实践平台，整合学校的资源，满足学生参与志愿服务活动的需要。学生在参与活动后，对农村有了特殊的情感，会设身处地地为村民着想，自觉地走出学校，踏入社会，思考农村、农民的发展问题，真正做到学思并重。经过在农村的艰苦历练后，他们的学习能力、实践能力、沟通能力等均有所提高。例如，在项目三周年时期所作的一份调查显示(数字是平均分，满分 5 分)，学生认为在参与动机、参与活动的专业性、参与者得到的反馈、组织给予的支持、社会参与情况方面，征程志愿服务队的表现均远远优于其他非社工指导的志愿服务项目，这足以证明学校社会工作者的作用(表 12-2)。

表 12-2　征程志愿服务项目与其他非社工指导志愿服务项目的差异比较

维度	征程志愿服务	其他非社工指导志愿服务
参与动机	3.43	3.06
参与活动的专业性	3.83	2.79
参与者得到的反馈	4.11	3.04
组织给予的支持	3.96	3.04
社会参与情况	3.81	3.00

广州市民政局十分肯定服务的成效，表示超额完成既定的目标，为其他地区的农村社会服务总结了一个经验模板，愿意继续支持项目的开展。该项目也引发全社会的高度反响，新闻媒体纷纷报道了服务队的情况。

本章小结

学生参与社会实践的方式众多，但随着社会的进步，人们生活方式不断转变，志愿服务逐步成为学生参与社会实践的主流形式。本章从志愿服务的发展历程、类型、特征出发，认识志愿服务的本质，分析学生参与志愿服务活动主要基于价值型动机、学习型动机、社会型动机，并总结了当前志愿服务活动常见的问题。依据服务学习理论、增权理论、场域理论，提出学校社会工作者应该重视学生的成长而非成绩，调动学生的主观能动性，关注资本的培育与增长的介入取向，针对当前问题制定具体的服务策略，重点思考学校社会工作者在满足学生志愿服务需要方面应发挥哪些作用。最后，通过学校社会工作者指导某志愿服务队的现实案例，展示社会工作介入的全过程，供他人借鉴。

思考题

1. 开展一次班会，共同讨论自己在志愿服务过程中曾经遇到的问题，以及当时采用的应对方法。
2. 请列举学生参与志愿服务的几种主流动机
3. 学校社会工作者与教师在满足学生志愿服务需要方面，有哪些工作取向的差别？
4. 请简要论述社会工作介入志愿服务的可操作化策略。

第十三章

学生社区文化需求与社会工作介入

【案例 13.1】

90 后大学生宿舍新文化 男生打游戏 女生看电影

宿舍楼道里经常看不到人影，推开每扇门都会看到同一景象：每个人都面朝自己的电脑，戴着耳机，要么哭，要么笑，要么面无表情。

“女生上网看电视剧，比有些男生打游戏还疯狂。”说这话的是中国人民大学大三的李璐。作为资深的“电视人”，她曾在一个学期之内连追了 10 部电视剧。如今的大学校园，不少女生也有“网瘾”，不过不是玩游戏，而是上网看电视剧。

而陈阳宿舍里刮起“影视风”是从买电脑后开始的。大一时，宿舍里没有电脑，六姐妹一起泡图书馆、上自习，每逢周末就结伴逛街。

大二时情况就变了。宿舍里一下子多了四台电脑，加上专业课也变得很少，“看电视立马成了生活的主打”。许诺是宿舍里“看片子最着魔的”，买电脑以前，她喜欢从图书馆抱一堆书回来看，偶尔会凑到室友旁边看一两部片子满足一下视觉欲望。后来，她也渐渐沉迷到影视剧里“拔不出来了”。“看片子时，我还真是一种疯魔的状态，一整天呆在电脑面前，过着黑白颠倒的生活。”

许诺最喜欢看武侠片。40 集的《飞刀又见飞刀》一个周末就看完了，小时候看过的《九阴真经》又下载看了两遍，新老版《上海滩》对比着再重温一次……许诺最喜欢一边看片，一边用迅雷下载其他片子，“资源永远不会枯竭”。

看得起劲时，她连吃饭也顾不上，往往是在看得两眼都睁不开时，借着休息的机会，飞奔下楼到食堂打饭，然后又坐在电脑前，一边往嘴里塞吃的，一边继续盯着剧情发展，宿舍里来了什么人、说什么话全然不知。

陈阳宿舍里“人人迷影视”的情景并不是特例，在各高校的 BBS(论坛)中看到，“靠TVB 过夜”“哪部美剧让你连熬几个通宵就想一口气看完?”之类的帖子不胜枚举，大学校园里的电视剧热可见一斑。

除了看片，不知道干什么“我很陶醉这种窝在宿舍看片的生活！主要是无聊，打发时间，找点精神寄托。不然真的要在大学郁闷死了!”作为宿舍名副其实的“宅女一号”，许诺从大一开始就没有参加任何社团活动，逛街没有钱，学习负担也不重，“只能选择看片了”。

武汉大学新闻与传播学院的纪莉老师认为，在休闲娱乐方面，女生喜欢感性、情绪化的东西，而电视本身比较偏女性化，节目制作也针对女性多一点，所以相对于男生来说，电视剧对女生的吸引力更大一些。

能将许诺从电视剧中拉回到现实的，只有忽然到来的考试、作业。“四级成绩出来时，看到很低的分数确实很懊恼。下定决心要好好学英语，备战六级，结果发现，这种长远的计划远远抵挡不了电视的诱惑。”许诺感到自己的生活太缺乏目标了。

不过，也有人是抱着学习的目的看片子的。“一是为了练习英语；二是十分喜欢他们的生活方式。”说起为何如此喜欢美剧，北京师范大学的陈凌这样回答。虽然前一个原因有点冠冕堂皇，但有不少人是以“练习英语”为借口沉溺在美剧中。至于第二条，陈凌最有发言权，尤其是《绯闻女孩》里的生活方式，是她“向往了许久的完美生活”，所以才会对类似的电视剧“穷追不舍”，而且美其名曰“为日后的生活打好坚实的基础”。

虽懊恼不已却欲罢不能。

虽然女生沉迷在电视中的状态的确疯狂，但是多数人还是会发现，电视里的生活并不现实，而且“看片耗费了大量的时间”，让人变得“与世隔绝”了。她们也期望“从理想世界走回到现实中”。

陈阳就感到，从片中走出来转向真实生活“是必须的”。以前在学院担任学生会副主席的陈阳，每天早出晚归，被称为“工作小蜜蜂”。晚上，忙了一天的陈阳很想跟室友聊聊天，推开宿舍门，却每次都会看到“5 个人全坐在电脑前，打个招呼都没人回头理一下”。

看到无人与自己说话，陈阳也干脆坐下来打开电脑，很自然地点击装满电影的硬盘，调出自己最喜欢的恐怖片，戴上耳机投入到虚拟社会里。可是关了电脑，她马上感到很自责，认为自己这样逃避现实“很傻很没用”。因为看了一晚上电影，睡一觉起来“发现那一堆事情还是在那里，需要自己去处理”。现在，陈阳强迫自己经常招呼同学一起出去玩儿，“再也不愿逃避现实宅居在宿舍了”。

王岳曾经想过要把电视剧给戒了，所以有次她的校园网卡里的钱用完以后她决定暂时不充值。为此，她还专门到图书馆借了几本书来打发无聊时光。开始一两天还能坚持，后来便往隔壁寝室跑，没几天她把书一扔，说了句“我实在受不了了”，买网卡重新回到电脑前。

陈凌也有过这样的想法，她的电脑里装了三个网络电视的软件，她曾想一咬牙把这些软件全卸载掉，但是只要卸到第三个的时候她都会想，“偶尔看一次没关系，再装太麻烦了”。

她甚至在论坛上加了一个“拒绝电视剧”的小组，想通过集体的力量来戒掉她的电视瘾，不过那个小组加了两个星期后就再不想去了。

“要多给自己一些生活的目标，注意力转移，让大学生活丰富些。”华中师范大学大四的唐毅伟给女生们提了个建议。

“大好春光不能被错过了，而且大学时间短暂，不能全被电视剧和电影给吞噬了!”没有了影片，陈阳对现在更充实的生活很满意。

（根据中青在线—中国青年报 2009-05-08 报道改写 http：//zqb. cyol. com/content/2009 – 05/08/content_ 2656801. htm）

第一节　学校社区文化概述

一、学校社区文化概述

(一)学校社区

社区一词，近年来已成为大众普遍接受的一个常用名词，被广泛应用于社会学、哲学、宗教及政治学等范畴。它主要有三层含义：①指居住于某一特定地区的一群人或这些人生活所在的地区；②指一群具有共同经济利益或者共同文化传统的人；③指共有、共享、相同或共同参与等情况。[1]

概括地说，社区是居住于某一地理区域，具有共同关系、社会互动及共同服务体系的一个群体。它的组成要素有五个：人口、地域、共同活动、设施和社区意识。

总之，社区是一个人群，①住在郊近或衔接地区，彼此常有往来；②具有若干共同的利益，彼此需要支援；③具有若干服务，如交通、学校、市场等；④面临若干共同问题，如经济的、卫生的、教育的等；⑤产生若干共同的需要，如生活的、心理的、社会的等。

高校学生社区是指以学生宿舍为中心，包括学生食堂、文化活动场所、公寓、宿舍区、商业服务网点等在内的课堂学习外的生活、休息、学习、交往、娱乐、个体及群体活动的特定区域。

（二）学校社区文化

(1)社区文化　广义的社区文化，是指社区居民在特定的区域内，经过长期实践而创造出来的物质文化和精神文化的总和。它对人们的思想观念、道德情操、行为方式以及人格理想的形成和发展具有重大影响，甚至制约着当地经济、政治的发展；狭义的社区文化，是指社区文化现象的集成，即社区居民在特定区域内长期实践过程中逐步形成和发展起来的有一定特点的价值观念、生活方式、行为模式和群体意识等文化现象。

(2)学校社区文化　高校学生社区文化是校园文化的组成部分，是以共同生活在高校社区内的大学生为主体，以丰富和活跃学生文化生活，满足学生经济全球化、信息社会化的新时代的学生需求为目的，以各类文化活动为主要载体的学生社区内的各类物质文化、制度文化、行为文化、精神文化的总和。[2]

（三）当前学校社区文化建设的不足

社区文化是大学生日常生活娱乐的产物，学校对学校社区文化建设给予了很大的支持，促进了高校社区文化的发展，增强了大学生参与社区文化建设的积极性，可在发展的同时，也存在着很多不足。

(1)重管理，轻引导　对于高校社区文化，高校学生工作处和团委对其进行管理。从管理体制看，我国高校学生管理实行的是党委领导下党政共管体制，一级设立校党委、校行政领导下的学生工作部处，校分管领导主管全校的生管理工作，对其做出部署，提出目标和任务，学生管理工作的主体是学生作处部和校团委，学生处承担日常的学生工作，负责制定各种规章制度，督促执行团委主要负责学生的课外活动。我国大学生社区管理工作者，普遍存在的是管理者需要什么样的就执行什么样的想法和行为，这直接导致了大学生社区文化建设主体认知的缺失。

基于需要什么就执行什么，管理者只注重大学生的安全与社区建设的效果，在大学生

---

〔1〕 王思斌. 2015. 社会工作综合能力(中级)[M]. 北京：中国社会出版社，196.

〔2〕 张燕婷，李细香. 2013. 学校社会工作介入高校学生社区文化建设的策略研究[J]. 社科纵横(新理论版)，28：175.

社区文化建设上，忽略了学生参与社区文化建设。学生是社区文化建设的核心，也是文化建设的出发点和落脚点，在社区文化建设上，管理者并没有将学生进行引导。

(2)重正式组织，轻自组织　学校对社区文化的建设，主要通过团委、学生会、社团等正式组织实现，对学生的自发组织，却不重视。通过正式组织这个中介，使得一些社区文化建设流于形式，并没有实质性突破。学生自组织在学校社区文化建设上起到不可忽视的作用，学生自组织，诸如“小团体”，对于这样的组织，如果不正确引导，会使这些组织的负面作用发挥出来，不利于高校社区文化建设。反之，对于自组织进行正确引导，发挥自组织的优势，对于高校社区文化建设会起到积极作用。

(3)重共性，轻个性　学校管理者在进行社区文化建设时，按照上级要求而制定统一规范或者标准，管理学生达成这一目标，注重整体性的要求。这样，忽略了学生的个性，不利于发挥他们在高校社区文化建设中的作用。

二、学生参与社区文化建设的形式

(一)正式组织参与

(1)何为正式组织　正式组织，是指人们按照一定的规则，为完成某一共同的目标，正式组织起来的人群集合体，是具有一定结构、同一目标和特定功能的行为系统。任何正式组织都是由许多要素、部分、成员，按照一定的联结形式排列组合而成的。它有明确的目标、任务、结构和相应的机构、职能和成员的权责关系以及成员活动的规范。人们一般谈到的组织都是指正式组织。维系正式组织的主要是理性原则。在正式组织中，其成员之间保持着形式上的协作关系，以完成组织目标为行动的出发点和归宿点。人们经常将“正式”与“不变”“稳定”联系在一起。在实践中，正式组织在保持其相对稳定性的同时必须具有一定的灵活性，发现和使用人才，并根据组织环境的变化调整正式组织的结构。作为社会组织设计出来的正式组织，不论其规模的大小和从事的是什么样的活动，其组建、运行都需要有三个基本要素：意愿协作、共同目标和信息沟通。

根据成员加入组织原因的不同，可以将正式组织分为三种类型：功利型组织、规范型组织、强制型组织。[1]

①功利型组织　成员为了获取报酬而加入组织工作，这种类型的组织属于功利型组织，成员按照业绩获取报酬。例如，大型企业为其股东带来利润，向其雇员支付薪水。虽然绝大数人为了谋生必须加入某个类似的组织，但加入哪个功利型组织通常是个人的选择。

②规范型组织　成员为了追求他们认可的道德伦理上的目标而非获取报酬加入规范型组织。这类组织又称志愿者协会，包括社区服务团体(如家庭教师协会、狮子会、妇女选民联盟、红十字会)、政党和宗教组织。放眼全球，居住在美国以及其他政治氛围较为民主的高收入国家的民众更有可能加入志愿者协会。

③强制型组织　强制型组织的成员是非自愿性的。他们以惩罚的形式(监狱)，或治疗

〔1〕 约翰·J·麦休尼斯. 2015. 社会学(第十四版)[M]. 风笑天，等译，北京：中国人民大学出版社，223－225.

的方式(精神病)被迫加入群体。该组织具有特定的外在特征，例如，紧锁大门、装有栅栏的窗户以及保安监视。为彻底改变个体的态度和行为，组织将“犯人”或“病人”隔离一段时间。

单一组织可以同时具有上述三种类型的特征。譬如精神病院，对病人而言属于强制组织，对精神医生而言属于公益组织，对医院自愿者而言则属于规范组织。

(2)学校社区文化建设中的正式组织　学校社区文化建设中的组织，以规范型组织为主，这类组织主要追求道德伦理目标以及群体规范。学生可以加入到团委、学生会、志愿者协会以及社团等组织参与到学校社区文化建设中。团委有自己的一套准则以及相关部门，团委对学生会进行有效管理，同时对志愿者协会进行指导，社团在大学生联合会的协调下开展活动。

在共青团中央和教育部《关于加强和改进大学生社团工作的意见》中，关于大学生社团的概念，给予了明确规定：“高校学生社团是由大学生依据兴趣爱好自愿组成，按照章程自助开展活动的学生组织”，这一规定也使得大学生社团在政治上获得了组织合法性。

大学生社团打破年专业、班级、年级以及院系之间的界限，以兴趣爱好为纽带，以理想追求为基础，自发形成，灵活运作，成为是高等院校内非常活跃的一股力量，它在培养高校学生人生观、价值观，提高高校成员凝聚力、归属感，促进知识、技能传播，繁荣校园文化方面，都发挥着不可替代的作用。从高校社区文化发展的角度来看，各种类型的大学生社团在高校社区蓬勃发展，成为了高校社区的一种组织形式。它是高校社区文化建设的组成要素，是高校社区工作的对象，是开展社区工作的依托，也是维系高校社区成员和推动高校社区生活的重要手段。

(3)如何参与到社区文化建设之中　正式组织在高校社区文化建设中扮演重要角色，并在角色扮演过程中发挥着社区文化整合、提供社区文化服务、组织社区成员文化参与、链接社区文化资源和影响政策的功能。

①整合学校社区文化　高校的文化活动，从组织到实施，正式组织参与到其中，促进高校文化活动有效完成。高校学生来自天南地北不同的地方，将不同地区的文化带进高校，通过正式组织，高校文化组织者可以将不同的文化进行整合，以活动的形式进行呈现，例如，在迎新或者其他庆祝活动的时候，组织学生表演节目等。正式组织，将校园文化，宿舍文化，课堂文化进行整合，使之形成一套完整的学校社区文化圈。

②提供学校社区文化服务　以时代的主旋律为核心，积极提供符合学生需求的社区文化服务。开展各种比赛娱乐活动，提高学生的知识以及技能水平，开展各种主题文化日，丰富学生的文化生活。

③组织学校社区成员文化参与　正式组织通过各种形式，对学校开展的活动进行宣传，并招募学生参与到活动之中。随着时代的发展，正式组织已突破传统的宣传模式，现在在更大程度上使用网络手段，宣传社区文化建设的参与。

④规范学校社区文化　引领学生树立正确的行为规范意识，通过对学生的督查，进行奖惩。正式组织在规范学生中，起到引领和示范的作用，通过树立学生优秀典型，打造学生的行为规范。同时，正式组织也会使用自身所具有的权利，进行规制，引导学生形成正确的行为规范。

(二)非正式组织参与

非正式组织是"正式组织"的对称。最早由美国管理学家梅奥通过"霍桑实验"提出，是人们在共司的工作过程中自然形成的以感情、喜好等情绪为基础的松散的、没有正式规定的群体。人们在正式组织所安排的共同工作和在相互接触中，必然会以感情、性格、爱好相投为基础形成若干人群，这些群体不受正式组织的行政部门和管理层次等的限制，也没有明确规定的正式结构，但在其内部也会形成一些特定的关系结构，自然涌现出自己的"头头"，形成一些不成文的行为准则和规范。

三、小团体概述

(一)小团体介绍

小团体，是指除党团、班级、社团等正式学生组织外，大学生群体在第二课堂开展过程中，基于相同的特长、爱好、价值观念而私下结合的自发性组织，亦称“小团体”。加强对大学生“小团体”活动规律的研究，对于创建先进班集体，建设优良校风，培养大学生树立正确的人生观、世界观和价值观，具有积极的指导作用。[1]

(二)小团体的积极影响

(1)大学生“小团体”满足成员的精神需要　在“小团体”中，绝大部分成员能够受到尊重，能够感受到自身的价值。小团体中，学生有类似的认知以及共同语言，彼此之间的隔阂较小。小团体的成员因共同爱好走到一起，彼此之间有共同的追求，使得小团体更加紧密。

(2)大学生“小团体”为学生提供承担多种角色的机会，锻炼人际交往的能力　由于我国实行独生子女政策，现代大学生缺少了与兄弟姐妹的互动和交往。“小团体”可以弥补他们独生子女身份所带来的人际交往经验的缺乏，为他们将来走上社会适应现代社会的种种要求提供了最初的实践机会。

(3)大学生“小团体”是协调个人与个人、个人与集体之间纠纷和矛盾的有效方法　在大学生的日常学习、生活、工作中，很难避免发生个人与个人、个人与集体之间的利益冲突和矛盾。如果通过正式组织解决，往往会因为正式组织内部复杂的程序而无法快速应对；如果通过“小团体”，利用它所具有的强大沟通能力，问题和争端往往很容易快速妥善解决。

(4)大学生“小团体”成员相互之间的促进作用　在一定程度上推动了个人和集体的进步大学生“小团体”是在感情喜好相投、目标利益一致的基础上建立起来的，内部成员之间结成了深厚的友情，相处中互相学习，互相帮助，共同进步。这种相互促进的作用，有助于培养大学生的协作意识和团队精神。

(三) 大学生“小团体”的消极作用

(1)大学生“小团体”易对班级等正式组织的活动产生抵触情绪和破坏行为　当“小团

---

〔1〕 梁志辉，魏剑波，刘尧. 2015. 大学生“小团体”活动规律初探[J]. 时代教育(5)，55－56.

体"的目标与正式组织的目标不一致时，少数人的矛盾会波及群体成员心理和行动上的共振，从而削弱正式组织群体规范的约束力和权威性，影响其最终目标的顺利实现。

(2)大学生"小团体"容易成为小道消息的传播载体　"小团体"成员之间直接交流，其内部信息传播和交换的速度非常快，易产生小道消息。同时，成员的主观感情好恶，易使快速传播的信息失真，最终成为谣言和流言，干扰正常的沟通，妨碍学校的工作。

(3)消极型的大学生"小团体"，易做出违纪甚至违法犯罪的事　学校里，一些学生或因学习压力大而苦恼，或因人际关系处理不当而烦恼，因或被老师误解而感到自卑，或因家庭经济困难，或因失恋、就业而迷茫等，都易形成不同心理基础的"小团体"。他们感情色彩较浓，容易受到社会上的宗派思想和江湖义气的影响，不分曲直，相互包庇，彼此袒护，形成消极的群体，使其成员产生畸形的世界观、人生观和价值取向，最终发展成为影响校园，乃至全社会稳定、和谐的群体。

(4)大学生"小团体"缺少防微杜渐功能，容易陷入恶性发展　一些学生沉迷于网络，经常和几个同学联机打网络游戏，这些学生专业学习积极性低，本着消遣的心态接触网络游戏，久而久之便在这一小拨"机友团"的互动中沉迷于网络中不能自拔，以至于期末考试时多门功课被亮出"红灯"。有极少数学生自甘堕落，经常在一起喝酒、赌博，如不及时加以制止，就会导致违法犯罪。因此，在这些"小团体"中，个体成员受不健康的组织氛围影响，会陷入恶性循环，不断放纵自己，给学习和生活带来不利的后果，从而使自己留下遗憾。

四、学生社区文化建设的相关理论

(一)优势视角

优势视角强调，即便是最可怜的、被社会所遗弃的人都具有内在的转变力，不管什么问题，都要表现出对人的尊重和肯定。[1] 优势视角反对将案主的问题本身进行放大化，将服务对象问题化。优势视角是以个人的优势为基础，以最大的限度挖掘和开发个人的潜能，从而帮助案主解决问题，达到自己的目标，实现自己的梦想的一种社会工作助人模式。

优势视角的内涵包括个人优势以及环境优势两个方面。个人优势包括愿望、能力以及自信。凡存活的人皆有其愿望，尽管微不足道却贴近个人真实；每个人或多或少都拥有才能，包括技巧、天赋、聪敏、熟练精通的事物、特殊才艺等，这些能力可能已被表现，也可能未被发掘，有的能力是个体与生俱来的，有的是正在获得的；以及对于个人能力、影响力、自我信念和自我效能的觉知。环境优势包括资源、社会关系以及机会。案主本身已具的自然环境资源；在生活空间包含三个层次：亲密伴侣、社会网绚、社区，他们提供个人表达性支持不工具性支持；机会代表一种可能性，一个空间等着被填入，一个社会的机会多寡部分受天然资源影响，如石油、矿产开采和相关工作机会，部分为人所创造。

---

〔1〕 Dennis Saleebey. 2004. 优势视角——社会工作实践的新模式[M]. 李亚文，杜立婕，译，上海：华东理大学出版社，7－10.

(二)增权理论

《韦伯斯特新世界词典》中把增权说成是“赋予权力或权威赋予能力使能允许”。增权取向的社会工作实践主要致力于协助经济不足或受到政治压迫的弱势族群，致力于增加案主的权力或权能以增进其适应环境的能力，努力于改革压迫案主的环境或结构。权力分为个人权力、社会权力和政治权力。相应的，增权分为个体改变、人际关系和社会参与三个层次的增权。个体增权即从个人层面着手，通过协助案主掌握个人生活技巧、提高有意识控制能力、提升自我接纳程度等，使其具备对自身生活的决定权和对周围环境的影响力。人际关系增权对案主的影响是多方面的，一方面，案主通过与他人互动构建社会支持网络，从网络中获得所需的社会资源或社会资本；另一方面，案主获得的资源和资本有利于其在互动过程中提高自身地位，控制外界影响和评价。社会参与增权和前两个增权层次不同，主要是直接以群体的整体性活动出现的，目的多为影响社会决策，能够改变那些不利于实现自助的制度和规则。随着实践的深入，西方成熟的增权理论将弱势群体增权模式归纳为个体主动的增权和外力推动的增权两大模式。“个体主动模式”的前提是权力发自于案主，而非存在于案主之外，因此增权即激发或者挖掘案主的潜能。案主本身渴望改变才是获得权力的力量之源。“外力推动模式”则认为案主获得权力的基本途径是依靠外部力量的推动来消除社会交往的障碍、增加获得资源的机会。

增权是一个动态的过程，不仅有微观层面的，也有中观层面以及宏观层面的。增权首先面向案主本身，通过挖掘其自身的能力减弱个体无权感。而个人往往是处于权力关系网络中的，因此增权还需要面向案主所处的社会权力关系，调整关系中的不合理状态。为使得个体和社会关系层面增权效果的持久性，增权需要面向整体社会致力于建立新的世界观和价值观，用民主和平等的新观念替换剥削和压迫的旧观念，这样才能在更广阔的空间和更持久的时间上实现增权。可见为弱势群体增权的目的并不在于打败既得权力者，而是希望透过更为平等的权力关系使公平、平等的普世价值为所有公民所享有，以便达到互赢的局面。

第二节　社会工作介入要点

一、正确看待小团体，正确引导管理

(一)加强学生工作管理者自身建设，提高工作效能

(1)要正确认识大学生“小团体”，区别对待，因势利导要正确认识大学生“小团体”存在的必然性和合理性。应当说，大多数“小团体”与正式组织并无根本利害冲突，更多的是互相补充，关键在于如何协调好两者的关系，加强引导和教育，共同促进大学生个体的发展。

(2)建立科学健全的学生管理制度　建设一支思想上进和作风正派的学生管理队伍，建立科学健全的学生管理制度，是防止“小团体”消极作用产生影响的重要保证。依据规范的管理工作程序，对学生进行规范化管理，是抵制“小团体”消极作用的重要途径。管理的

科学化与否，直接影响到学生积极性的发挥。科学健全的管理，对学生组织的建设都具有极其重要的引导作用。

(3)加强对大学新生心理转折期的教育，指导他们尽快适应大学生活　我们应该针对新生的主要特点，及时给予必要的指导，以助他们尽快适应大学新的环境、新的学习、新的生活，避免新生因这一时期的心理危机而盲目地投入某一“小团体”。因此，加强班集体的组织建设尤为重要。在班级建设过程中，一个有事业心的班主任，一支能干有活力的班干部队伍，二者缺一不可。通过开展丰富多彩、形式各样的班级活动以及参加各类文娱竞赛活动，以增强班级的集体荣誉感，增强新生的归属感，有效避免新生参加消极的“小团体”。

(二)积极创造有利于学生全面发展的校园环境，塑造良好的育人氛围

(1)着力加强学校正式组织的建设，塑造优良的校园文化氛围　学校正式组织对于“小团体”在一定程度上产生积极的促进作用。大学生正式组织增强了凝聚力，可吸引与促进“小团体”目标向正式组织靠近，使“小团体”逐渐融入到正式组织中，用集体的力量去影响和教育“小团体”的每一个成员，使他们感到集体的温暖，从小圈子里走出来，投入到集体的怀抱，自觉接受集体约束。

(2)加强学生宿舍建设，把学生宿舍作为开展学生管理工作的落脚点　学生宿舍是学生逗留时间最长，也是最“自由自在”的地方，是形成“小团体”的重要场所。因此，我们应该高度重视学生宿舍的管理，把学生宿舍作为开展政治思想教育工作的基地。

(3)加强网络建设，积极利用网络开展学生工作，提高学生的网络素质　网络环境下“小团体”的基本特征表现为规模化、开放性、虚拟性、多重性和未知性。我们应该趋利避害，加强网络阵地建设，积极开展网上思想工作和心理干预，让网络成为学生成长和发展的一个平台，而不是相反依赖、沉迷网络。

(三)有针对性地加强教育，充分发挥“小团体”各个要素的积极作用

(1)充分发挥“小团体”的“灵魂人物”的积极作用　“灵魂人物”在“小团体”中起着模范带头的作用，我们应当充分利用“灵魂人物”的优势，激发他们积极上进的意愿，带动一批人，收到“教好一个人，影响一批人”的效果。同时，对于那些不健康的、带有危害性的“灵魂人物”，不能置之不理，任其发展，必须采取措施限制其活动，如有违纪行为一律严肃处理。

(2)采取有效措施，积极提高“小团体”成员的综合素质　大学生是“小团体”的根本组成部分，要多方面创造条件，让大学生的个性得到充分的发挥和升华。因此，一方面要保证“小团体”的正当活动必须遵循学校的管理模式进行；另一方面，要加强培养大学生自治、自理能力，努力促进大学生个性健康、积极、和谐发展。

(3)积极引导大学生“小团体”参与各类社会实践活动　大学生通过参加社会实践活动，其个性能够得到培养和历练，并逐渐向共性转化。因此，我们应该提供机会，号召大学生踊跃参与社会实践活动。通过活动，明确自身的社会责任，努力提高综合素质，勇于承担相应的社会责任和义务，以积极、乐观、认同的态度面对社会，增强对社会发展的希望和信心。

二、以优势视角介入，为学生赋权

(一)视学生为优势个体，相信他们自己能够解决自身问题

大学生经过自己的不断努力以及艰苦奋斗才考入了大学，他们自身具有很多优秀的品质，拥有自己的人际关系网，善于思考，在遇到问题时，自身有潜能去应对。作为社会工作者，在建设校园文化时，不能只看到问题以及学生的不足，学生自身所具有的优势反而成为解决问题的着眼点。

(二)赋予学生创建社区文化的权利

学生是高校社区文化的主要力量，在实际中，学生是在学生组织的领导下进行社区文化建设，有缺少灵活性的一面，背后隐藏的是学生参与社区文化建设权利的缺失。“小团体”自身具有文化建设的功能，不乏灵活性，对他们正确引导以后，进行赋权，为校园社区文化增加新的力量。

三、社工介入

(一)社工充当的角色

(1)支持者　社工面对学生时，特别是在他们遇到问题时，需要做的是给予支持，这种支持不仅是在心理上的一种支持，更重要的是给予他们处理问题方式方法上的支持。为学生建设良好的环境，包括社区环境和校园环境，建立学生的社会支持网络。

(2)资源链接者　社工作为资源链接者，学生在参与高校社区文化建设时，社工可以提供充足的资源支持。促进高校社区文化资源整合，在社区工作分工的基础上，强调整合资源，进行相互协作，达到共同的目标，社工可以为高校学生整合高校、社区、志愿者、公益等资源。

促进高校社区文化资源共享，依据资源不同，合理进行配置，实现社区资源利用效益最大化。

促进高校社区文化资源的流通，社区工作者要根据资源的不同特点，合理配置资源，保障资源能够被有效协调和使用，发挥资源最大的效率。

(3)管理者　社工需要对学生建设社区文化的资料以及档案进行管理，对于特殊学生进行个案管理，建立全面的档案。对开展的社会工作服务过程进行有效管理，使用社会行政的方法促进活动的开展。

(二)运用专业手法开展社会工作介入

社工综合运用个案、小组以及社区工作等方法介入高校社区文化建设。诸如对“小团体”的“头头”开展小组工作，培养他们的领导能力，并在小组工作中，对其进行正面引导，促进其带领的“小团体”对社区文化建设起到积极作用。对“小团体”开展小组工作，促使“小团体”成长，待到合适之时，将“小团体”培育成正式学生团体，参与到社区文化建设中。开展个案管理共组，针对特殊的大学生，进行跟踪，一对一的开闸辅导，促进学生的健康发展，减少社区文化建设中的不利因素。

对高校社区文化建设进行社会工作倡导，让高校领导重视高校社区文化建设的重要性，同时倡导高校社区文化建设采用不同于行政手段的方法，倡导社会工作的介入手法，用新的思维考虑社区文化建设。

第三节　案例分享

一、个案介绍

案主小强，男，21 岁，独子。案主就读于 × 大学二年级，不爱与人交往，朋友较少，长久下来小强倍感孤独，习惯通过玩乐器排除寂寞。喜爱架子鼓的小强，经常在宿舍敲架子鼓，然而架子鼓的声音很大，时常吵到其他同学，无奈，小强只能去宿舍外面敲打，这样虽然不会影响他室友，反而影响到了其他人，小强遭到了投诉，无奈，小强只能去校园的某个角落里敲打自己的架子鼓。巧合的是，在那个角落，也有其他人在玩架子鼓，小强与他们整天在一起敲架子鼓，还时常去校园外面“卖艺”。由于沉迷于玩架子鼓，小强经常旷课，考试成绩也出现了挂科，为此，小强的辅导员将小强转介到社工，寻求解决的办法。

二、社工介入过程

（一）接案：建立关系

在辅导员的介绍下，小强和学校社工樊老师取得了联系。在樊老师的办公室里，小强显得有点羞涩。樊老师热情地接待了这位同学，并通过开放性谈话初步了解了小强面临的问题。学校社工表示会尽力帮助小强改善目前所处的状况，并约定下次樊老师到小强宿舍探访的具体时间。

（二）预估：收集资料

为了更好更全面的了解小强的情况，学校社工樊老师与小强进行第一次摄入性谈话之后还约了小强的助理班主任进行面谈。通过这两次个案访谈，樊老师初步掌握了小强的家庭情况和在学校面临的问题，归纳起来主要有以下几点：

（1）家庭情况　家庭主要靠父亲打零工为收入来源；家里有两一弟弟，就读中学；母亲患有慢性病，以药度日。父母对案主的关心较少。家庭条件也比较差。

（2）学校情况　与室友相处较差，与同学交往较少，使得他很少有朋友。经常旷课，小强学习成绩差。在情感方面，没有朋友，感到孤单寂寞，渴望得到关心。

（三）计划：问题分析与目标设定

在初步掌握小强的基本情况后，学校社工樊老师开始对小强面临的问题进行分析，并制定详细的服务目标。

（1）问题分析　案主（指小强，下同）的性格比较内向，加上家庭经济非常困难，这在一定程度上加重了案主本身所具有的自卑倾向，使得案主不喜欢主动与他人交往。案主的内向性格以及对舍友的影响造成与宿舍同学的关系紧张，受到宿舍同学的排斥，生活中被孤立，导致案主更加的自卑和内向。

案主为了满足自身的情感需求以及发泄内心的抑郁，选择通过玩自己喜欢的乐器这种方式发泄。并结识了与自己有类似兴趣的朋友，长此下去，形成了自己的小团体，这个小团体使得案主沉迷于了玩乐器，并影响到了学业。固然，案主得到了心理满足，也带来了不良后果。

(2)服务目标

①总目标　帮助案主与他人建立良好的人际关系，建立良好的人际支持网络，让案主回归学校，顺利完成学业。

②具体工作计划

——与案主初步接触，建立良好的专业关系。

——与案主制定计划，在空余时间玩架子鼓，上课期间好好学习。联系学校社团，让社团吸纳案主为团员。寻求班级同学帮助，帮助案主学习功课。

——针对案主内向自卑的性格，采取循序渐进的工作方式，安排案主参加集体活动，通过谈话及集体活动来增强他的自信心。

——通过单独的谈话，说服案主下定好好学习的决心，联合宿舍同学的力量共同协助案主改变沉迷于乐器的不良嗜好。

——在案主的性格有了一定的转变后，鼓励案主积极参加志愿活动，加强案主的社会责任感。鼓励案主参加竞赛活动，将案主的特长发挥出来。

——回顾整个个案服务过程，对案主进行赞扬和肯定，制定未来的服务计划。

(四)实施：优势视角运用

(1)服务模式　优势视角视案主是具有潜能的，有自身的优势和能力，这种方法强调的是案主运用自身的潜能解决遇到的困难和问题，要求社工发现案主的能力和优势，并协助案主将自身的优势发挥出来。社工起到一个中介的作用，通过这个中介，促进案主的改变。

(2)服务实施　社工与案主接触并建立专业关系，通过访谈、走访等形式，了解案主的处境以及案主所具有的优势。与案主一起进行分析，找到问题的所在，并制定介入计划。

社工了解到了案主自身的优势和能力，鼓励案主发挥出来。例如，案主可以在集体活动之中，展现自己的才华，让同学了解到自己，得到其他人主动交往。自己参加社团，可以在更大的舞台展现自己，同样自己可以参加志愿团体，去老人院等地方做志愿活动，既可以回报社会，又可以认识许多朋友。人际交往的需求可以满足了，案主的学业问题也需要解决。一方面，社工为案主联系志愿者，帮助案主补课；另一方面鼓励案主可以很好的完成学业。

(五)评估与结案

当案主的学业能够取得进步，人际网略不断扩大，自己以及原来的“小团体”参加比赛获得了奖项以后，社工选择了结案。案主像其他同学一样，按时上课，积极完成作业，没有出现挂科的现象。案主与舍友的关系也得到了改善，并且变得很亲近，认识了很多志愿者朋友，案主不在孤独和寂寞了。这都表明案主的转变工作已显成效，达到了预期。

三、案例分析与思考

在个案服务中，社工注意发现案主的优势以及潜能等，这些是案主解决问题的重要依据。

在个案计划实施过程之中，将案主自身所具有的优势发挥出来，促进了案主问题的解决。同时，社工也注意到了“小团体”的影响，社工对于“小团体”的态度是正确引导，案主本身属于那个“小团体”，社工鼓励他们参加比赛活动，而不是继续选择去街头卖艺，这样不仅对案主有利，也引导了“小团体”参与到社区文化建设中来。

本章小结

本章所述的社会工作介入学生社区文化需求，我们从优势视角以及增权理论的角度出发，围绕学生社区文化的主体即学生展开论述。结合我国本土学校和学生的实际，学生参与到社区文化建设，主要有两个途径，一个通过正式组织参与进来；另一个是通过非正式组织参与进来。这两种途径，各有利弊，主流是正式组织的参与，但非正式组织的参与也同样受到重视，两者相辅相成。在社区文化的建设之中，根据实际情况使用合适的社会工作介入的方法。不仅是小组、个案以及社区工作可以运用到社区文化建设中来，社会工作行政，社会工作倡导都可以在社区文化建设中使用。本章所述的“小团体”，在社区文化建设中，会有正反两方面的作用，在处理小团体上，要因势利导，发挥积极作用，避免出现不利的影响。

思考题

1. 什么是“小团体”？有什么影响？
2. 如何从优势视角介入校园社区文化建设？
3. 在社区文化建设中，社工充当了什么角色？
4. “小团体”为什么会存在？

第十四章

学生挫折教育需求与社会工作介入

【**案例** 14.1】

神田三郎的悲剧

一个优秀的日本青年神田三郎，经过十多年的寒窗苦读，终于从东京的一所名牌大学毕业，当时正值松下电器公司招聘一批基层管理人员，他对此充满了自信，觉得自己完全符合松下电器公司的要求。这次招聘，采取笔试和面试相结合的方式。参加报考的人数有好几百人，竞争十分的激烈。经过一周多的考试选拔，成绩出来了，选出了10位优胜者。松下幸之助将会见10位录取者，他们将成为松下电器公司的新鲜血液。

然而，松下在会见这十位精英的时候，却发现一位在面试时曾给他留下深刻印象，而且笔试成绩也特别出色的年轻人并未在其中。于是，他立即让人复查考试情况，结果发现，这位年轻人的综合成绩名列第二，然而电子计算机在排列分数和名次时却出了故障，致使这位年轻人未被列入前十位。松下立即吩咐，给这位年轻人补发录取通知书。但是，第二天松下却得到一个惊人的消息：这位年轻人因为没有被录用而跳楼自杀了。

后来，松下电器公司的许多人都说："太可惜了，那么一位有才干的青年，却没有被我们录用。"然而松下本人却并不这样认为，他说："幸亏我们没有录用他。意志如此不坚强的人是很难成大事的。"

（根据百度百科"松下幸之助"词条《人物故事》栏目中的故事改写 http：//baike. baidu. com/link?url = vW_ xGm3zszeo0FU0maa3CnAk1BUxYBa8fn9Y8N12NNSr65YL67ko9YfR1DbIoQkXn4HECalzD41xbnKahh24z0H5qfw4q5hhLfM3dib9lYS）

【**案例** 14.2】

暑假3名学生因为电信诈骗而结束了自己年轻的生命

2016年8月19日，山东省临沂市高考录取新生徐某被不法分子冒充教育、财政部门工作人员诈骗9900元。徐某伤心欲绝，郁结于心，最终导致心脏骤停，虽经医院全力抢救，但仍不幸离世。

8月12日，山东理工大学学生宋某被不法分子以银行卡扣缴年费、身份被冒用等虚假理由骗走1996元。为些，宋某情绪不佳，心情低落，8月23日凌晨，宋某心脏骤停，不幸离世。

7月19日，广东省惠来县高考录取新生蔡某接到不法分子假冒"奔跑吧，兄弟"栏目组发出的虚假中奖短信，蔡某回拨短信中的电话号码，被嫌疑人诱骗点击登录钓鱼网站，并填入相关个人信息。随后，嫌疑人又以缴纳"保证金""个人所得税"等理由诱骗受害人向嫌疑人提供的账户汇款，分三次共汇入9800元。蔡某从8月28日起失联，29日下午，她的遗体在惠来靖海海边被发现。蔡某留下遗书，称遭遇诈骗，"无颜面对父母"。

（根据2016年9月11日中国搜索网报道改写 http：//dl. chinaso. com/xw/detail/20160911/1000200032990161473550634802928036_ 1. html）

从以上案例可以大致了解到，学生在遇到挫折时并不能正确应对和调适，采取了消极的甚至是极端的处理方式，酿成了不该发生的悲剧。“人生不如意事十之八九”，挫折，在我们的学习、生活和工作时常发生，有些挫折超出学生的承受能力时将导致学生处于危机状态。对于处于成长期的学生群体来说，如何正确应对挫折或危机，如何学会管理挫折，是走向社会和人生成熟的一门必修课。

第一节　学生挫折概述

一、一般性挫折

《现代汉语词典》(第 227 页)对“挫折”的解释为：①压制或阻碍，使削弱或停顿；②失败，失利。

《辞海》(1999 年缩印本，第 330 页)对“挫折”的解释为：①失利；挫败。《后汉书・冯异传》：“北地营保按兵观望，今偏城获全，虏兵挫折。”亦作“锉(剉)折”。《元史・盖苗传》：“虽经锉折，无少回挠。”②在社会心理学上，指由于妨碍达到目标的现实的或想像的阻力而产生的心理状态。表现为不快、不安、失望、愤怒等。其强度依赖于受阻行为的重要性和达到目标的主观距离。挫折情况下的反应，表现为侵犯行为、行为简单化以及脱离困难情境的反思与心理调适。有可能磨练意志，也可导致性格变化(如缺乏自信心，行为生硬)或神经症。

《辞海》的解释比《现代汉语词典》多了一层社会心理学的概念。而《汉语大词典》(第 8602 页)对“挫折”作了更详尽的解析和释义：

(1)失利，失败　①汉桓宽《盐铁论・诛秦》：“控弦之民，旃裘之长，莫不沮胆，挫折远遁。”②《东观汉记・耿弇传》：“凡所平郡四十六，屠城三百，未尝挫折。”③宋杨万里《张魏公传》：“元祐至隆兴初，首荐论事切直、挫折不挠者数十人。”④《东周列国志》第三回：“却说犬戎自到镐京扰乱一番，识熟了中国的道路，虽则被诸侯驱逐出城，其锋未曾挫折，又自谓劳而无功，心怀怨恨。遂大起戎兵，侵占周疆，岐、丰之地，半为戎有。”⑤邹韬奋《不相干的帽子》：“我认为挫折磨难是锻炼意志增加能力的好机会。”

(2)折断，摧折，损伤　①宋史・吴芾传》：“去岁两淮诸城望风奔溃，无一城能拒守者，此秦桧壅塞言路、挫折士气之馀毒也。”②明康海《香罗带・离思》套曲：“便做挫折金针，也解不得我愁肠千万结。”③《杨家将》第三十回：“被吾打破三阵，已挫折其锐气矣!”④茅盾《子夜》十七：“在公债方面，他们尚未挫折锐气。”

(3)屈服　唐刘餗《隋唐嘉话》卷下：“徐大理有功，每见武后将杀人，必据法廷争……终不挫折。”

(4)凌辱　①汉荀悦《汉纪・文帝纪上》：“古者大臣……有大罪北面跪而自裁，上不使人挫折而刑之。”②《西游记》第五五回：“却怎么今日把你这般挫折?”③《红楼梦》第八十回：“秋菱正因金桂近日每每的挫折他，不知何意，百般竭力挽回。”

钟向阳对国内外多名学者对挫折的解释有过较全面的分析，认为挫折的概念有广义和狭义之分。广义的挫折泛指干扰或妨碍人们实现目标，而且能够引起人们精神紧张，造成疲劳度和心理变化的刺激性生活事件；狭义的挫折是指人们在实现某种动机的推动下，在实现目标的过程，遇到难以克服或自以为无法克服的障碍和干扰，使目标不能实现，需要得不到满足时所产生的一种紧张的情绪体验和行为反应。[1]

简单地说，挫折，是指人们在有目的的活动中，遇到无法克服或自以为无法克服的阻碍，使其需要或动机不能得到满足的情况。心理学上指个体有目的的行为受到阻碍而产生的必然的情绪反应。它包括三个方面的涵义：

①挫折情境　即指对人们的有动机、目的的活动造成的内外障碍或干扰的情境状态或条件，构成刺激情境的可能是人或物，也可能是各种自然、社会环境；

②挫折认知　即指对挫折情境的知觉、认识和评价；

③挫折反应　即指个体在挫折情境下所产生的烦恼、困惑、焦虑、愤怒等负面情绪交织而成的心理感受，即挫折感。

其中，挫折认知是核心因素，挫折反应的性质及程度，主要取决于挫折认知。

一般来说，挫折情境越严重，挫折反应就越强烈；反之，挫折反应就轻微。但是，只有当挫折情境被主体所感知时，才会在个体心理上产生挫折反应。如果出现了挫折情境，而个体没有意识到，或者虽然意识到了但并不认为很严重，那么，也不会产生挫折反应，或者只产生轻微的挫折反应。因此，挫折反应的性质、程度主要取决于个体对挫折情境的认知。

挫折反应和感受是形成挫折的重要方面，个体受挫与否，是由当事人对自己的动机、目标与结果之间关系的认识、评价和感受判断的。对某人构成挫折的情境和事件，对另一人不一定构成挫折，这就是个体感受的差异。正如巴尔扎克所说："世上的事情，永远不是绝对的，结果完全因人而异。苦难对于天才来说是一块垫脚石，对于能干的人是一笔财富，而对于弱者是一个万丈深渊。"

二、个体危机

危机一词源于古希腊语中的 Krincin，指的是人濒临死亡、游离于生死之间的状态。《韦氏词典》认为："Crisis"是有可能变好或者变坏的转折点或关键时刻；我国的《辞海》对"危机"的解释是："潜伏的祸根，生死存亡的紧要关头。"例如，三国魏吕安《与嵇茂齐书》："常恐风波潜骇，危机密发。"《宋书・范泰传》："如此，则苞桑可系，危几无兆。"唐刘言史《观绳伎》诗："危机险势无不有，倒挂纤腰学垂柳。"清陈维崧《八声甘州・南耕斋中食鲥鱼作》词："贪听渔翁笛，悮触危机。"毛泽东《评国民党十一中全会和三届二次国民参政会》："须知正是在国民党十一中全会之后，内战危机是空前未有的。"瞿秋白《欧文的新社会》："英国的工业经过了一次大危机又恢复过来了。"

古今中外对危机的定义大同小异，大体包括以下表述：危机是当人们面对重要生活目标的阻碍时产生的一种状态。这里的阻碍，是指在一定时间内，使用常规的解决方法不能解决的问题。危机是一段时间的解体和混乱，在此期间可能有过多次失败的解决问题的尝试。危机是生活目标的阻碍所导致的，人们相信用常规的选择和行为无法克制这种阻碍。

---

[1] 钟向阳. 2010. 大学生挫折管理与辅导[M]. 北京：北京师范大学出版社.

危机之所以是危机，是因为个体知道自己无法面对某种境遇作出的反应。危机是一些个人的困难和境遇，这些困难和境遇使得人们无能为力，不能有意识的主宰自己的生活。危机是一种解体状态，在这种状态中，人们遭受重要生活目标的挫折，或其生活周期和应付刺激的方法受到严重的破坏。它指的是个人因某种破坏所产生的害怕、震惊、悲伤的感觉，而不是破坏本身。因此，危机一般具有突发性和紧急性、高度不确定性、影响的社会性和决策的非程序化的特征。

美国心理学家凯普兰最先系统地提出危机的概念。他认为，每个人都在不断努力保持一种内心的稳定状态，保持自身与环境的平衡与协调。当重大问题或变化发生使个体感到难以解决、难以把握时，平衡就会打破，内心的紧张不断积蓄，继而出现无所适从甚至思维和行为的紊乱，即进入一种失衡状态，这也就是危机状态。简言之，危机意味着稳态的破坏。

危机形成的过程大致分为以下几期：潜伏期、爆发期(危机期)、恢复重建期。[1]

在通常状态下，个体通过应用已拥有的应付技巧和解决问题的技巧，能保持自身与环境间的平衡，可视为一种稳态。然而，个体可能会遭遇应激强度很大的事件，在这里称之为："有害事件"即对个体的生活目标或自我形象等重要方面构成威胁的事件。此时，个体会一如既往地动员所有解决问题的常规技能，但结果却发现仍不足以摆脱困境，在这种情况下，不安感开始产生。有害事件的发生，揭开了危机发展过程的序幕。

在危机期，紧张和焦虑达到难以忍受的程度，个体处于渴求解脱的状态。这一期有一定的时限，一般不会超过6~8周。在这一期，个体往往不得已而求助于专业人员。有些人会因难以忍受强烈的焦虑和高度的紧张而出现精神和行为的紊乱。还有些人会用适应不良性行为减轻焦虑，如大量饮酒或滥用某些镇静剂。

在危机期之后，是所谓恢复重建期。此时，焦虑水平降低，某些方面开始恢复正常。个体在危机之后的适应水平可能与危机前相当，也可能低于或高于危机前的水平。通过专门的干预，治疗者可帮助患者至少恢复到危机前的状态，若能借机使其达到更高的适应水平就更为理想。

三、挫折成因

造成挫折的原因是多方面的，也是复杂的。挫折的形成与自然环境、社会支持、自身条件、角色定位等因素有密切关系。

(一)自然环境

大自然是按照自己固有的规律运行的，它不以人的意志为转移。某些自然灾害和意外事故往往超出个人的承受能力，有时甚至无法完全控制。对于学生来说，有些自然因素的影响与其日常生活息息相关，如外地求学远离父母、学校周边环境嘈杂、校内生活设施简陋住宿条件差等，往往引起学生个体难以适应造成不良影响。

---

[1] 朱晓斌. 2004. 美国学校危机管理的模式与政策[J]. 比较教育研究(12).

(二)社会支持

个人在社会生活中受到各种人为因素的限制与制约，包括父母亲友的影响、老师同学的关系、社会道德与法律，各种约定成俗和人际规则，如果这些社会因素的体验与学生长期接受的传统教育的观念不相符合，往往造成学生的心理冲突，在缺乏应对准备和接受挑战的情况下容易产生挫折感。

(三)自我认知

个人对自身生理条件的评估和能力性格的认识程度，是产生挫折感与否的一个重要因素。“明知不可为而为之”，在现实生活中，超过了自己的能力和现有的资源，制定过高的甚至无法达到的目标和期望，实际有效行为却达不到理想状态，进而产生强烈的挫折感。一般来说，挫折感的大小与个人期望值成正比，与实际有效行为成反比。

那么，个人在确定目标时为什么会不易检视自身的条件，结果却超出期望呢？这与每一个体的人格特质有关。个体在有目的的行为活动中，常常会为一个或几个目标而同时产生两个或两上以上的动机，但由于各种条件限制，这些并存的动机不可能全部实现，必须有所取舍，于是就会形成动机冲突，表现为双趋冲突、双避冲突、趋避冲突、双重趋避冲突等形式，“鱼和熊掌不可兼得”，权衡不下时常常会带来矛盾和痛苦，就可能会引起挫折。因此，动机冲突是构成挫折情况的重要原因之一。[1]

(四)角色定位

不同年龄阶段有不同的发展任务和角色。在校生特别是大学生正处于职业的认知、探讨阶段向确定阶段过渡，也是自我观念形成的重要时期，必须回答“我是谁”和“我将往何处去”两个问题。在如今社会转型过程中，社会、经济、文化的多元性使青年人在不连续的环境中成长，在自我的追寻中感到困惑与迷失，他们在老师面前是学生，在父母面前是孩子，在同伴面前是朋友，在公共场合是公民等，他们要学会扮演好自己的角色(单一的或者多重的)，必须根据环境变化和要求不断进行自我调整，不断适应各种挑战，使他们承受着非常大的心理压力和负担。青年学生在角色扮演和重塑自我的过程中，如果不能完成同一，容易产生挫折感。

第二节　社会工作介入要点

学校社会工作因其专业性和敏锐性，在学生挫折教育及其服务、管理中具有明显的比较优势和服务优势。学校社会工作是教育学和社会工作学的交叉学科，以处于困难境地的学生为研究、帮助对象，运用社会工作学、教育学、心理学等学科知识探究陷于困境的原因及处理的办法，切实解决学生在学习、心理、经济、就业等方面的困难。特别是高校社会工作，具有福利输送、危机干预、满足个别化需求的功能。[2]

当代中国社会正在从传统社会向现代社会转变，在校生特别是高校学生受到社会结构

---

〔1〕 钟向阳. 2010. 大学生挫折管理与辅导[M]. 北京：北京师范大学出版社.

〔2〕 孙庆民. 2007. 浅论高校社会工作体系的构建[J]. 教育与职业(35).

分化和利益诱惑的影响，在学业、人际交往和适应社会生活能力等方面表现出抗逆性弱、受挫性差等问题，由于学校社会工作的职业敏感性，使之可以比其他教师更容易体会学生的变化，学生问题在轻度时被发现，既可提高辅导的功效，减少人力物力支出，也可以减少对学生的伤害，从而促进学生社会化人格的成长，促进学生、学校、社会的和谐发展。

学校社会工作介入挫折教育具有积极的预防、调整、应对、干预等功能，可以着重从以下方面开展专门性服务。

一、鼓励学生积极参加文体活动，进行自助调适

在现实中，许多同学在演讲前已经做了大量的准备工作，但往往临近发言时，却十分紧张，认为自己可能讲不好，负担很重，结果越紧张压力越大，到他上台时竟然忘记了内容，甚至口吃讲不出话来。事后觉得自己一无是处，以后逐渐回避在大庭广众发言。这是一种自我挫败现象和行为，它可能与自小成长的家庭教养方式有关，要求完美、超越别人，对事对物太执着，害怕失败、缺乏信心，不能很好地评价自我，调整自我。

青年学生在自身受挫之后，应尽可能地摆脱造成挫折的境地，不能耿耿于怀，而是要发展的眼光看待自己，尽快转移目标，去做一些自己平时喜欢做的事情，以减轻挫折给心理造成的压力。学校社会工作者可以多组织一些有益于青年学生身体健康的文娱活动，同时注意根据工作对象的特点和才能创造一些有利于工作对象摆脱困境、挑战自我、易于成功的项目，让受挫者获取新的乐趣和收益，替代原先低落的情绪，消除压力。如通过团体竞赛的形式，鼓励受挫者多参加社团组织的寻标、登山、游泳等体育活动，多关注校园活动通知，参加一些音乐会、艺术展等文化活动，多组织开展一些历奇、探险等小组或团辅活动，让受挫者参与进来，让其寻找到自我价值，获得自尊。

当然，自我调适只是应对挫折的一种转移办法。要更有效地今后不受挫或者受挫不受害，仍须青年学生综合分析，冷静应对，在自我训练和不断磨砺中逐步成长。

二、帮助学生理性应对，寻求资源解决问题

学校社会工作者应当经常提倡一种积极应对挫折的反应方式。理性地应对挫折，一般采取如下步骤：①冷静分析，正确面对。找出挫折的源头，搞清挫折的程度，分析挫折的利弊因素，抓住主要矛盾，找到解决的策略，才有可能转挫为胜。②坚持目标，矢志不移。如果经过科学分析后认为自己的目标是正确的、现实的，哪怕在前进的路上遇到了一些坎坷，也应该坚定信心，克服既定目标，最终实现自己的愿望。③调整目标，继续努力。由于自身条件或社会因素的限制，多次尝试不能实现确定的目标，应该知艰而退，通过降低目标、改变行为、树立新目标等多种调整目标的方法，增强继续前进的信心和勇气，使需求得到满足。④增强抗性，升华意志。“失败乃成功之母”，任何航行都不可能是一帆风顺的，唯有意志坚强者才能在奋起中达到成功的彼岸，经过过艰险才能懂得成功来之不易，才能更有资格享受成功之后的喜悦和高峰。

学校社会工作者应当帮助受挫者积极扩大应对挫折的资源，借助外部的支持来解决实际问题。当个人的内部资源无以应对挫折时，外部的支持显得特别及时和重要。外部支持形式包括：①家庭成员、亲戚的家庭支持；②朋友、同学的人际支持；③学校、社区、社

会团体的社会支持；④党委、政府机构的行政支持；⑤社工机构、慈善机构的专业团体支持等。外部支持所提供的资源链接是多样的，以缓解个体受挫时的心理压力为目标，使得应对结果得到正强化，促使挫折源和挫折情景得到转化，挫折问题得到解决。外部支持的内容主要包括：①实质支持。直接提供物质或具体服务，帮助解决问题，如金钱给予，帮助纾困；②认知支持。帮助对方了解问题，提供正确资讯、经验；③情绪支持。如关心、肯定、同情、鼓励，增强归属感；④陪伴支持。提供社会性交往，如通过休闲运动、旅游、聚会增加友谊，培养共同兴趣与信任感；⑤咨询支持。如寻找心理咨询、参加支持小组等，通过倾诉、分享、交流、互动，获得自我成长，改善受挫症状，提高生活质量。外部支持可以促进个人与社会体系的互动，觉得受到关心、尊重与协助，有效帮助减少压力，增加个人的应对能力和权利，从而更好地解决问题。

三、引导学生进行励志教育，促进社会化过程

人学会走路，终要摔几个跤。个体要进入社会，成为社会人，必须经历社会化。社会是竞争的，有竞争就会有淘汰，就会有曲折。青年学生受挫过程其实是一个社会化的过程，如何帮助青年学生顺利完成社会化，除了个体本身的同化，还需要外部的强化。这种强化，对于学生来说，即是开展励志教育。在学生群体中开展励志教育对于提高学生的抗挫能力和接受挫折、减少自害行为具有积极的潜性功能。学校社会工作者应当采取多种形式加强励志教育的引导作用，激发学生社会化的自觉性和主动性。

我国优秀传统文化中包括了诸多励志教育资源，学校社会工作者可以将之融合到挫折教育活动中，开展相应的个体社会工作和小组社会工作进行强化，积极转化为“社会”人。列举几个典故如下，可供案例教育参考。

（一）挫折具有普遍性教育

《孟子·告天下》讲述了舜、胶鬲、管夷、孙叔敖、百里奚等被任用重用之前都吃了许多苦，“天将降大任于斯人也，必先苦其心志，劳其筋骨，饿其体肤，空乏其身，行拂乱其所为，……然后知生于忧患，而死于安乐也”。天、地、人、时按着各自规律在运行，没有忧患、没有挫折就没有竞争没有发展，个体就不会成长，如何面对无处不在、无时不有的挫折？《易经》有云，“天行健，君子以自强不息”“地势坤，君子以厚德载物”作了很好的诠释。中华民族就是靠着自强不息，靠着吃苦耐劳，艰苦努力，才能在自己国家，在世界各地立足。

（二）挫折具有辩证性教育

《淮南子·人间训》讲了个塞翁失马的故事，它从事实证明老子阐述的“祸兮福之所倚，福兮祸之所伏”的辩证思想。挫折具有两面性，好事与坏事是矛盾的对立双方，关键是如何去看待，有时“危机”也是转机和契机。在人生中，化挫为胜、以患为利是一种成熟的辩证思维，这种思维使人的精神永远不败，使人永无绝路。当然，并非所有的磨难曲折都一定能转化为胜利，它需要一定的条件，就是主动创造，奋力拼搏。

（三）挫折具有可移性教育

《列子·汤问篇》讲了愚公移山的故事，毛泽东在中国共产党七大报告时用了这个典

故，致使这个寓言故事家喻户晓，成为鼓舞全国人民改变中国一穷二白落后面貌的动员口号。“愚公移山”表达了面对挫折的精神，即勇于开放，敢于行动，不惧艰难，持之以恒的精神。挫折在意志面前是可改变的，并不像两座大山那样不可挖平，中国共产党28年坚忍不拔，不懈奋斗的精神推翻了帝国主义和封建主义两座大山，马克思写《资本论》花了40年，哥白尼写《天体运行论》花了36年，司马迁写《史记》花了15年……无数事实表明，面对挫折，只要持之以恒，工夫深了，铁杵也有磨成针的时候。

（四）挫折具有可避性教育

《荀子·劝学》论之，“君子曰：学不可以已”。学习，可以使人少受挫折甚至避免挫折。人要改造成为“知明而行无过”的君子，利器就是“博学而日三省乎”。骏马一跨越，也不足十步远；劣马拉车走十天，也能走得远，它的成功就在于不停地走。青年学生整天思索，不如片刻学到的知识多，青年学生要不停止地坚持学习，只有这样才能增长知识，发展才能，培养高尚情操，才能少走弯路，规避风险和挫折。一个人的知识、道德、才能不是天生的，而是后天学习改造的结果。“锲而舍之，朽木不析；锲而不舍，金石可镂”，我国学生的学习能力在世界都是很强的，这与传统文化中重视勤奋学习的激励和教化是分不开的。“学不可以已”，对于学生面对学习困难具有巨大的挑战作用，督促着学生不断刻苦奋进，有为发展。

四、评估学生失衡状态，进行必要的危机干预

人在什么时候会出现心理的危机呢？有些人抗挫折的能力比较强，很大的事件对他来讲也扛得起来。有些人很脆弱，一点点小事也能把他摧跨。生活中的一些重大事件如亲人死亡、婚姻破裂、恋爱失败、学业受挫等，平时的应对方法不能解决时就会出现心理失衡，严重的话很可能出现自杀。

心理危机常常是从心理困扰一直到精神障碍比较严重的状态。心理危机至少要符合三个标准：①存在一些重大的影响心理的事件；②有急剧的情绪、认知，包括身体行为上的一些改变；③个人原有的一些方法无法去应对或者应对无效。

青少年所处的年龄阶段是危机经常发生的阶段，因为青年期是从稳定的儿童期走向稳定的成年期的过渡。大学生是青年中的一部分，大学生会面临很多危机。①发展性危机。因为我们在发展的转变、过渡阶段所遇到的很多问题是前所未有的，如第一次被别人追求，当你看到第一封情书的时候是不是吓得不知道塞哪儿好，不敢对任何人说。随着我们慢慢长大，会有很多新的经验，面对这些发展性的危机，我们出现适应不良。②境遇性危机。如学业不良，考试不及格，研究生没考上，恋爱失败等大学生活中比较常见的一些事件。③存在性危机。很多青年人有这样的想法：我存在的意义到底何在？反正我是死亡，我干吗还活？探索人生，探索自己发展，探索自己存在的意义和价值，这种思考肯定会有很多的困扰。

危机干预就是对处在心理危机状态下的人采取一些有效的措施，使他战胜危机重新适应生活。危机干预的目的，一是努力保护他的生命，绝对不要伤害生命；二是慢慢恢复他的心理平衡。对危机的介入，可以分为三种层次，第一种是人人介入层次：任何人都可以是预防自杀者，家人、朋友、老师、同学等；第二种是技术协助者介入层次：也是半专业

如学校保安、志愿者、辅导员、行政人员等经过初级训练以协助预防自杀者；第三种是专业的介入层次：如医师、心理师、社工师等，协助中止中高度自杀危机者。对危机的介入，需要危机评估的方法。危机评估不仅是危机干预的重要步骤，也贯穿危机干预的始终，除了日常的经验、直觉及信息反馈之外，结合有关的危机评估工具进行危机评估，可提高危机评估的准确和有效性。

根据危机发展的三个阶段，经过近 20 年的摸索，我国逐渐建立和完善了校园危机管理体系，由发现系统、监控系统、干预系统、转介系统和善后系统五个子系统构成。[1] 学校社会工作者可严格按照这套校园危机管理体系开展相应的学校社会工作危机干预和管理。

①发现系统　在青年学生中开展心理健康测评，建立心理档案，以便做到心理问题早期发现，防患于未然。同时，建立快速反应通道，及时发现有危机或潜在危机的学生，及时干预。

②监控系统　主动收集学生心理疾病与危机信息，组织有关专家对有心理困扰的学生进行心理鉴别，通过早期干预、心理咨询和跟踪调查，形成心理问题筛查、干预、跟踪、评估一整套工作机制，提高心理危机干预的科学性和针对性。发现有危机或潜在危机的学生，及时干预。

③干预系统　力求在最佳时期即事件发生 24 小时之后、72 小时之前，对危机进行有效干预。该系统将根据危机的类型和性质紧急培训干预人员，甄别危机的程度，协助当事人或相关人员减少或摆脱危机的影响，恢复心理平衡。在危机干预中，可采用热线电话咨询、个别咨询、心理支持性团体咨询、网络咨询、心理健康材料发放等方法。

④转介系统　要求学校与精神卫生机构建立良好的联络和协作关系，请专家对处于危机中的学生进行心理评估，对不属于咨询范畴的、有严重心理障碍或心理疾病的学生转介到精神卫生机构，以便及时采取心理治疗或住院治疗等干预措施。一旦发现有自杀企图并计划实施自杀行为的学生，要立即对其实行有效的监护，确保学生人身安全，并迅速通知学生家长到校，共同采取干预措施；对自杀未遂的学生，要立即送到专门机构救治。

⑤善后系统　在危机过去之后，通过班级辅导等方法，协助经历危机的学生、家长、班主任以及危机干预人员等相关人员，正确总结和处理危机遗留的心理问题，尽快恢复心理平衡，并进行跟踪调查，尽量减少危机造成的次生伤害和负面影响。

第三节　案例分享

一、个案资料

小秋（化名），1998 年江西某大学毕业后，一直在该省某基层人民法院任职，2014 年考取广东某农业大学硕士研究生，与原单位解除劳动关系后 9 月到新学校读书。

---

〔1〕 贾莹莹. 2007. 刍议大学生心理危机干预[J]. 理论观察(4).

二、个案缘起

该生入校一年半来，出现了一些与在校生身份不相符的行为和表现。①对自己高考以来学习、工作经历不满，纠缠于以往人生的坎坷，并联络媒体制造舆论期望得到经济补偿，而且将补偿诉求转移到目前就读的学校，施加压力。②家庭负担重，妻子女儿随学来校，女儿需要抚养，妻子无工作无经济收入，希望学校给予生活保障。③因性格问题导致人际关系紧张，与同学不能正常相处，无故不参加集体活动，没人愿意与他共同住一个宿舍；与导师沟通困难，缺乏交流，执意要更换导师；不尊重校内领导，经常提出一些与学习和生活无关的过高要求，稍不顺意就用恶意言语进行攻击，以致某些领导拒绝再协调其有关事务。④无心向学，多门课程不及格，将影响正常毕业。同时，入校后不参与科研活动，对论文持漠视态度，将影响学位获取。

学校研究生院在中期分流考核中，拟判定小秋考核不合格，建议小秋终止学业，提前参加工作，但小秋不同意，希望能继续学习完成学业，并流露出若不能顺利毕业要以“自杀”报复学校的危胁信息。双方意见对立，矛盾一触即发，研究生院将小秋转介给学校社会工作者，希望社工能给予小秋学习和生活上专业性的帮助。

三、评估分析

学校社工接案后，向有关领导、老师和同学了解了小秋入学前后的情况后，约小秋到个案工作室进行了面谈(其在约定时间都能准时到达)，咨询了其成长背景，了解其目前对学习、生活的看法，并就某些事件深入交流，进行辩论和澄清，学校社工对小秋目前的状态评估如下：

①小秋人生比较坎坷，高考失利入读不理想的大学，导致就业起点不高，十多年基层工作的压力造成了职业倦怠，并影响了生活的积极性，自我认同感低，导致生活、学习、工作、家庭中各角色扮演错位，容易引起与人冲突。

②小秋孩童时代受到过虐待，童年的阴影一直潜藏在心中，对他人具有戒备和不信任感，对人对事高度敏感，总是认为别人不理解他，歧视他，不擅于听取别人的意见，没有可以交往的知心朋友，不合理信念主导着学习和生活。

③小秋具有愿意改变学习状态的愿望，只是十多年的工作经历让其失去了学习的兴趣和动力，也找不到学习的方法和技巧，又因年龄偏大、有家庭负担而将关注点聚焦在生活琐事，与同级同学找不到共同话题，不能交流学习经验，导致课程和论文进度明显慢于身边同学，加上导师催促得紧，心里苦恼焦急，吃饭睡觉也受到影响，处于轻度躁狂。

④小秋具有改变生活窘境的强烈愿望，期望妻子有份工作保障，既能增加收入，又可以照顾孩子，自己的注意力也能更多地放在学业上。

四、社工介入步骤

经过 3 次个案辅导，学校社工让小秋明白了目前所处状态，与其共同制订了一份计划，并签订契约，遵照执行。

①小秋同意转介到学校心理辅导中心，接受心理治疗，改变不合理信念。

②小秋同意向校内有关领导、老师和同学进行道歉，摆正自己的角色，寻求他们的支持。学校社工将帮助说服有关领导、老师和同学接纳其目前的状态，表示宽容和关注，各方回到互动关系的轨道上来，在学业上帮助其走出困境。

③学校社工为小秋链接校内资源，通过后勤服务部门增设岗位为其妻子找一份临时性工作，暂时解决生活保障，就近照顾小孩。

④学校社工向研究生院反映小秋的实际困难，争取为小秋减免部分学费和住宿费，发放临时困难补助，同时学校社工向有关慈善机构呼吁对其进行社会资助，每月有不少于1000 元的生活补助，让其安心学习。

⑤小秋每周有 3 晚须到学业互助中心报到，通过同辈辅导和导师志愿者，帮助其提高学习兴趣，消除挂科(4 门)，将精力投入到课程学习当中。

⑥学校社工根据学校有关导师管理规定，协助小秋申请更换导师(小秋原先只是口头要求更换导师，并不愿意按程序提出书面申请)，正式慎重对待自己的选择和决定，履行学生义务，参加学术活动，承担科研任务，着手推进学位论文工作。

学校社工定期保持与小秋的联系，经常性敦促其按计划履行承诺。经过一个学期的实施，学校社工了解到，小秋的 4 门挂科已消除一半，还有 2 门辅导效果也不错，估计在下学期的考试中能过关，学位论文已开题，延长半年时间应该能完成。小秋主动约学校社工进行了一次面谈，表示其学习、生活、家庭都已走上了正常的轨道，感谢学校社工的帮助，对延长半年完成自己的学业充满信心。学校社工鼓励小秋自主制订后面的实施计划顺利完成学业，评估了其各种状态，向其声明了服务目标和效果，小秋同意进行结案处理。

五、反思与讨论

本案例中小秋遇到挫折，对自我认识不足，又缺乏情感支持和人际支持，逐渐转化到危机状态。学校社会工作者充分运用同理和接纳的社会工作技巧，改变其不合理信念，及时干预和转介，并协助其积极争取周边资源，建立起合适的学业支持系统和生活支持系统，回归到正常的轨道上来，转危为安。

本章小结

人生不如意事十之八九，挫折在每个人的成长过程中时时都有可能出现。青年学生因处于人生转型期，社会化程度尚未完全成熟，遭遇挫折时容易作出不理性应对甚至极端反应，因此在学校社会工作过程中引入挫折教育和危机管理甚为必要。本章首先对挫折的定义和成因进行了解析，阐述了学校社会工作介入挫折教育具有积极的预防、调整、应对、干预等功能，并就如何开展挫折教育提出了针对性方案。

思考题

1. 你的人生遭受过挫折吗，受挫程度如何？当时你是怎么应对的？
2. 什么是个体危机？假如你身边的同学处于危机状态，你将如何处理？
3. 组织召开一次班会，讨论下青年学生如何进行励志教育。
4. 请模拟一次学校社工与小秋的面谈，学校社工是如何与小秋达成服务协议的。

第十五章

学生网络生活需要与社会工作介入

【案例15.1】

网络生活缺乏正确引导

小林是N学院的一名本科生。他出身于一个大城市的干部家庭，家庭条件比较优越，在上大学前就熟悉电脑和网络，热衷于在网上浏览各类信息。上大学后，电脑网络自然就成为他学习生活中不可或缺的工具。由于专业的关系，小林比较关注网上的政治性消息。一天，小林在网上看新闻时，在好几个网站上发现了很多有关国内政治的"新奇"消息(实际上是谣言)，便不加思考地将这些政治谣言汇集起来，在好几个网站上转帖。谣言很快就散步开来，在网上引起了很大反响，造成了严重的后果。当地公安局和学校联合调查此事，确认发布谣言者为小林，小林也承认了这一事实。经审查，公安机关认为小林的行为属于幼稚无知，并无政治背景和明确政治动机，故对其免于追究法律责任。但建议学校对小林予以相应的纪律处分。

事件发生后，学校领导高度重视，责成N学院党委迅速、细致地调查和处理此事。N学院的老师和同学在与小林的交流过程中，感觉与他沟通相当困难。与他谈过话的老师和同学都感觉到：一方面小林十分聪明；另一方面却表现出强烈的偏执倾向，而且完全没有建立起一个20岁的成年人应该有的最基本的价值判断标准，甚至不懂得纪律处分的意义。

(根据马化祥《青春的足迹，燕园里的成长故事》第33章"迷途"网络——大学生"网络失范"中的案例改写)

以上案例反映出，由于学校教育和家庭教育的疏漏，以及个人网络行为认知上的偏差，当代大学生并没有受到足够的网络规则和网络道德方面的教育，没有树立起必要的网络责任意识，因而过度强调了网络的开放性和自由性，而忽视了在开放的网络环境下，依然需要遵守现实生活中的道德规范和法律法规。学校社会工作者有义务在学生网络生活和行为上加以积极的引导。

第一节 学生网络生活概述

一、网络生活内涵

(一)网络生活

网络生活，顾名思义就是在网上的虚拟的生活。随着互联网的发展，网络生活也逐渐成为人们生活的代名词。一般来说，网络生活包括的范围很广，主要指人类以互联网为中介的生活，包括网络聊天、网络游戏、网络购物、网络娱乐、电子邮件等。互联网作为网络虚拟生活的主要媒介，是人类利用计算机和通讯技术把各电脑节点通过网络线路连接起来，用虚拟技术将字、声、图三者相结合通过超文本传输的信息资源共享空间。

有关研究者把"网络生活"界定为"人们借助互联网所营造的、超时空情境而实现的，以符号传递为表征的社会活动。这种经过媒体技术为中介的人机行为在时空情境，符号形式和意义赋予，主体特征等方面都有别于一般的日常活动。它形成了一种依赖于情境定义的存在空间，成为人类生活的一个有限意义域，并因此而表现出现实与虚拟共生的主体特征"[1]这种定义方法相对来说比较科学，对网络生活也作了很客观的描述，它主要侧重于依托于互联网的社会活动。

从研究者对虚拟及网络生活的概念界定中可以概括出：大学生网络生活是大学生借助现代电子通信和网络技术等手段，利用网络的信息资源来开展娱乐、学习、工作等系列活动和行为的一种生活方式。

(二)学生参与网络生活的形式

(1)网络交流　随着网络在大学校园中的普及应用，大学生通过网络交流和获取信息的频率大大提高。相比传统的书信、电话等方式，网络传播的便捷性和及时性，使得大学生交流更加快速，也更具形象性、实惠性；网络的虚拟、匿名等特点给大学生提供了一个平等的交流平台，使得他们更愿意通过网络的渠道表达内心真实想法、交流情感甚至宣泄情绪。随着网络交流的日益频繁，大学生的网络交友已经很普遍，甚至在新闻报道中也不乏大学生网恋的现象。

(2)网络学习　所谓网络学习，是指利用计算机网络进行的一种学习活动。相对传统线下的学习活动而言，网络学习有以下三个特征：①共享的、丰富的网络化学习资源；②以个体的自主学习和协作学习为主要形式；③突破了传统学习的时空限制。大学生的网络学习主要表现为通过百度、谷歌、搜狐等搜索引擎了解相关知识；通过高校图书馆网站获取大量所需文献材料；通过网易公开课、TED 等慕课平台获取在线课程资源；通过即时沟通工具向专家、老师及同学请教和交流。网络学习作为一种新的学习方式，因其自主性、开放性、实效性已被大学生广泛应用。

(3)网络购物　随着网络支付功能的发展，中国网络购物的用户规模不断攀升。网络购物相较于逛街购物既省力又方便，已经成为当下十分流行的购物方式。伴随网络购物的发展，产生了一系列的网购文化，如 11 月 11 日被网民称为全民购物节。作为年轻消费群体的大学生，没有收入来源，主要依靠家长给的生活费，而网购可以足不出户买到一些物美价廉的商品，既节省时间又满足消费的需要，因此成为他们的首选。

(4)网络娱乐　大学生的网络娱乐形式多种多样，包括通过网络阅读电子小说、玩网络游戏、听音乐、看影视节目等。网络的各种娱乐产品已经越来越多地占据了大学生的日常生活。据调查，目前阅读电子书籍已经超越了传统纸质书籍，成为大学生阅读的主要方式。网络音乐和网络影视也是大学生网络娱乐的重要内容，大学生通过网络搜索下载最新电影、歌曲、综艺、电视剧等自己喜爱的娱乐节目。网络游戏则衍生于电脑游戏，一直以来，男生都是网络游戏的主要群体，但随着开发的游戏越来越多样化，在网络游戏的用户群体中，女大学生的比例也明显提高。

(5)网络资讯　网络作为新兴媒体，因其信息传播速度快、更新快、话题性强、互动性强更易于引起年轻人关注和讨论等特点，大大激发了大学生的参与热情。[2] 目前网络已

---

〔1〕 何明升．2004．网络生活中的情景定义与主体特征[J]．自然辩证法研究，20(12)：34－36.
〔2〕 刘农责，崔亚丽．2017．大学生在新型社交媒体上的行为习惯及引导策略[J]．中国培训(10)：70.

经成为了大学生获取信息资讯的首选渠道，大学生通过网络的各种平台接收国内外新闻、了解社会动态，同时可以利用网络的互动平台，对新闻资讯进行即时的评论和观点互动。微博、微信、直播平台等新媒介已经成为大学生不可或缺的网络社交平台和传播、接收讯息的重要工具。

（三）学生网络生活发展的特点

互联网的迅速发展使人们的生活方式发生了翻天覆地的变化，尤其是思维活跃、乐于接受新鲜事物的大学生，伴随着网络的频繁使用，其网络生活呈现出以下特点：

(1)“宅”居现象普遍　“宅”在这里并不是指简单的住宅，而是指某一群体居住的特殊行为举止，主要表现为喜欢待在家里(室内)，沉迷于个人世界，与社会接触较少。随着网络对人们生活的便利和快捷，“宅”居现象越来越普遍。高校大学生也逐渐成了宅的主力军。

大学生的“宅”，是指大学生在空闲时间相对外出活动更愿意待在宿舍或家里，社会实践活动逐渐减少。大学生将越来越多的时间消耗在网络世界，聊天、煲剧、游戏、网络购物等，随之而来也出现了“宅男”“宅女”等网络词汇。长时间的“宅”对大学生的身心发展都很不利，如长时间坐在电脑前会影响大学生的身体发育，过多的沉浸在虚拟的网络世界中也会使大学生脱离社会，影响其建立和处理人际关系，导致性格变的孤僻。

(2)乐于尝“新”猎奇　大学生网络生活的“新”主要反映了当代90后、95后大学生的个性特征，他们大多好奇心强、思维活跃、喜欢探索新鲜事物，并且乐于传播和分享。因此，大学生在网络世界中同样对新生事物保持着很高的兴趣和探索欲望。他们一直是流行社交、游戏、购物等娱乐软件的最先体验者，如网络中的微博和微信。另外，对于网络平台中的各种社会新闻和新鲜事件，大学生也总是第一时间点击阅读并且传播扩散，甚至会成为大学生群体交流的主要话题。

随着网络世界的丰富和发展，大学生可以广泛地接触到很多现实生活中接触不到的信息和内容，这在一定程度上拓展了大学生的眼界和兴趣，但是同时，由于网络的隐蔽性，如果没有给大学生正确的价值观引导，网络可能会给他们的身心发展带来坏处，甚至导致误入歧途。如网络生活中出现的一些低俗不健康的内容，各种为了名利而违背道德底线的人与事存在，容易造成大学生在道德认知和价值判断上出现混乱。

(3)网络使用活跃　大学生目前已是网络使用比例最高的人群，也是最活跃的用户群体。除了学习时间，大学生的课余时间相对自由和充沛，为其在网络世界的活跃提供了时间条件。大学生的网络生活形式多样，表现在学习、社交、阅读、游戏、看剧等方面，其活跃程度也全面、多样。大学生在网络生活的活跃，一方面为其提供了自由、开放的网络资源；另一方面网络生活中的娱乐消遣内容和大量无益信息也浪费了很多大学生的时间和精力。对于正处于学习和储备知识的黄金时期的大学生来说，学习才是主要任务。因此，网络生活的“活”需要大学生有一定的自制力和辨别能力，把握好网络生活中的“度”。

二、当前高校学生网络生活中产生的问题

网络的普及带来了现代信息传播技术和传播方式的深刻变革，使得网络中的每个个体都可以成为信息的接受者和传播者。对于知识水平相对较高、思维尤其活跃的大学生来

说，网络已经成为了他们一种不可分离的生活方式，对其学习、交往、价值观念等都造成了广泛而深刻的影响。网络像一把双刃剑，给大学生成长和发展带来了诸多困扰和问题。

(一)大学生政治意识淡化

网络使世界各地区都紧密的联系到一起，大学生在网络生活中足不出户就可以轻松了解到各地的历史、文化。但是在当今和平与发展的时代背景下，国际社会仍然存在着诸多矛盾和斗争。网络生活在拉近大学生与世界的距离的同时，也导致了大学生对于国家和民族意识逐渐淡化的现象。现代信息技术的发展使网络成为了多种文化和意识形态斗争的新阵地。大学生在网络生活中接触到的内容纷繁复杂，西方社会的价值观念、意识形态等文化输出在网络生活中的渗透和植入越来越频繁，在这样的复杂环境下，如果没有正确的引导，大学生的价值观念容易出现偏离和混乱，可能会出现对西方文化价值观的盲目追随，而逐渐对本民族传统文化价值观的失去认同，导致国家、民族意识淡化。

除此之外，随着信息化网络化传播工具的更新，人们可以自由在社交媒体中对政治事件进行评论，表达自己的政治观点和政治立场。相对于其他群体，大学生群体的政治热情较高，乐于表达自己的政治观点，这一方面对于国家政府部门可以起到一定的舆论监督作用；另一方面，由于大学生看待问题不够全面，政治阅历和社会经验不足，导致了网络的群体性“愤青”现象。一些大学生经常借助网络表达对于社会、经济、政治体制的不满和愤怒，为“愤青”而“愤青”，尤其是现在网络上出现了以抨击国内政治体制而博关注的现象，以此显示自己的独特思想。其中更有图谋不轨人士在网络上发表的颠覆和破坏国家稳定的内容，企图拉拢、误导大学生，对于大学生的政治意识养成造成了一定的负面影响。

(二)大学生价值观混乱

网络生活给大学生价值观的负面影响，首先体现在人生观的混乱。大学阶段是青年学生社会化的重要时期，也是其价值观建立的关键阶段。经过了中小学阶段的教育，大学生已经初步形成了价值观，但仍然是不稳定、不成熟的。而大学生的网络生活，就是一个受网络信息长期性、全方位、多角度影响的过程。在大学生的网络生活中，通过各类大众媒体、网络新媒体的信息影响，大学生逐步树立起与网络导向相适应的价值观，其中不乏个人利己主义、拜金主义等负面价值观，如“炫富”“拼爹”现象等。尤其是在网络社交媒体和直播平台迅速发展的过程中，一些利益集团和个人为了吸引大众眼球、追求话题和关注度，从而谋求私利，刻意制造一些出格言论和举动，一些缺乏辨别力和判断能力的大学生就容易受到误导。网络中的价值趋向与学校教育中一直弘扬的价值观念相冲突，造成了大学生在价值观的判断和选择上出现矛盾，产生心理上的落差和冲击。

其次是消费观的混乱。随着网络和电子商务的发展，网上购物日益成为当代大学生的主要消费方式。当今大学生处于一个物质丰富、消费欲望膨胀的时代，他们对衣食方面的追求更高，乐于追逐潮流时尚，对电子通讯产品的更新速度较快，在网络消费过程中带着一种享乐主义的消费心理，容易产生冲动消费。而网络交往中炫富、攀比现象比比皆是，这些不良的消费理念影响了大学生正确消费观的形成，使大学生消费观产生混乱。

(三)大学生人际交往障碍

随着网络技术不断发展，人与人、人与社会的关系逐渐向人与电脑或者说以网络为媒介的方向倾斜，改变了以往现实社会人际交往的秩序和规则。[1] 网络生活中的人际交往不同于传统意义上的面对面的，能够通过语言、面部表情、肢体动作等形式进行的现实交流。对于一些性格较为内向腼腆的大学生而言，网络中的交往可以避免面对面交流中的胆怯羞涩、语言表达力差等弱点，使交流变得更容易，更被接受。但是大学生长期通过网络交往，习惯了网络中的交流方式后，在现实生活中与他人进行交流时，也会产生交流障碍，可能导致现实中大学生的人际交往受阻，逐渐产生孤独、自闭的扭曲心理。

三、相关理论

(一)社会支持理论

社会支持理论最早是在1994年由美国著名犯罪学家弗兰西斯·卡伦在其发表的《作为理解犯罪学的综合性概念的社会支持》中提出。目前，依据研究者的界定，社会支持的内涵大致可以分为两类：①客观上的支持，包括对个体物质上的直接资助和社会关系网络的存在和参与，是“人们赖以满足他们社会、生理和心理需求的家庭、朋友和社会机构的汇总”;[2] ②主观上的支持，即个体所感受到的情感上的支持，是个体在社会中受尊重、被支持、被理解而产生的情感体验和满意程度。[3] 根据社会支持理论的观点，一个人所拥有的社会支持网络越强大，就能够越自如地应对各种来自社会环境中的挑战。社会工作正是以社会支持理论为取向，强调通过干预个体的社会网络改变其在个体生活中的作用。特别是对于那些社会支持网络资源不足或者利用社会支持网络的能力不足的大学生，学校社会工作者就要主动给他们以必要的帮助，引导他们扩大社会网络资源，提高其利用社会网络的能力，使自身获得成长和发展。

(二)网络传播理论

网络传媒已经日益成为现代大众传媒的主要途径，在这一背景下，传播学者们纷纷将传播学研究热点放在了网络传播上。网络传播的基本概念就是通过计算机网络进行的信息传播活动。网络传播具有虚拟性、开放性、交互性特点，传播内容广泛，包括政治、经济、文化、社会等各个方面。作为一门新兴学科，网络传播学的理论研究仍处于初步探索阶段，但其理论内容与大学生管理密切相关，也是网络生活化下对学生进行教育和管理的理论依据，能为高校创新大学生教育管理提供借鉴。

当前大学生教育管理的规律要求与网络传播理论的特征是相吻合的。首先是网络传播理论的现实性符合大学生思维、思想形成发展一般规律的要求。网络传播理论是直接对人们在网络中的传播行为进行研究分析。教育者立足学生网络行为，依据相关网络传播理论开展教育管理工作，也能够更直接的贴近大学生的现实生活实际，从而通过现实中的教育活动影响大学生在网络空间中思想观念和行为的健康发展。其次，网络传播理论强调人际传播的可控性，可使教育工作者的引导作用得以有效发挥，避免大学生在网络传播过程中

---

〔1〕 韩黎. 2013. 大学生网络人际交往研究[D]. 广州：暨南大学.

〔2〕 Atchley, Robert C. 1985. Social Forces and Aging[M]// Social forces and aging: Wadsworth Pub. Co.

〔3〕 肖水源，杨德森. 1987. 社会支持对身心健康的影响[J]. 中国心理卫生杂志(4)：183－187.

过分依赖自身经验判断出现盲目性。

第二节 社会工作介入要点

随着网络信息技术的快速发展，面对爆炸式的网络信息，大学生教育者和管理者要依据客观实际的变化不断探索和改进大学生网络生活正面引导的途径与方法，使教育更具实效性，为大学生的成长保驾护航。但是在大学生的网络生活面临新的问题和挑战时，社会工作者的介入是十分必要的。

一、社会工作介入的工作取向

学校社会工作者在高校学生网络生活的介入能为高校网络思想政治教育的改革和创新提供跨学科的视角和思路，有利于提升网络思想政治教育的主动性、针对性和实效性。学校社会工作者在价值理念、工作任务和工作方法等方面存在与一般思政教育者不同的地方，其工作取向有如下特点：

（一）建立平等交流关系

随着信息时代网络的普及性，大学生群体的学习生活习惯和思维沟通方式都发生了较大改变。他们通过网络等多种渠道获取了大量的信息，知识面得到充分的扩展。与此同时，他们也具有较强的自尊心和鲜明的个性特点。但在传统高校网络思想政治教育工作中，管理主义的服务理念和思维依然存在，导致工作创新活力不足、形式化严重，对新形势下网络传播、大学生成长规律的研判产生偏差。在对学生网络生活介入的过程中多以自上而下布置任务式地开展活动，难以激发学生的参与兴趣。而且，不少高校将网络思想政治教育视为辅导员队伍的一项专属工作任务的现象还普遍存在，导致在教师与学生间仍存在一定的心理隔阂。[1] 基于此，学校社会工作者在介入学生网络生活时，更倾向以学生为主体，采用更加人性化的教育引导，强调把学生视为具有独立人格的个体，尊重他们，以朋友的身份介入，主动与他们沟通互动，建立和谐、平等的交流关系。

（二）发挥学生主观能动性

网络信息的传播方式和途径极大改变了传统的思政教育方式，能够发挥学生参与的主动性，充分调动学生自我教育的积极性。但是，尽管当前在高校思政教育改革中强调发挥学生的主动性，但大多数网络思政教育的形式和内容仍以学校的教育取向为主，而忽视了学生的内在需求和自我教育需要。在网络信息时代，网络中大量的新闻热点、时事政治、学术争鸣等资讯信息，极大地促进了学生的知识储备和综合能力，完全可以发挥学生的主观能动性，制造条件发展学生全方位的能力，提升其核心竞争力。学校社会工作者秉承过程导向，不断解放思想，创新理念，充实新知识，从而更加贴近学生，融入学生的网络生活，得到学生的积极回应。同时，也要关注学生在网络生活中的真实想法，引导学生利用

---

〔1〕 姚柳菁，薛琳．2017．学校社会工作介入高校网络思想政治教育的可行性研究[J]．太原城市职业技术学院学报(2)：51－53.

现有网络教育资源，进行多渠道的反思和自我挖掘，激励学生在参与网络生活的过程中发展自己的兴趣、专业。

（三）关注学生多样化需求

在网络社会的发展趋势下，高校为适应发展需要都建立了自己的校园门户网站，但是对于大部分学生来说，校园网站与他们学习生活的联系并不紧密，只有在需要选课或者登记信息的时候学生才会被动地进入校园网站。究其原因，90 后的大学生更喜欢新奇独特、功能丰富、与时俱进的网络内容，而传统的高校网站板块设计一成不变、功能设置也较为单一，难以满足大学生的需求。因此，学校社会工作者在介入高校网络思政教育工作时，更加关注大学生的多样化需求，结合高校网络思政教育工作的要求，建设功能齐全、版面新颖、内涵丰富的新型校园媒体平台。如结合大学生的网络生活需要，开展一些不同类型的线上线下活动，满足大学生的兴趣要求；也可以开设师生互动的直播平台用于跟学生交流，学生通过这些平台，可以与教师形成良性互动，建立平等互信的师生关系，校方也能够直接掌握学生的关注热点，让校园网站不再只是学生被动使用，而是主动关注；还可以设立“树洞”栏目，鼓励学生借助网络平台，将自己遇到的困难或困惑讲出来，使情绪得到倾诉，同时有专业的老师对其进行疏导排解，增进学生对学校教育工作者的信任，拉近高校教师与学生的距离；针对学生网络社交需要，可以在校园媒体上建立起各院系间互通的桥梁，鼓励学生通过校园媒体结识不同专业领域的校友，共同交流探讨学习、生活。借助校园媒体平台，关注学生的多样化需求，可以将网络思政工作开展得更具吸引力和实效性。

二、社会工作介入路径与方法

（一）积极介入网络传播过程，加强网络舆论和环境管理

网络传播的理论内涵要求学校社会工作者应当充分利用大学生群体在网络生活中的信息传播特点，学会抢占先机，积极介入其网络传播过程，捕捉学生关注的网络热点、焦点，使教育期望在学生中得到群体性认同；同时，要将零散的个体凝聚成为网络上的一个整体，使学生凝聚共识，从而最终成为网络学生群体的共同规范。具体来说，学校社会工作者介入学生的网络传播过程，加强网络舆论和环境的管理可从以下几个方面着手：

①首先是强化高校网络管理队伍的网络知识素养，增强对网络技术、网络传播理论的理解，并能够在大学生教育管理教育过程中有效运用，从而及时捕捉学生关注的网络热点进而正面引导，实现在心理上、思想上抓住网络时代的大学生。

②其次是进一步推进校园新媒体建设，使校园新媒体与学生的生活密不可分。大学校园中的媒介资源较为丰富，如学校 BBS、学校校报、校园网站、微信公众平台等，都可以作为开展网络思政工作的平台。应积极探索校园网络宣传新阵地，精心设计学生欢迎的网络活动，建设贴近学生生活、符合学生需求的校园网络新媒体。

③最后是打造一支由学生自主参与的网络传播管理团队。鼓励学生参与运营及管理，让学生在实践的过程中对网络媒体的特性、网络舆论等问题有较为深入的认识，充分发挥学生在网络生活中的主观能动性。通过学生视角敏锐地发现大学生群体的思想、行为

动态。

（二）促进网络生活与社会工作相结合，培养大学生优良道德品质

①首先可以将社会工作与大学生网络学习、资讯相结合。一方面可以结合网络学习将社会工作教育内容以网络课堂形式呈现，利用网络课堂的形象性和生动性，提高学校社会工作对学生的吸引。避免一味理论说教的教育方法，从而降低大学生内心的抵触情绪，以大学生乐于接受的形式实现教育效果；另一方面可以在网络资讯中进行学生道德品质的培养。学校社会工作者需要及时捕捉信息，从网络中的重大新闻事件中总结案例，与大学生进行及时的沟通和探讨，在交流中进行价值观传输。

②其次可以将社会工作与大学生网络娱乐相结合。大学生喜欢轻松的网络娱乐节目，尤其是女生。在大学生网络娱乐过程中，学校社会工作者可以提供积极向上的网络音乐和网络视频，如大学生喜欢的歌曲、电影等，与大学生进行交流分享，不断提高大学生网络生活中的阅读、观赏的审美观，促进其高雅的艺术情操和高尚的道德品质。还可以利用网络直播与大学生进行轻松的实时互动，加强社会工作与学生网络生活的融合。

③最后除了与学生的网络生活结合，学校社会工作者还要积极构造良好的网络道德环境，利用网络技术过滤不良道德的言论。对于学生在网络生活中出现的不道德行为，学校社会工作者要及时介入，给出正确的引导，促使大学生形成正确的道德价值观念。同时可以组织网络道德的小组辅导，从外在力量上促进大学生的大学生道德水平的提高，使大学生在网络生活中不易迷失方向。

（三）综合运用个案工作以及小组工作法，加强学校社团活动开展

学校社会工作者除本身职责须妥善规划实施辅导活动外，还可以针对学生人际交往障碍、网络法制观念淡薄等问题综合运用个案工作和小组工作法，通过组织学生网络学习小组、法律普及小组等帮助学生形成良好的网络生活习惯。同时协助学校加强学生社团活动开展，从而丰富大学生校园文化生活，引导其从线上转到线下，避免“宅”居宿舍。此外，社团活动也具有培养学生团队意识，发挥自主管理、自我教育、自我服务等功能。同时，在活动策划与组织的过程中，学校社会工作者应积极鼓励学生与学校指导教师共同参与，使学校的社团活动或团体活动确实发挥应有的功能，使学生可以从这些活动中，满足人际关系与正当休闲的需要，不至于沉迷网络生活，封闭自我。

第三节　案例分享

一、个案介绍

小婷，广州某大学的大三学生，大一时学习成绩较好，但性格较为内向，不爱与人交往。大二时买了电脑就开始沉迷网络煲剧、逛贴吧交网友，有时还会旷课去校外见网友，与宿舍同学也逐渐疏远。据宿舍同学了解，小婷在网上通过贴吧认识了男性网友王某，并发展为恋人。该男性网友在广州打工，并无稳定工作，但经常在网上对小婷嘘寒问暖，使得小婷非常信任和依赖他，有时小婷还会在宿舍和男友视频到半夜，影响到宿舍同学的休

息，导致宿舍关系紧张。

二、社工介入的过程

(一)建立关系

在辅导员的介绍下，学校社工刘老师在办公室与小婷进行了第一次谈心。小婷一开始还有些拘谨，不愿多提及自己的真实想法。但刘老师并未过多追问，而是耐心地与小婷聊起了家庭和成长经历，让小婷逐渐敞开心扉。通过这次的摄入性谈话，小婷对刘老师建立起了初步的信任，并约定了下次谈心的时间。

(二)收集资料

为了更加深入的了解小婷的情况，学校社工刘老师与小婷进行了第一次的摄入性谈话之后还约见了小婷的舍友和辅导员进行面谈，通过多次个案访谈，刘老师基本掌握了小婷的家庭成长情况和目前在网络生活中面临的问题，归纳起来主要有以下几点：

(1)家庭情况　小婷父母在她读小学的时候离异了，妈妈带着她和弟弟生活，父亲在外地打工每月会寄生活费，但小婷一年也见不上父亲一次，缺乏父爱的小婷性格内向，生活中不爱与人交往。

(2)学校情况　经济问题：家庭经济条件一般，小婷感到内心自卑，不愿与身边的同学在一起过多交流，但会攒生活费为网上认识的男友王某充费玩网络游戏。人际关系问题：小婷多数时间宅在宿舍上网聊天煲剧，很少参加宿舍、班级的集体活动，与同学们关系较为疏远。

(三)问题分析

经向辅导员和同学多方了解了小婷的情况后，学校社工又约小婷进行了深入的面谈，了解小秋目前的困惑以及对学习、生活的看法。此次交流后，学校社工对小婷的状态进行了评估如下：

①小婷从小生活在离异家庭，父爱缺失，内心渴望寻求依靠。导致其在网络生活中结交了社会青年王某之后，感受得到关心，便轻易与其建立恋爱关系，与身边同学渐行渐远。

②小婷内向的性格以及自信心的缺乏导致其与同学的人际交往出现障碍，网络的虚拟世界让其找回自信和安全感。

③小婷在大学之前接触网络较少，缺乏对网络世界的理性认识和判断，沉迷网络世界过于偏执，对身边同学、老师的劝说也无动于衷。

(四)计划实施

通过多次面谈建立了平等交流的关系后，学校社工刘老师跟小婷分析了目前她所处的状态，并制定了一份成长计划，从而逐步引导小婷树立正确的人生观、价值观，找到生活和学习的目标，培养积极的生活态度。

①小婷同意转介到学校心理辅导中心，接受专业的心理辅导，使内心积郁的童年阴影和现实生活中的不愉快得以倾诉。

②通过单独谈话，说服小婷认清与社会青年王某网恋问题的严重性，帮助其从网络世界回归真实的校园生活。

③针对小婷性格内向的问题，采取循序渐进的工作方式，引导其加入学校网络新媒体社团，充分发挥其对网络的熟悉和喜爱，在社团工作中找回自信。

④在小婷的个人生活态度有了一定的改变之后，为其联系学业辅导中心的朋辈导师，提高其学习兴趣，将精力转入到学习上。

学校社工在介入过程中与小婷保持着密切的联系，经常性与其沟通近期的转变和成长，从而敦促其按计划履行承诺。经过近一个学期的努力，小婷已经结束了畸形的网恋，与同学们恢复了正常的交往，网络也不再是其生活中的唯一，小婷更愿意在课余时间参加社团活动。从服务的效果来看，小婷的学习、生活都已恢复正常，对自己未来的发展小婷也充满了信心。评估了小婷的各种转变，学校社工的介入目标已经达成，小婷也同意进行结案处理。

三、反思与讨论

随着 IT 技术和互联网的快速发展，在校学生的网络使用管理和引导形势严峻。大学生因脱离家庭的束缚获得了相对的自由，但由于没有经历社会化过程，又加上自控力较差，容易对网络生活产生猎奇，获得“无限的”满足和“隐性的”快乐，从而脱离现实掉进“虚拟的”世界。本案例中的小婷不是首例也不是个例，学校社会工作者如何充分发挥专业所长，引导学生科学合理使用网络资源、养成良好的上网习惯将是学校社会工作的一个既崭新又恒常的实践领域。

本章小结

随着互联网技术的高速发展并逐渐普及，网络生活越来越成为人们社会生活中不可或缺的一个组成部分。但是，基于大学生年纪轻，缺乏社会经验，并且思想还不是很成熟，决定了他们是一个易感群体。大学生在网络生活中获得某种积极地“提升”的同时，也遭受到前所未有的消极因素影响。因此在学校社会工作过程中加强对学生网络生活需要的探讨已经十分必要。本章首先对网络生活的定义和形式进行了阐释，分析了学校社会工作介入学生网络生活的合理性和迫切性，并就如何介入学生网络生活形成积极引导提出了可借鉴的方案。

思考题

1. 学生参与网络生活的形式主要有哪些？
2. 在介入学生网络生活的过程中，学校社会工作与网络思政教育的结合点有哪些？
3. 网络生活给学生的成长和发展带来了怎样的影响？结合现实分析其利弊。
4. 组织一次主题班会，谈一谈大学生应如何进行积极向上的网络生活。

参考文献

安德华，肖艳梅．2007．旨在培养科学家的教学理论——重读布鲁纳《教育过程》[J]．职业圈，11.
蔡禾．1992．现代社会学理论述评[M]．合肥：安徽人民出版社.
陈良瑾．1994．中国社会工作百科全书[M]．北京：中国社会出版社.
陈琦，刘儒德．2007．当代教育心理学[M]．北京：北京师范大学出版社.
陈瑞芳，郑丽君．2007．皮亚杰认知发展理论及其对当代教育教学的启示[J]．当代教育论坛，5.
陈晓霞．2009．浅析布鲁纳教育思想对我国基础课程改革的启示[J]．科教前沿(1).
程良越，谢珊：2011．大学生职业生涯发展[M]．广州：广东高等教育出版社.
董振华．2008．国中校园暴力冲突事件处理方式之研究[D]．台北：台湾师范大学.
樊富珉，费俊峰．2006．青年心理健康十五讲[M]．北京：北京大学出版社.
樊有镇．2015．驻校社工在留守儿童学校社会工作服务中的作用[J]．山东青年政治学院学报(3).
范明林，张洁．2005．学校社会工作[M]．上海：上海大学出版社.
范明林，张洁．2010．学校社会工作学[M]．上海：上海大学出版社.
顾东辉．2005．社会工作概论[M]．上海：上海译文出版社.
韩柏光．2010．对当前大学生消费状况的调查与分析[J]．长春工业大学学报(高教研究版).
韩黎．2013．大学生网络人际交往研究[D]．广州：暨南大学.
韩仁生，李传银．2008．教育心理学[M]．济南：山东人民出版社.
何明升．2004．网络生活中的情景定义与主体特征[J]．自然辩证法研究，20(12)：34－36.
何晓莹，张福娟，周颖芳．2005．轻度弱智少年厌学情绪辅导的个案研究[J]．中国临床康复，8.
侯敏敏．2016．网络社工个案工作服务案例[J]．社会科学：全文版(3)：123－124.
贾莹莹．2007．刍议大学生心理危机干预[J]．理论观察，4.
姜兆萍，张海滨．2003．试论班杜拉的社会学习理论与人的发展[J]．烟台教育学院学报，6.
雷洪，范洪．1990．社会学简论[M]．武汉：华中理工大学出版社.
李虹．2004．压力应对与大学生的心理健康[M]．北京：北京师范大学出版社.
李慧．2010．试论青少年社交恐惧问题及其个案社会工作矫治[J]．黑龙江科技信息(28).
李晓凤．2010．学校社会工作[M]．北京：中国社会出版社.
李泽民．2010．高校师生关系现状与发展研究——基于广州地区 7 所高校的调查[J]．教育导刊(7).
李增禄．2002．社会工作概论[M]．台北：巨流图书公司.
李铮，姚本先．2003．心理学新论[M]．北京：高等教育出版社.
梁海梅，郭德俊，张贵良．1998．成就目标对青少年成就动机和学业成就影响的研究[J]．心理科学，5.
林胜义．1998．学校社会工作[M]．台北：巨流图书公司.
林胜义．2003．学校社会工作服务[M]．台北：学富事业文化有限公司.
林万亿，黄韵如．2004．学校辅导团队工作[M]．台北：五南图书出版公司.
刘丹．2009．社工介入高校学生工作的模式分析[J]．社会科学论坛：学术研究卷(7)：206－208.
刘农责，崔亚丽．2017．大学生在新型社交媒体上的行为习惯及引导策略[J]．中国培训(10)：70.
刘鹏，刘爽．2014．关于大学生网络生活方式的现状调查报告[J]．现代交际(5)：192－193.
刘霞，张跃兵，刘传超，等．2010．中学生校园暴力现状及干预措施的研究进展[J]．中国健康教育(3).

彭国华 . 2005　少年校园暴力行为研究——以学生对教师之暴行为例[D]. 嘉义：台湾中正大学犯罪防治研究所.
彭华民. 2010. 论志愿服务的社会工作督导模式[J]. 中国青年研究，4.
沈之菲 . 2000. 生涯心理辅导[M]. 上海：上海教育出版社.
石彤 . 2010. 学校社会工作实务教程[M]. 北京：中国人民大学出版社.
孙玉，2005. 校园安全问题及对策研究[D]. 长春：吉林大学.
汪翠兰，陶芳标，樊嘉禄 . 2008. 学习困难青少年学生的家庭因素调查研究[J]. 卫生研究，2.
王晗 . 2010. 皮亚杰的认知理论及其对生物教学的启示[J]. 文学界(理论版)(7).
王焕琛，柯华葳 . 2006. 青少年心理学[M]. 台湾：心理出版社 .
王思斌. 2015. 社会工作综合能力(中级). 北京：中国社会出版社.
王竹焕 . 2008. Flying 小组社会工作[J]. 社会工作，7.
文军 . 2010. 学校社会工作案例评析[M]. 上海：华东理工大学出版社.
肖枫，赵莎 . 2007. 杜威的教育理论对现代教育的启示[J]. 内蒙古电大学刊，5.
肖水源，杨德森 . 1987. 社会支持对身心健康的影响[J]. 中国心理卫生杂志(4)：183 – 187.
谢立中 . 1998. 西方社会学名著提要[M]. 南昌：江西人民出版社.
谢培松 . 2007. 学生心理辅导[M]. 北京：人民教育出版社.
谢珊. 2014. 大学生职业生涯发展教师用书[M]. 广州：广东高等教育出版社.
徐震，林万亿 . 1990. 当代社会工作[M]. 台北：台湾五南图书出版公司.
许莉娅 . 2009. 学校社会工作[M]. 北京：高等教育出版社.
宣兆凯 . 2000. 学校社会工作学[M]. 北京：北京师范大学生出版社.
姚柳青，薛琳 . 2017. 学校社会工作介入高校网络思想政治教育的可行性研究[J]. 太原城市职业技术学院学报 (2)：51 – 53.
易钢，张兴杰，魏剑波. 2015. 农村社会工作发展策略——来自三年服务实践的案例[M]. 北京：科学出版社.
郁景祖 . 1995. 大学生心理与调适[M]. 上海：复旦大学出版社.
张爱卿. 1996. 论人类行为的动机——一种新的动机理论构理[J]. 华东师范大学学报(教育科学版)，1.
张厚粲 . 2002. 心理学[M]. 南京：南开大学出版社.
张璐，蒋善，王卫红 . 2008. 浅谈中学校园暴力事件的心理危机干预[J]. 四川教育学院学报，3.
张书明 . 2007. 社会工作视野下的大学生事务管理[M]. 济南：山东大学出版社.
张卫，潘绮敏 . 2004. 青少年暴力及其预防[J]. 华南师范大学学报(社会科学版)，5.
张文新 . 2004. 学校欺负及其社会生态分析[J]. 华南师范大学学报(社会科学版)，5.
郑照顺 . 2003. 青少年生活压力与辅导[M]. 广州：世界图书出版公司.
钟谷兰，杨开：2008. 大学生职业生涯发展与规划[M]. 上海：华东师大出版社.
钟向阳. 2010. 大学生挫折管理与辅导[M]. 北京：北京师范大学出版社.
周文莉，王军 . 2009. 新课改背景下的中学生师生关系调查[J]. 教育测量与评价(理论版)，4.
周志荣 . 2008. 社会工作在高校新生工作中的运用[J]. 社会工作(8)：5.
[日]荫山庄司等 . 1985. 现代青年心理学[M]. 邵道生，译 . 上海：上海翻译出版公司 .
[美]Allen-Meares P，Washington R O，Welsh B L. 2000. Social Work Service in Schools[M]. 3rd ed. Needham Heights，MA：Allyn & Bacon，41.
Dennis Saleebey. 2004. 优势视角——社会工作实践的新模式 . 李亚文、杜立婕译，上海：华东理大学出版社，7 – 10.

[美]Lynn Bye，Michelle Alvarez. 2008. 学校社会工作[M]. 谢振裕、蔡青芬译. 台北：新加坡商圣智学习亚洲私人有限公司台湾分公司.

[美]Kutz R H ed.，1960. Social Work Yearbook[M]. Washington D. C.：NASW.

[美]Paula Allen - Meares，陈蓓丽，蔡峄. 2008. 学校社会工作[M]. 上海：华东理工大学出版社.

后　记

本书部分内容在之前编写时受到了广大读者的欢迎，但由于篇幅和人力所限，对社会工作在学校健康教育中的一些应用还不是很全面。经过一段时间的实践和酝酿，中级社工师魏剑波、张雨婷等几位长期从事学校社会工作实务和督导的老师，建议对学校社会工作领域进行补充，增加一些更加契合学生实际问题的实务实操内容，希望对学校社会工作有更加全面、更加系统的探讨，以期引起更多从事学校社会工作人士的关注并加以批评指正，共同推进学校社会工作领域的丰富和发展，为中国社会工作事业贡献一份力量。

本书由魏剑波负责组织策划，易钢全程指导。本书写作分工如下：第一章由易钢、张运红编写，第二章由罗天莹编写，第三章由林诚彦编写，第四章由吴洁珍编写，第五章由唐晓容编写，第六章由周志荣编写，第七章由李颖奕编写，第八章由钟莹编写，第九章由曾永辉编写，第十章由肖小霞编写，第十一章由张雨婷编写，第十二章由苏志豪编写，第十三章由樊有镇编写，第十四章由魏剑波、易五舟编写，第十五章由黄怀宇编写。在本书的写作过程中，编者阅读了大量关于学校社会工作的书籍、资料和案例，其中重要的观点和资料已在书中注明出处，参考性资料全部附在结尾部分的参考文献中，如有遗漏，还望谅解。黄文勇、鲍金勇、陈巍、唐依、张兴杰等对本书的写作思路和资料更新方面提供了帮助和宝贵意见。在此，对文献资料的作者和提供者表示衷心的感谢。

本书受华南农业大学教材建设专项经费、2016 年省级学校德育专项资金项目（高校校园文化品质提升工程项目“指导网络文化工作室”）、2015 年广东省学校德育创新项目：“地区发展模式下研究生社区思想政治教育创新研究”（编号 2015DYZD020）的资助出版，在此表示感谢。

魏剑波

于华南农业大学思创园

二〇一七年十二月三十日